千秋青史胜封侯

谭国林◎著

国家行政学院出版社
·北 京·

图书在版编目（CIP）数据

千秋青史胜封侯/谭国林著．—北京：国家行政学院出版社，2023.4（2025.3 重印）

ISBN 978-7-5150-2780-7

Ⅰ.①千…　Ⅱ.①谭…　Ⅲ.①干部—道德修养—中国—古代　Ⅳ.①D691.42

中国国家版本馆 CIP 数据核字（2023）第 029283 号

书　　名　千秋青史胜封侯
QIANQIU QINGSHI SHENG FENGHOU
作　　者　谭国林　著
责任编辑　王　莹　孔令慧
出版发行　国家行政学院出版社
（北京市海淀区长春桥路 6 号　100089）
综 合 办　（010）68928887
发 行 部　（010）68928870
经　　销　新华书店
印　　刷　北京盛通印刷股份有限公司
版　　次　2023 年 4 月北京第 1 版
印　　次　2025 年 3 月北京第 2 次印刷
开　　本　170 毫米×240 毫米　16 开
印　　张　21
字　　数　224 千字
定　　价　68.00 元

本书如有印装问题，可联系调换，联系电话：（010）68929022

顾问委员会

（按姓氏笔画为序排列）

前言

聊聊为官这件事

中华文明源远流长，中华优秀传统文化底蕴深厚。几多王朝更替，诸多风云人物，留下无数的经典故事，世代相传。一个好的故事饱含着正能量，给人以健康乐观、积极向上的动力，甚至会对人生产生深远的影响。

习近平总书记高度重视弘扬中华优秀传统文化，提倡讲好中国故事。2019 年 7 月 29 日，在中共中央召开的党外人士座谈会上，他强调，要讲好中国故事，积极传播中国正能量。在国内国际多个场合，习近平总书记引经据典、借古喻今，给我们生动讲述了精忠报国的岳飞、“铁包公”包拯、一枝一叶总关情的郑板桥、上任路上走半年的冯梦龙、具有担当气魄的王安石、讲科学会工作的西门豹、夙夜在公的雍正等千古流传、寓意深刻的名人典故。

习近平总书记提出的新时代好干部标准为信念坚定、为民服务、勤政务实、敢于担当、清正廉洁。我国古代明君贤臣所体现的优秀品质与新时代好干部标准，虽然时隔千百年，却遥相呼应、异曲同工，带给我们深深的感动和震撼。

信念坚定的诸葛亮为了“光复汉室，还于旧都”，六次北伐，最终病死在征程上。他坚如磐石的忠诚品格，值得我们敬佩和学习。

为民服务的郑板桥时刻把百姓疾苦放在心上，不讲排场不坐轿子，凭着一双脚走遍全县，探访民情，为百姓解决实际困难。离任时，万民含泪相送，他依旧是来时的模样，一人一驴。

勤政务实的西门豹不惧豪绅贵族的势力，用过人的智慧和强硬的力度，破除用年轻女子祭河神的封建迷信。作为水利专家的他，带领大家治理水患，真真正正让百姓的生活富足起来。

敢于担当的包拯曾在四大名砚之一的端砚产地端州任知府。任满回京时，按当时的规矩他要带当地的特产敬献给京官大人，而包拯硬是“不持一砚归”。他任监察御史时，对违法官员零容忍，弹劾过皇帝的近臣王逵、国丈张尧佐、宰相宋庠、舒王的女婿郭承祐等人。大宋官场被包拯弹劾的皇亲国戚、王公大臣有三十多人，包拯不愧是名副其实的“包弹”。

清正廉洁的于成龙被康熙赞为：清官第一、天下第一廉吏。他任知县的罗城，当时盗匪横行、瘟疫肆虐，百姓生活极度困苦。他带领大家抗击盗匪、防治瘟疫、加强生产。白天他和百姓一起劳作，一起吃青菜，晚上在四处漏风的县衙里枕着钢刀入眠，随时准备冲出去抗击入城的盗匪。他艰苦朴素，整日吃糙米，喝稀粥，食青菜，终年不知肉味，因此得了“于青菜”的绰号。

…………

习近平总书记在文艺工作座谈会上指出，每个时代都有每个时代的精神，实现中国梦必须走中国道路、弘扬中国精神、凝聚中国力量。为了用“拥有家国情怀的作品”，“感召中华儿女团结奋斗”，我们特意编写了 50 个小故事收录在本书中，这些故事的音频也在喜马拉雅 App 上播出。千百年来，明君贤臣数不胜数，远非这几位先贤的故事能够概括，符合五项标准的好官，更是熙来攘往、不绝千史。正如习近平总书记所提到的：“学史可以看成败、鉴得失、知兴替；学诗可以情飞扬、志高昂、人灵秀；学伦理可以知廉耻、懂荣辱、辨是非。”希望通过这些故事，达到以史为鉴、启迪人生的目的。

目录

1 第一章　信念坚定篇

2 第二章 为民服务篇

3 第三章 勤政务实篇

4 第四章 敢于担当篇

5 第五章 清正廉洁篇

第一章

信念坚定篇

逆天而行的诸葛亮

人之忠也，犹鱼之有渊。

——《兵要》

2014 年 5 月 8 日，习近平总书记在中央办公厅调研视察时谈到坚持忠诚的政治品格，并引用了诸葛亮在《兵要》中的一句话："人之忠也，犹鱼之有渊。"原文是：人之忠也，犹鱼之有渊，鱼失水则死，人失忠则凶。意思是：人有了忠诚的品德，就像鱼儿有了水，鱼儿离开水就会死，所以人没有忠诚的品德就危险了。

诸葛亮，三国时期蜀汉丞相，一生鞠躬尽瘁，死而后已，是中国历史上忠臣和智者的代表人物。

诸葛亮一生恪尽职守，夙夜在公。《出师表》体现了他"纯正不曲，文如其人"的品质，同时也拉开了历时六年之久的北伐中原之战。

228 年，诸葛亮为报刘备知遇之恩，完成先帝兴复汉室的遗愿，开始提兵北伐，历经艰辛，虽屡屡无功而返，但依然不忘初心、牢记使命，矢志不渝，最后在军营中与世长辞。

最后一次北伐，诸葛亮联合东吴一起攻打曹魏，蜀汉大军驻扎在渭水南岸的五丈原。曹魏的司马懿在对岸安营筑寨，准备用持久战的方式耗尽蜀军的粮草，不战而胜。蜀魏双方对峙一百多天，司马懿在蜀军的万般挑衅下，仍然坚守不战。而此时的诸葛亮已经积劳成疾，病入膏肓。他自知不久于人世，便对后主刘禅作最后的陈情。

臣带领蜀军攻打魏国已经六次了，与魏军对峙旷日已久，也没能攻克魏军大营。天有不测风云，臣感染了风寒，感觉很是不好。难道这次老天真的要我的命吗？看来我可能不久于人世了。出兵北伐没有成功，臣就要先行一步了，真是万分痛心、无比惋惜。臣本来只是一个乡下的村夫，承蒙先主不嫌弃，一路提携，委以重任，并给予臣统领兵马、生杀予夺的大权，让臣得以施展卧龙腾飞之志，尽力抒发报国安民之心。虽然就要死了，也此生无憾了。臣唯一的遗憾就是不能够继续报答先帝的知遇之恩，不能够光复汉室、还于旧都。

遥想当年，先帝顶风冒雪、三顾茅庐，真诚之心天地可鉴，就算是木头人也会被这份诚心所感动。遇到如此明主我诸葛亮何德何能，岂能不舍命追随？即便是肝脑涂地也在所不辞啊！

后来，虢亭一战兵败，先帝病危，在白帝城临终托孤于臣。先帝知人善任的明主之举，即使是石头人也会为此而流泪。臣只能鞠躬尽瘁、死而后已。

时至今日，北方还未平定，天下还未一统，臣却要撒手西去，真是辜负了先帝知遇之恩、托孤之明，让臣在九泉之下何以面对先帝？这也是臣不甘心就这样死去的原因啊。

北伐之事，始终意见不一。六出祁山，均无功而返。这真是天不亡曹魏，天不助我啊！实在不是我要逆天而行，而是不敢有负先帝之所托。明知不可为而为之，臣也不能辜负先帝、不能损害先帝的英明。

臣只希望陛下坚持清心寡欲，约束自己，爱护百姓，让先帝感受到孝道，让天下布满陛下的仁爱之心。有机会多提拔隐士名士，把贤良之人召进朝廷，把奸佞之臣驱除出去。这样，民风自然会变得忠厚纯朴。

臣自从跟随先帝，吃穿用度一直依靠朝廷。现在成都家里有八百株桑树，十五顷薄田，子孙们可衣食无忧，还有盈余。

臣征战在外，没有太多需求，衣食住行依照时节变换，都是朝廷提供，不用为吃穿更好而谋求营生。等到臣死去之时，家里和外面都没有多余的财产，就算臣没有辜负陛下的恩泽了。

后主刘禅得知诸葛亮病危的消息后，急忙派尚书仆射李福前去看望，并询问身后之国家大事。诸葛亮早已猜到李福所问为何，也已备好答案。

李福伏在诸葛亮的床头，表达了皇帝的深切慰问和伤心欲绝，继而问道："丞相，陛下让我问问，您百年之后，谁能接替您?"

诸葛亮声音微弱，艰难却清晰地吐出两个字："蒋琬。"

"那蒋琬之后呢?"李福继续询问。

"费祎。"诸葛亮给出了肯定的答案。

"那费祎之后呢?"

诸葛亮沉思片刻，摇了摇头。他一生处事谨慎，也深知世事难料，他是万不可在弥留之际推荐不能完全信任之人的，以免贻害国家，祸害人民。

诸葛亮在临终前，把兵法著作以及连弩的制造方法都交于姜维，让他继承遗志，领军作战，辅佐汉室。他也给了众将安全撤退的方法：待他死后，不可发丧，封锁消息，军队一营一营撤退，缓缓撤军。

司马懿得知蜀军撤退，喜出望外，因为他早推断出诸葛亮命不久矣，这让他坚定了诸葛亮已死的猜测，率兵追击。姜维让杨仪调转军旗，布兵阵，擂战鼓，作势要攻击司马懿军队。司马懿大惊失色，以为又中了诸葛亮的埋伏，转头逃窜。蜀军解围，迅速撤退。因此留下了"死诸葛吓走生仲达"的历史典故。

诸葛亮结束了他传奇的一生，临终时刻他心念的都是国家和社稷，从未想过为自己和后人谋一分利益，可谓忠公体国、至诚至公。

诸葛亮在中国的传统文化里是一个特殊人物，他即使没能取得北伐成功，也没有被归类到失败者的范畴。无论是官方还是民间都给予了他极高的评价，就是因为他那份日月可鉴、天地动容的忠诚，那份大公无私、家国天下的胸襟，那份始终如一、坚贞不渝的承诺，那份鞠躬尽瘁、死而后已的坚定。随着历史的前进，诸葛亮坚贞的忠诚守信、坚定的理想信念、坚持的无悔追求穿越千年，依旧光彩夺目，照亮世间。

习近平总书记强调，要对党绝对忠诚，始终同党中央保持高度一致。坚定马克思主义信仰，坚定中国特色社会主义信念。使对党绝对忠诚在思想上、政治上、行动上坚如磐石、不可动摇，这样才能做到“千磨万击还坚劲，任尔东西南北风”。

睁眼看世界的第一人：林则徐

苟利国家生死以，岂因祸福避趋之！

——《赴戍登程口占示家人》

2013年3月1日，习近平总书记在中央党校建校80周年庆祝大会暨2013年春季学期开学典礼上讲话时，引用了清代政治家林则徐《赴戍登程口占示家人》中的名句“苟利国家生死以，岂因祸福避趋之！”意思是：只要是对国家有利的事，牺牲我的生命也心甘情愿，怎能因为有灾祸就躲避，因为有福祉就趋附上！

林则徐，清朝时期的政治家、思想家和诗人，是查禁鸦片、主持虎门销烟的民族英雄。他对西方的文化、科技和贸易则持开放态度，主张学其优而用之，被誉为近代中国“睁眼看世界的第一人”。

林则徐的官宦之路起步较晚。他少年时家境贫寒，但是父亲重视教育，对他进行了良好的启蒙开化。林则徐虽理想远大、才思敏捷，却屡次科考不中；但他从未放弃，最终考中殿试二甲第四名，被选为庶吉士，授翰林编修，自此踏上了官宦之路。

林则徐是有名的能臣、廉吏，道光帝非常赏识他的为官做人之道，所以道光帝在意识到鸦片对军队和民众的危害，萌生禁烟念头之后，就将负责此事的首选之人锁定了林则徐。

起初，道光帝对鸦片问题没有深入了解，后来有些地方农民起义，竟然把清朝的正规军队打得节节败退。道光帝疑惑不解，他一直对清军的战斗力怀有信心，觉得即便疏于训练，也不至于如此不堪一击。经过调查和分析，发现原来是官兵拿着朝廷的军饷，不搞训练，吸起了鸦片，导致身体素质急速下降，自然打不过强壮的农民起义军。除了军队，上至达官贵人，下至平民百姓，都有人染上了吸鸦片的恶习，如果再放任不管，不用别人打来，大清帝国自己就垮掉了。得知利害之后，道光帝决心禁烟，但是很多大臣都是鸦片的消费者，有的还参与走私鸦片或是鸦片馆的保护伞，这样的人如何能尽力禁烟！思前想后，他终于物色到了合适人选，那就是林则徐。

1838 年 11 月，时任湖广总督的林则徐接到皇帝召见的圣旨，他隐约感觉和鸦片有关系，但此时他并不知道皇帝对鸦片的态度是咨询了解还是下定决心要禁烟。无论如何，皇帝开始关注鸦片问题是个好的开端，他日夜兼程地赶赴京城。

林则徐见到道光帝，俩人一聊，英雄所见略同，真是皆大欢喜，君臣一心没有办不成的事。道光帝一高兴就问："你会骑马吗?"林则徐是汉臣，虽也会骑马，但和精通骑术的满臣相比，差距很大。他不明白圣意，没敢正面回答。告退之后，很快有旨意道：赐林则徐紫禁城骑马。面对殊荣，林则徐很是感激。

林则徐被任命为钦差大臣，入广州查处禁烟。作为皇帝的特派员，广东水师俱受他节制调遣。他通过明察暗访，以雷霆手段迫使英国商务总监查理·义律上缴了鸦片，为了避免运输途中生变，上缴鸦片在虎门就地销毁。从 1839 年 6 月 3 日到 20 日，共销毁约 237 万斤鸦片，直接遏制了鸦片在中国的泛滥，也让中国人民认识了鸦片的危害，认清了英国向中国贩卖鸦片的本质，激发了国人强烈的爱国意识。但是这也成为第一次鸦片战争的导火索，中英《南京条约》签订，清政府割地赔款。“主和派”大臣们迁怒林则徐，为讨好英国人，向皇帝进言惩处林则徐，最后林则徐被削职发配。

道光帝向英国议和，实属面对坚船利炮的无奈之举。发配林则徐与其说是迁怒，不如说也是一种无奈，所以才有五年后，林则徐再次回到清政府权力中心的情况。

林则徐被发配新疆，一路上心情低落，万般委屈，很快病倒了。在西安休养了一段时间之后，和妻子辞别，写下了著名诗句“苟利国家生死以，岂因祸福避趋之！”表达了坚定的报国之志和忘我的牺牲精神。

到达伊犁之后，林则徐并没有意志消沉，他考察了边境的情况之后，发现外国入侵和内部叛乱的隐患严重，发配之地的穷困荒芜也让他忧心忡忡。针对伊犁的现状，他“西域遍行三万里”，踏遍新疆土地，对边防和百姓生活有了新的认识，提出了屯田耕战的策略，伊犁将军布彦泰同意了他的建议。他开垦荒地给当地少数民族耕种，让边防军开垦耕种、军事训练两者兼顾，军是民，民是军，大大提高了边防管控能力。

林则徐还是一位出色的水利专家，著有《北直水利书》，曾经治理过长江、黄河、运河等水域，成绩卓著。在新疆，他带领大家兴修水利，推广坎儿井和纺车，百姓受益匪浅，亲切称之为“林公井”和“林公车”。

林则徐不顾自己年事已高，亲自带领百姓开垦荒地、修筑水渠。两年多的时间里，开垦荒地约 88 万亩，修成了一条长 6 里的大水渠。促进了农业的发展，提高了百姓的生活水平。有书评价：由于林则徐的查勘开垦，新疆的大漠广野都变成肥沃良田，农户炊烟相望，田野耕作皆满，合兵农为一体，每年为国家省经费无数，少数民族百姓的生计亦由此而充裕。

1845 年，道光帝下诏召回开垦边疆有功的林则徐，命他回京以四品京堂候补。此时距离林则徐离京发配已有五年，可谓历经磨难，终于摘掉了“罪臣”的帽子。

道光帝曾经和林则徐推心置腹地说：“了解一个人很难，和一个人交心更难，你应该知道朕的苦衷，一切事务竭尽全力，千万不要辜负朕对你的厚望。”这句话，林则徐一直牢记于心，受宠时不骄不躁，被贬时不发牢骚，无论官至一品，还是戴罪发配，每到一地，都攻坚克难、励精图治，为国分忧，为民所谋。

林则徐回京后，先后出任陕甘总督、陕西巡抚、云贵总督。1850 年 11 月，他病逝在赴任的途中，享年 65 岁。清政府晋赠他太子太傅，谥号文忠。

林则徐所著的《四洲志》让中国第一次了解世界上还有许多

国家和地区，后来魏源以《四洲志》为主体总结著成《海国图志》，提出“师夷长技以制夷”的主张。林则徐在广州禁烟期间，为了保证贸易的正常进行，还引入了国际法的概念，不愧为近代中国“睁眼看世界的第一人”。

习近平总书记在多个场合的讲话中都引用过“苟利国家生死以，岂因祸福避趋之”，称赞诗句里饱含报国情怀。

以身殉志的文天祥

人生自古谁无死？留取丹心照汗青。

——《过零丁洋》

2013 年 3 月 1 日，习近平总书记在中央党校建校 80 周年庆祝大会暨 2013 年春季学期开学典礼上的讲话中引用了宋代政治家文天祥《过零丁洋》中的名句“人生自古谁无死？留取丹心照汗青”。原诗全文是：辛苦遭逢起一经，干戈寥落四周星。山河破碎风飘絮，身世浮沉雨打萍。惶恐滩头说惶恐，零丁洋里叹零丁。人生自古谁无死？留取丹心照汗青。在这首诗里，文天祥回顾了自己的一生，他二十岁因为科举而入仕为官，而现在已经在战争的泥潭中四年了。国家已到了危急存亡之际，朝廷像风中的柳絮一样飘摇，自己的一生也如同水中的浮萍在雨水的拍打下浮浮沉沉，没有依靠。惶恐滩的大败让他至今惶恐，在这零丁洋里感叹处境悲惨，孤苦伶仃。人生自古以来有谁能够长生不死？他要用爱国的忠心映照史册。

文天祥二十岁就考取了进士，因为御前答对论策表现优异，赢得宋理宗的赞赏，钦点为第一名，成为状元，可谓是年少得志，只要他把握机会，官运亨通，很快就会走向人生巅峰。国家战乱，忠臣良将必将怀揣报国之志。宋恭帝德祐元年（1275年），元军大举进攻长江沿线，宋军节节溃败。由于兵力损失严重，朝廷下诏，号召各地官员组织兵马进京勤王。当时任赣州知州的文天祥，毫不犹豫地变卖家产，招募兵马，各地豪杰也纷纷响应，很快聚集了一万多人。上报朝廷之后，朝廷命令他马上率军北上保卫京师。

在文天祥准备出发之前，他的一个好朋友来劝他说："元兵三路大军已经攻克京城的周围防护，马上就要进攻京城，你这区区一万多临时招募的壮丁，毫无军事训练基础，无疑是羊群斗猛虎，岂不是白白送死啊！"

文天祥怒斥他道："我最恨你这种贪生怕死的人，难道我不知道力量的悬殊吗？我这么做就是为天下人作表率。大宋已经存在三百多年，如果朝廷号召勤王，没有一兵一卒进京，那才是我们整个大宋的悲哀。倘若我进京勤王，不幸殉国，那也能点燃起千千万万臣民的激情和斗志，激发起天下忠臣义士的爱国之志，万众一心，还怕保卫不了大宋吗？这样我也就死而无憾了。"朋友听后，感动地流下眼泪，依依不舍地送他奔赴战场。

文天祥在朝廷的命令下，转战平江、余杭等地。德祐二年（1276年），文天祥担任临安知府，临安此时是南宋的都城，也就是今天的杭州。临安军民拼死抵抗也没能挽救京城，元军攻占了都城。朝廷任命文天祥为右丞相兼枢密使，负责和元军讲和谈判，他与元朝宰相伯颜针锋相对、气节坚定，被伯颜扣押，后历经艰险，与侍从等人趁夜色逃了出来。之后，文天祥继续率领军民抵抗元军。

宋景炎三年（1278 年），文天祥在广东海丰的五坡岭遭遇元军大将张弘范，由于敌众我寡兵败被俘。文天祥看到大势已去，欲服毒自尽，未能成功。张弘范对文天祥很是敬重，对他礼遇有加，希望他能归顺元朝，一同为朝廷效力。文天祥信念坚定，丝毫不为所动。张弘范不舍得杀他，就押解着他一同追击宋军指挥官张世杰和宋幼主赵昺，在乘船路过零丁洋（今天的广东珠江口外）的时候，文天祥看着水中波涛，知道宋朝已退无可退，万分悲伤，写下了著名的《过零丁洋》。

元军行至崖山，在今天的广东江门市新会区南 50 公里处，与张世杰率领的宋军展开对峙，张弘范三次劝降张世杰，张世杰都不为所动，拒不投降。张弘范希望文天祥能够写信劝说张世杰投降，文天祥把《过零丁洋》拿出来交给他，张弘范看后，心中震撼，默默地收藏起来，再不提让他劝降之事。

招降不成，元军开始进攻，这是中国古代少有的大规模海战。此战关系宋朝存亡，是宋元之间的决战。经过惨烈的激战，宋军失败，宋军将领陆秀夫背着年仅八岁的宋幼主赵昺投海自尽，大臣军民十万余人跟随他们纷纷投海。张世杰打算保护皇太后，寻找皇室后人，再立新主，以图收复江山。但是皇太后听说赵昺已死，也投海自尽，张世杰见皇太后已死，仰天长叹：“我为大宋赵氏一族该尽的忠都尽了，该做的事都做了。皇帝亡了，再立新君，现在新皇帝又死了，而我还在苟活的原因就是为了有机会复兴大宋啊。现在到了这个地步，我还有什么活下去的意义啊！”说完投水而亡。这就是历史上著名的崖山海战，宋朝自此灭亡。

崖山海战之后，张弘范设宴款待文天祥，他说：“丞相为宋朝的忠孝仁义都已经尽到了，如果能像效忠宋朝那样效忠大元皇帝，我保证您还能继续担任丞相。”

文天祥轻轻端起一杯酒，慢慢饮下，低头不语，眼泪扑簌扑簌地掉了下来，哽咽道：“大宋亡了，我作为臣子有心无力，无法挽救，本来就死有余辜，又怎么敢侍奉二主啊。”

“丞相的仁义，真乃千古典范，让人钦佩。”张弘范满饮了一杯酒，已料到了文天祥的选择，但还是抱着一丝希望地说，“明天我就派人护送丞相回京师，剩下的路，就只能看您选择了。”

文天祥在回京的路上，绝食八天，不吃不喝，超越极限却没有死，后在一同被俘的随从的劝说下开始吃饭。到达京师之后，文天祥被安置在朝廷接待宾客的会同馆。元世祖忽必烈想搜寻宋朝能臣以治国之用，宋朝降臣王积翁说：“南宋人中没人能比得了文天祥。”

元世祖忽必烈决心不惜代价劝降文天祥，于是派王积翁去传圣旨，被文天祥拒绝。又派降元的宋恭帝去说服他。当文天祥看到宋恭帝的一刹那，内心翻涌，五味杂陈。他舍生忘死保卫大宋，而曾经的大宋皇帝此时竟是来劝他投降的说客。他作为状元出身的丞相，君臣纲常牢记于心，任何时刻都不会对皇帝不尊，即便是到了这一刻。他跪在地上，目光坚定地望着宋恭帝，宋恭帝明白文天祥的心意，文天祥又何尝不明白他的艰难处境。想到此，宋恭帝难过得掉下眼泪，一句话也说不出来。文天祥跪在地上拜道："圣驾请回。"宋恭帝擦拭着眼泪，无声地离开了，文天祥伏地长跪，哭泣良久，不肯起身。

文天祥被囚禁期间曾收到女儿柳娘写给他的信，得知妻子和两个女儿都在元朝的宫中为奴，过着地狱般的日子。他知道这都是受他牵连，只要他答应归顺元朝，就能拯救她们母女脱离苦海，让她们过上锦衣玉食的生活。但是文天祥不愿为了家人丢掉坚定的信念，于是他给女儿回信说道："柳娘，我的女儿，收到你的信，我心如刀割，痛不欲生。人非草木，孰能无情？更何况你们是我最亲的妻子、女儿啊！如今事已至此，于忠于义，我都不能苟活于世，这就是我的命吧。怎么办？没办法！本可以让女儿们过上好生活，但是爹爹却不能做，我只有流不尽的泪水了……"

多次劝降无果，忽必烈敬佩文天祥的气节，有心释放他。但是有人谏言文天祥一旦被释放，必将举兵叛乱，加之京城谣言四起，主张杀文天祥的声音越来越多。忽必烈仍不死心，决定亲自见文天祥一面，于是宣召他入宫。忽必烈说："你来京三年了，朕一直对你以礼相待，是因为敬重你的忠义，爱惜你的才能。时至今日，朕对你的承诺依然有效。"

文天祥回答道："不必了，想必我的心意你也早就了解了。"

“那你还有什么心愿吗?”忽必烈叹息道。

“天祥深受宋朝的恩德，官至宰相，一臣不侍二主，请赐我一死，心愿足矣。”文天祥慷慨道。

忽必烈迟疑片刻，还是不忍心杀掉文天祥，挥手说道：“你先退下吧!”

旁边的大臣进言道：“陛下，文天祥提出了心愿，您应该满足他啊。”其他大臣随之附和。忽必烈无奈，下诏同意杀文天祥。

在刑场上，由于朝廷有交代，所以行刑官问文天祥：“丞相有什么话吗?如果有，我马上就禀报，您就可以免除一死了。”

文天祥从容道：“心愿已了，无话可留了。告诉我哪面是南吧。”

行刑官给他指了南方，他向南而拜，朝着大宋的方向，慷慨赴死，享年四十七岁。

文天祥死后，人们从他的衣服口袋里发现了一篇文章，内容是：孔子教人成仁，孟子教人取义，只有尽了道义，才能实现仁德。我读圣贤的书，所学的难道不就是这些吗?从今往后，我已问心无愧了。

毛泽东同志评价文天祥、岳飞、闻一多等人“以身殉志，不亦伟乎”。习近平总书记在中央党校建校80周年庆祝大会暨2013年春季学期开学典礼上的讲话中，引用文天祥的诗句时提到“人生自古谁无死，留取丹心照汗青”的献身精神体现了中华民族的优秀传统文化和民族精神，我们都应该继承和发扬。他在文艺工作座谈会上的讲话中再次提到文天祥，并指出："在社会主义核心价值观中，最深层、最根本、最永恒的是爱国主义。爱国主义是常写常新的主题。拥有家国情怀的作品，最能感召中华儿女团结奋斗。"

精忠报国的岳飞

2014年5月30日，习近平总书记到北京市海淀区民族小学看望少年儿童，看到学生们写的“精忠报国”，他表示，“精忠报国”是他一生追求的目标。

《习近平总书记的文学情缘》中记录了习近平总书记这样的讲述：记得我很小的时候，估计也就是五六岁，母亲带我去买书。当时，我母亲在中央党校工作。从中央党校到西苑的路上，有一家新华书店。我偷懒不想走路，母亲就背着我，到那儿买岳飞的小人书。当时有两个版本，一个是《岳飞传》，一套有很多本，里面有一本是《岳母刺字》；还有一个版本是专门讲精忠报国这个故事的，母亲都给我买了。买回来之后，她就给我讲精忠报国、岳母刺字的故事。我说，把字刺上去，多疼啊！我母亲说，是疼，但心里铭记住了。“精忠报国”四个字，我从那个时候一直记到现在，它也是我一生追求的目标。

岳飞，南宋抗金名将，中国历史上著名的军事家、战略家、书法家、诗人，位列南宋中兴四将之首。

在岳飞的统领下，著名的岳家军战斗力强悍，军纪严明，“冻死不拆屋，饿死不掳掠”，是深受人民爱戴的仁义之师。金人一直说“撼山易，撼岳家军难”，这是对岳家军的赞誉和肯定。

岳飞出生在北宋汤阴（今河南汤阴）的一个佃户家庭，青少年时期目睹了北宋遭受金女真的侵略欺辱，立志要抗金斗争，保卫国土。他从小拜名师习武，天赋加上勤奋，很快武艺超群，甚至在当地无人能敌。二十岁时，岳飞参军，开始了戎马生涯，他作战勇敢，屡立战功。后来，父亲去世，他离开军营，回家守孝。靖康元年（1126 年），战争又起，岳飞想去前线杀敌，又担心母亲年迈，无人在身边照顾，进退两难。岳母是个深明大义之人，晓得“国之不在，民将焉附”的道理，鼓励他上阵杀敌，不要有后顾之忧，并在他后背刺下“精忠报国”四个大字。

靖康二年（1127 年）四月，金灭北宋，掳走了宋徽宗、宋钦宗。一个月后，赵构在南京（今河南商丘）即位，建立南宋。岳飞向来主战不主和，他深知议和的代价巨大，却换不来最终的和平。他给宋高宗上书，大概意思是说：“陛下已经登上了皇位，是国家社稷的主人了，能够为您在军事上出谋划策的人才众多，拥护您的军队也都聚集过来了，敌人一直以为我们懦弱可欺，我们可趁他们骄傲懈怠之时突然出击。臣希望陛下能够御驾亲征，大军必然士气高涨，趁敌人阵脚还未站稳，北上攻击，定能把敌人击败，收复中原。”

宋高宗对他的上书给予了“小臣越职，非所宜言”的八字批语，并将岳飞革除军职，逐出军营。岳飞并没有因此消沉，而是奔赴河北，加入抗金第一线。这是他第四次参军，从此辗转多地，愈战愈勇。东京开封留守杜充准备放弃东京的时候，岳飞力劝，他说："中原大地一尺一寸都不能放弃，今天我们一离开，此地就不归我们所有了，将来想要收复，可能要牺牲几十万人的性命啊。"然而，杜充执意弃城，后来还投降了金，成为叛臣。

岳飞还直接抨击秦桧居心不良的投降行为，秦桧记恨在心，为岳飞的悲剧埋下了伏笔。

绍兴十年（1140年），金撕毁和议，派兀术等多路进攻，宋军溃败，多地接连失守。岳飞收复中原的时机到来了，他挥师反击，把建康从兀术的手里夺了回来，并大败兀术。岳飞在行在越州第一次觐见宋高宗，他再次上奏，提出了建康的要害作用和防守的策略。这次宋高宗很是高兴，赏赐了岳飞。

岳飞平定了游寇的叛乱，宋高宗赏赐他"精忠报国"的锦旗，并为他的岳家军补充兵马，增强了岳家军的实力。接着，岳飞又收复了襄阳六郡，震动朝野。传说千古名作《满江红·怒发冲冠》就是他在第一次北伐时期所写。

怒发冲冠，凭栏处，潇潇雨歇。抬望眼，仰天长啸，壮怀激烈。三十功名尘与土，八千里路云和月。莫等闲，白了少年头，空悲切。

靖康耻，犹未雪，臣子恨，何时灭！驾长车，踏破贺兰山缺。壮志饥餐胡虏肉，笑谈渴饮匈奴血。待从头，收拾旧山河，朝天阙。

我们从中可以感受到岳飞的凌云壮志、英雄情怀和深厚的爱国激情。

宋高宗召见岳飞，对岳飞说：“兴复大宋之事，朕唯有依靠爱卿了。”并准备为岳家军再补充五万兵马，这更加坚定了岳飞收复中原的信心。岳飞开始第四次北伐，率领岳家军战无不胜、攻无不克，在河南郾城大败金兀术，岳飞乘胜追击，金兀术集结十万大军，岳家军势如破竹，金兀术惨败，退守开封，哀叹：“自从北方起兵南下以来，从未遭受如此接连失败。”

岳飞收复了郾城、颍昌、朱仙镇等数座城池。他鼓舞士气，号召将士一鼓作气，直捣黄龙府（今吉林农安）。岳家军大军围攻开封，金军的有生力量基本都被消灭，金兀术感觉大势已去，败局已定。但就在岳飞信心十足之时，宋高宗连发十二道金牌，令岳飞撤军。金牌是皇帝专用的传递信息最快速的方式，要求日行五百里。岳飞明知再往前一步，即可收复中原，但是圣命难违，明知是有奸佞之臣捣乱，也无可奈何。岳飞向着临安的方向跪倒，仰天长叹：“十年的征战，全都毁在这一刻啊，所有收复的城池，又都要丢掉了，这样的江山社稷，难以复兴！再想恢复大好山河，永远不可能了！”

岳飞班师回朝时，沿途百姓无不痛哭绝望，他们对回到大宋的怀抱期盼已久，就这样又要被抛弃了。岳飞不忍心大宋子民再受金兵杀戮欺辱，派兵把河南大批百姓南迁到襄阳一带。

金兀术虽然在岳家军面前屡战屡败，但亡宋之心不死，不断率军南下侵袭。最后金知道无法在武力上征服南宋，所以改变策略，再次和南宋议和。金兀术给秦桧写书信，说：“只要杀了岳飞，议和之事就算成了。”

秦桧诬陷岳家军主要将领张宪，然后把岳飞和岳云父子下狱，严刑拷打，让他们承认谋反。三人铁骨铮铮，坚贞不屈，岳飞最后被以“莫须有”的罪名杀害，享年39岁，张宪和岳云也被斩首。

绍兴三十二年（1162年），宋孝宗即位，岳飞冤狱终得以平反，他为岳飞追赠谥号“武穆”。宋宁宗时追封为鄂王，宋理宗时改谥号“忠武”。

习近平总书记在文艺工作座谈会上谈到岳飞的《满江红·怒发冲冠》，称赞它以全部热情为祖国放歌抒怀。他指出：“拥有家国情怀的作品，最能感召中华儿女团结奋斗。”他还说道：“每个时代都有每个时代的精神。我曾经讲过，实现中国梦必须走中国道路、弘扬中国精神、凝聚中国力量。核心价值观是一个民族赖以维系的精神纽带，是一个国家共同的思想道德基础。如果没有共同的核心价值观，一个民族、一个国家就会魂无定所、行无依归。为什么中华民族能够在几千年的历史长河中生生不息、薪火相传、顽强发展呢？很重要的一个原因就是中华民族有一脉相承的精神追求、精神特质、精神脉络。”

求仁得仁的伯夷和叔齐

石可破也，而不可夺坚；丹可磨也，而不可夺赤。

——《吕氏春秋·诚廉》

习近平总书记在纪念红军长征胜利80周年大会上的讲话和在党的群众路线教育实践活动第一批总结暨第二批部署会议上的讲话中都曾引用“石可破也，而不可夺坚；丹可磨也，而不可夺赤”这段话来强调理想信念的坚定。它出自《吕氏春秋·诚廉》，原文是：石可破也，而不可夺坚；丹可磨也，而不可夺赤。坚与赤，性之有也。性也者，所受于天也，非择取而为之也。豪士之自好者，其不可漫以污也，亦犹此也。意思是：石头可以打破，但是不能改变它坚硬的本质；丹砂可以研磨，但是不能改变它朱红的颜色。坚硬和颜色是它们的本性，本性是生来具有的，并不是可以轻易改变的。忠义豪杰之士的名节也亦如此，不容玷污。

《吕氏春秋》中引用了伯夷和叔齐的故事来阐述这一观点，伯夷和叔齐是具有高尚气节和坚定理想信念的代表人物。司马迁在《史记》中把《伯夷列传》作为人物列传的首篇，足见对他们的褒扬和称颂。

伯夷和叔齐是商朝末年孤竹国君的两个儿子，也是有名的贤士，孤竹君很喜欢三公子叔齐，因此遗命传位于叔齐，待到孤竹君死后，叔齐却不愿意继承王位。

叔齐对伯夷说：“大哥，您为长子，理应您继承君位，我是三弟，如果我继位，既是不义，也坏了礼数。”

伯夷说：“父亲遗命传位于你，如果我继位，岂不是忤逆了父亲，作为儿子是为不孝；违背了君主，作为臣子是为不忠。不忠不孝之事，我怎么能做啊。”

伯夷为了躲避弟弟的让位，逃离了出去。叔齐得知哥哥离开，终日不安，也不愿继承王位，于是找了个机会，也逃了出去，去追赶哥哥。

历经曲折的叔齐终于找到了伯夷，但是两人不想互相勉强，又都不愿意继承王位，加之商纣的暴政，两人商议决定都放弃王位，开始了流亡生活。孤竹国的大臣只好立二公子为君王。

当时，商纣王荒淫暴虐，伯夷和叔齐选择避世而居，虽不能施展鸿鹄之志，也乐得自在。后来，伯夷对叔齐说：“我听说西伯侯姬昌仁义贤德，体恤百姓。国家兴盛，人民安居乐业。”

叔齐马上道：“这样的贤良之主，我们此时不去投奔，更待何时啊？”

伯夷和叔齐兄弟二人长途跋涉、星夜兼程地赶往西岐。在途中遇到了周武王伐纣的大军，周文王已经去世，周武王即位，并开始攻打商纣。伯夷和叔齐大为吃惊，二人叩拜在马前，直言不讳地向周武王谏言。

“我兄弟听说西岐乃仁德忠孝之地，才不远千里，历经坎坷来投奔。但是，父亲死去，不为他发丧埋葬，用车拉着父亲的牌位去打仗，这能叫作孝吗？你作为商朝的臣子，去攻打君主，这能叫作忠吗？”

周武王的卫兵听到后大怒，准备把两人杀掉，遭到了军师姜尚的阻止。

姜尚说：“这两人虽然言语冒犯了大王，却有理有据，一看就是忠义之人，杀害忠义之人，岂不是坏了我西周贤德的名声？”

卫兵把伯夷和叔齐从队伍前拉开，浩浩荡荡地向前进发，兄弟二人见此情形，大失所望。后又听说周武王用爵位封地拉拢殷商官员胶鬲，并以祭祀盟誓的方式给予承诺，胶鬲答应在殷商给周武王做内应。在牧野大战之时，胶鬲等人策反了殷商纣王的军队，临阵倒戈，导致了商朝的覆灭。

伯夷和叔齐无奈地说：“唉！这西岐跟我们听说的可真是天壤之别啊，这种作为并不是我们所讲的‘道义’。自古神农氏等圣贤治理天下，祭祀都是为了黎民苍生。用忠义的信念和道德来治理百姓，百姓们才会真心臣服，才会有公平公正的太平盛世。不利用他人的弱点来成就自己，不宣扬别人的卑鄙来衬托自己的高尚，才是明君所为。

“如今，殷商暴政，西周就要把它推翻，取而代之，用阴谋手段、贿赂钱财、战争杀戮获得天下，这是用叛乱代替暴政。

“古代的贤士，但凡生逢太平盛世者，都愿意担负起造福百姓的责任；而生逢乱世者，也不敢苟且偷生于世。在我们看来，西周虽然势力强大了，但是德行却减少了，天下已漆黑一片，毫无光明。我们无力改变，只能坚守名节，独善其身，不受玷污。”

伯夷和叔齐兄弟二人，不承认新建立的周朝，他们发誓不再吃周朝的一粒粮食，于是隐居到首阳山，采摘薇菜等野菜为食。后来，一位老人遇到他们，得知他们的故事，很是为他们的气节所感动。

老人说：“两位贤士品格高尚、信念坚定，令人钦佩。但是普天之下莫非王土，这山川河流、花草树木都是周朝的，您吃的薇菜也是周朝的啊。”

伯夷和叔齐二人听说，恍然醒悟，深知已无法在这世间苟活。他俩从此绝食，双双饿死在首阳山中。

伯夷和叔齐兄弟让国、不食周粟、以身殉道的行为影响深远。历代帝王将相、文人墨客都用各自的方式表达了对伯夷和叔齐的赞美和歌颂。唐宋八大家之首的韩愈写过《伯夷颂》；宋代著名画家李唐作画《采薇图》；屈原、陶渊明、李白、杜甫、白居易、范仲淹等著名诗人都曾有赞颂伯夷和叔齐的诗篇。

以孔子为代表的儒家文化对伯夷和叔齐评价极高，在《论语》中多次称赞两兄弟为“古之贤人也”。儒家思想中强调人生价值不在于功名利禄，而在于对社会人民所作出的贡献。后人对于一个人的评价，也是这个人的人生价值的体现，决定了他是名垂千古，还是遗臭万年。

伯夷和叔齐拥有宁死不屈的坚定的理想信念。这种优秀的品质并不会因为时间的久远而淹没，反而会更加弥足珍贵。

习近平总书记强调，理想信念是共产党人的精神之‘钙’，必须加强思想政治建设，解决好世界观、人生观、价值观这个‘总开关’问题。对共产党来说，理想信念是精神之‘钙’，精神上缺了‘钙’就会得‘软骨病’，就会导致政治上的变质、精神上的贪婪、道德上的堕落、生活上的腐化。‘四风’问题归根到底是理想信念出现动摇所致，‘石可破也，而不可夺坚；丹可磨也，而不可夺赤’，必须毫不放松抓好思想政治建设，点亮党员、干部心中的明灯，教育引导党员、干部筑牢思想防线，坚持‘革命理想高于天’，保持蓬勃朝气、昂扬锐气、浩然正气。

倔强闯荡官场的杜甫

安得广厦千万间，大庇天下寒士俱欢颜！

——《茅屋为秋风所破歌》

习近平总书记在2018年新年贺词和《干在实处　走在前列——推进浙江新发展思考与实践》里都曾引用过著名诗人杜甫的一句诗："安得广厦千万间，大庇天下寒士俱欢颜！"这句话出自《茅屋为秋风所破歌》（节选）：安得广厦千万间，大庇天下寒士俱欢颜！风雨不动安如山。呜呼！何时眼前突兀见此屋，吾庐独破受冻死亦足！意思是：如何才能得到成千上万间高大宽敞的房子，把天下寒门学子都庇护起来，让大家喜笑颜开，风雨中安稳如山。唉，什么时候眼前能突然出现这样的大房子，即使只有我的茅屋被吹散，我被冻死，我也心甘情愿，心满意足了。

杜甫出身于京兆杜氏，京兆杜氏是京兆郡的一个名门望族，仅仅在唐朝做过宰相的就有11人之多，做过刺史郡守的更是数不胜数。杜甫出生在这样的士族，优秀的基因让他天赋异禀。在良好的教育下，他七岁就能作诗，少年时代就读书破万卷，下笔如有神。成年之后，满腹经纶的他意气风发，对未来充满信心。

十九岁的青年杜甫怀着对祖国大好河山的向往，开始了行万里路的旅程。他一路上凭吊古迹，体察民情，广交天下好友，丰富的经历为他以后写诗歌提供了丰富的素材和深厚的人文底蕴。杜甫二十四岁时在洛阳参加乡试，结果落第，但他并没有情绪低落，认为这只是一次偶然事件。

天宝三载（744 年），诗圣杜甫和诗仙李白在洛阳偶遇，此时的李白被唐玄宗赐金放还，属于提前退休了。二人神交已久、相见恨晚，结伴到开封、商丘旅游了一番，才依依不舍地分别。四年后，杜甫去兖州和李白会和，两人有诗与美酒相伴，“醉眠秋共被，携手日同行”。一段时间后，杜甫结束旅程，返回长安城。

踌躇满志的杜甫准备施展他的抱负，入仕报国。这是奉行儒家思想的杜氏家族里每一个人的理想和目标。所以，杜甫的第一步就是求取功名。天宝六载（747 年），唐玄宗突发奇想，打破传统的科举制度，希望“不拘一格降人才”，面向广大乡野，只要通晓一门技能就可以来应试，杜甫和众多士子也只能一同参加这样的考试。主持这次考试的是宰相李林甫，此人大权独握，排斥贤才。为了防止招揽上仁义贤德之才动摇他的地位，他竟然一人都不录用，并向唐玄宗上奏称，皇恩浩荡，大唐的人才都已经在朝堂，乡野之间没有遗漏的贤才了。这么拙劣的阿谀奉承之言，唐玄宗竟然照单全收了。这件事给了杜甫人生中的第一次沉重打击，他第一次感觉到当时官场的腐朽和黑暗，此时的杜甫已经三十五岁。

科举之路不畅通，他开始寻求迂回路线，他向一位位高权重者推销自己，但他写去的充满才华和激情的信都石沉大海，杳无音信。

天宝十三载（754 年），杜甫终于等来了一次施展才华的机会。唐玄宗举行三大盛典，即祭祀太清宫、太庙和天地。杜甫提前献上《大礼赋》，唐玄宗看后龙颜大悦，把他召进集贤院，等待分配。这次主管分配的还是李林甫，结果可想而知，杜甫一直处于待分配的状态。到了第二年，给他分配了河西县尉一职，是辅佐县令工作的小吏。杜甫心理落差极大，认为这个职位无法施展他的才华，上书请求改任，朝廷又任命他为右卫率府兵曹参军，一个低级军官，负责看管兵器和钥匙之类的仓库管理员职位。事已至此，他也只好接受了。

杜甫上任不久，适逢安禄山叛乱——史称“安史之乱”，唐玄宗弃城而逃，太子李亨即位，为唐肃宗。杜甫在战乱中颠沛流离，曾经被叛军俘虏。被俘虏期间他惦记的不是自己的安危，而是忧叹国家和人民的灾难，写下了“国破山河在，城春草木深。感时花溅泪，恨别鸟惊心。烽火连三月，家书抵万金。白头搔更短，浑欲不胜簪”等千古流传的诗句，把他心系国家的爱国之情、牵挂亲人的思念之苦表达得淋漓尽致。

后来，杜甫逃出来，投奔唐肃宗，被授予右拾遗，就是监察的言官。杜甫为官清正忠直，不畏强权，多次向皇帝直谏并同官场邪恶势力作斗争。虽然官微，但他心中装着国家社稷，可谓是朝廷的一股清流。当时的宰相房琯因为受门客犯错的牵连，被罢黜了职务。杜甫和他并没有深厚的交情，也不管皇帝还在气头上，就上奏道："宰相家的下属犯了罪，惩治他就可以了，不应该处罚宰相啊。"唐肃宗大怒，命令三司来给杜甫治罪。宰相张镐说："杜甫是言官，如果因为谏言而被治罪，以后恐怕就没人敢直言了。"唐肃宗听后觉得有理，就宽恕了杜甫。杜甫谢恩后道："房琯本就是宰相的儿子，年少时候就有宏图大志，有股肱之臣的担当，当世之人都认为房琯有三公之才，陛下慧眼识珠，对他委以宰相的重任。臣能感觉到他尽心竭力地为陛下分忧，只是他性格高傲，才导致用人失误，臣真心希望陛下能原谅他的错误，关注他的大德，所以我才违背圣意，冒死直谏。陛下赦免了罪该万死的我，又赐我还乡省亲，看望家人。皇帝之仁德不仅是臣之幸，也是天下的大幸啊！"杜甫为辅佐明君感动不已，但唐肃宗从此对杜甫有了嫌隙，对他的进言很少采纳了。

杜甫回家省亲，一路上看到百姓在战乱中凄惨困苦，心生怜悯。他回到家中，还未进门，就听到里面哭声震天，进去才知道，他两岁的儿子活活饿死了。杜甫悲从中来，痛不欲生。后写下《自京赴奉先县咏怀五百字》，其中结尾一段的大概意思是：我作为一个父亲，儿子被饿死，我内心满是愧疚。今年本来收成不错，但是因为战乱，百姓还是吃不上饭。我虽然只是个小官，但是也享有不用服兵役、不用缴租的特权。我这种情况都要遭受这样的惨剧，那普通百姓还怎么活啊，想到这，我更加心酸。那些流离失所的农民已经一无所有，那些边关的士兵也缺衣少食，国家和人民的灾难真是让我无法停止忧愁啊！杜甫从中年丧子之痛中想到了普通百姓的疾苦，这样的家国情怀，令人感动和景仰。

后杜甫辞官，在成都附近搭建草堂，过起了田园生活，八月里的一场秋风，将他的茅屋摧毁，他望着破败的房子，联想安史之乱以来的国家现状，写下了脍炙人口的《茅屋为秋风所破歌》。

八月秋高风怒号，卷我屋上三重茅。茅飞渡江洒江郊，高者挂罥长林梢，下者飘转沉塘坳。

南村群童欺我老无力，忍能对面为盗贼。公然抱茅入竹去，唇焦口燥呼不得，归来倚杖自叹息。

俄顷风定云墨色，秋天漠漠向昏黑。布衾多年冷似铁，娇儿恶卧踏里裂。床头屋漏无干处，雨脚如麻未断绝。自经丧乱少睡眠，长夜沾湿何由彻！

安得广厦千万间，大庇天下寒士俱欢颜！风雨不动安如山。呜呼！何时眼前突兀见此屋，吾庐独破受冻死亦足！

杜甫一生颠沛流离，徒有一腔报国之志，却难以施展。但他无论身处何地，都满怀着忧国忧民的崇高情怀。鲁迅称他是中华民族的脊梁！

习近平总书记在中学时代最喜欢读杜甫的诗，他也经常强调，领导干部就是要做人民的公仆，要时刻把群众的冷暖挂在心上。

啮雪吞毡的苏武

习近平在中央党校 2011 年秋季学期开学典礼上讲话，号召领导干部要读点历史，在讲到“体现出中华民族刚强坚毅、自强不息的优良传统和积极进取的人生态度”时，引用了汉使苏武啮雪吞毡等典故来诠释。

苏武，字子卿，父亲苏建曾多次随著名大将卫青北击匈奴，封平陵侯，后任代郡太守。汉朝的官僚体制里，父亲在朝为官，儿子可以直接做官，但需要从基层做起，因此苏武兄弟三人就做了郎官——汉武帝刘彻的侍从。

当时的汉朝和匈奴战争不断，互相扣留了一些使节。匈奴且鞮侯单于即位不久，唯恐受到汉朝的攻击，公开说：“大汉朝，那是咱们匈奴的长辈啊！”他为了和汉朝搞好关系以坐稳他的位子，就向汉朝示好，主动派人送回扣留的汉朝使臣，汉武帝夸他深明大义。来而不往非礼也，于是，汉武帝派中郎将苏武为使臣，归还扣押的匈奴使节，并给予单于厚礼。苏武带着副中郎将张胜、下属官员常惠以及一百多名士兵前往匈奴。

苏武将扣押的使节和礼物交付单于，这位单于敬酒不吃吃罚酒，他看到汉朝的友好姿态，反而傲慢起来，认为汉朝也不过如此，并非那般强硬。

当苏武圆满完成任务，准备返回汉朝之时，发生了一件大事，彻底改变了苏武一生的命运。匈奴的缑王本来已经投降汉朝，后来与匈奴作战，又回到了匈奴，但是他的家人都在汉朝，他心向汉朝。在匈奴，有一个叫卫律的人，他本是汉朝将军，投降匈奴后，很受重用，但是他手下的虞常等士兵是迫于卫律的命令才留在匈奴的，并非真心投降。于是，缑王和虞常密谋，联络卫律手下的汉朝降兵，策划把单于的母亲绑架回汉朝，以制约匈奴。虞常和使节团的副中郎将张胜是好朋友，他把计划告诉了张胜，还说："我知道大汉天子非常憎恨叛臣卫律，我决定为了大汉朝设埋伏射杀他，只是这样一来，我也性命难保。我放心不下我的母亲和弟弟，他们都在大汉，请你代我求朝廷给予照顾，我就是死了也心安了。"张胜非常感动，承诺一定照顾好他家人。

这一天，单于外出打猎，缑王和虞常开始实施计划，但是走漏了风声，遭到了围攻，缑王战死，虞常也被俘虏。张胜知道后，担心虞常牵连到他，就向苏武报告了前因后果。苏武听完，沉重地说："事已至此，不仅是你，我也会受到牵连，看来难逃一死了，与其受尽屈辱有失国家尊严，不如自行了断。"说完拔剑准备自杀，张胜和下属常惠奋力阻止了他，劝道："万一虞常没有说出和张胜见面之事，岂不是白白送了一条性命。"但是，事与愿违，虞常在卫律的审讯下，招出了张胜。单于勃然大怒，欲将苏武等人统统杀掉。左伊秩訾王说："他们虽然造反，但是并没有想要谋杀单于，就不必杀他们了，应该把他们招降，为我们所用，也可以打消其他人造反的念头。”单于听后觉得有道理，派卫律召苏武进宫劝降。

苏武听完卫律的来意，对身边的常惠说：“我作为大汉使臣，如果投降匈奴，虽能活着，可将来有何面目再回家乡啊!”说完又拔剑自刎，卫律连忙抱住苏武，叫医生抢救，终于保住了苏武的性命。

单于很敬重苏武的气节，在他养伤期间，对他很照顾。张胜则被打入大牢。

苏武的伤势逐渐痊愈，单于派使者请苏武一起去审讯虞常，想以此恩威并用降服苏武。他先杀了虞常，然后卫律说：“汉朝使臣张胜想要谋杀单于身边的辅佐重臣，已是死罪，但是单于仁义，愿意归顺效力者，赦免罪行。”说完举起剑准备杀掉张胜，张胜胆怯，跪下投降，请求饶命。

卫律马上赦免了张胜，进而对苏武说：“你的副官谋反，你也有责任，有连坐之罪。”

苏武回敬道：“我本来也没有参与同谋，并不知情，也不是张胜的亲属，凭什么连坐?”

卫律无言以对，举起手中剑，对向苏武，但苏武毫无畏惧、岿然不动。卫律只好劝说：“苏先生，我卫律以前是大汉臣子，后来效忠匈奴，蒙受单于大恩，封我为王，拥有数万军民，马牛羊等牲畜多得像山一样，可谓是大富大贵了吧。苏先生如果归顺，将来也会如此。你如果不降，虽空有一身气节，死在这匈奴，成为野草的肥料，谁又知道你呢?”苏武正襟危坐，不理睬他。卫律大为恼火，威胁道：“今天，你听我的话，归顺匈奴，咱俩从今天起就是生死兄弟。如果你不听我的忠告，以后再想见我，那就不可能了。”

苏武气愤地骂道：“你作为大汉臣子，有负圣恩，不忠不义，背叛国家，不顾亲人，给蛮夷做走狗，我为什么要见你？单于信任你，给予你生杀予夺的权力，你不秉公执法，反而想让汉朝和匈奴继续战争，你却幸灾乐祸。我想你应该知道，南越杀了我汉朝使臣，大汉灭了南越国，划为九个郡治理；宛王杀了我汉朝使臣，大汉军队把他的头颅挂到了皇城北门上；朝鲜杀了我汉朝使臣，被大汉一举诛灭。现在就剩下匈奴了，你明明知道我不会投降，故意挑拨两国开战，那匈奴的灭国之路，从我这就算开始了!”

卫律被骂得哑口无言，知道劝降无望，就灰溜溜地去向单于报告了。单于不仅吃硬不吃软，而且越得不到的越想要，就想杀杀苏武的锐气，派人把苏武关在大地窖里，断水断粮，逼他屈服。正值天降大雪，苏武渴了就吃雪，饿了就啃毛毡，就这样连续几天，苏武非但没有饿死，还始终精神抖擞，斗志昂扬。匈奴人以为他是神仙降世，于是把他放了出来，令他去贝加尔湖畔放羊。单于命他，什么时候公羊下羊羔了，他才能回来。苏武苦笑，明知不可为却毅然前往，因为他有着坚贞的气节。

苏武没有想到的是，他这一去就是整整十九年。苏武初到贝加尔湖畔，没有住处，没有食物，只能挖野菜、抓老鼠吃，受尽饥寒交迫之苦。每天紧握着证明他汉朝使节身份的信物——旄节，放羊、睡觉，片刻都不离身，时刻提醒自己是大汉的臣子，也是在想念大汉时寻找到一丝慰藉。就这样过了五六年，单于的弟弟被封到此地，看到苏武会做渔网、校准弓弩，很是欣赏，就赏赐给他些吃穿用度，苏武生活稍有好转。三年后，单于的弟弟病死了，他手下的军民也都撤走了，他赏赐给苏武的毡房、牛马、衣食都被丁令部落的人抢夺一空，苏武再次陷入穷困的境地。

李陵是一名降匈奴的汉朝将军，单于知道他在大汉的时候和苏武关系不错，就派李陵到贝加尔湖畔来劝降苏武。他对苏武说："你的两个兄弟在大汉都因为一点小事，被天子怪罪，畏罪自杀了。你的老母亲去世了，还是我送的葬，你的妻子也趁着年轻改嫁了。人的生命就像清晨的露水，很快就会消失，你何苦要这样为难自己呢？我刚开始投降的时候，终日恍惚，焦躁不安，一想到背叛大汉，心如刀绞，而且想到我的老母亲还被软禁在汉朝宫中，我更加难过。你现在的处境，怎么能难过我呢？你就听我的吧，别再反驳我了。"

苏武沉默许久，从伤心中缓过来，说道："我苏家父子，并没有丰功伟绩，但是陛下一直降临皇恩，拜将封侯，兄弟三人都成为天子信任的侍从，这份恩情足以让我肝脑涂地。为了效忠国家，我可以牺牲自己，即使受到极刑，也心甘情愿。为人臣者，侍奉君主，就像儿子侍奉父亲，儿子为父亲而死，没有什么可遗憾的，希望你别再劝我了。"

李陵不死心，过了几天又来劝他，苏武说：“我早就当自己已经死了，如果你再劝我投降，我马上就死在你面前。”

李陵被他的至诚之心感动，哀叹道：“唉，你才是真正的忠义之人，我与卫律真是犯了滔天大罪啊！”说完号啕大哭，与苏武分别而去。苏武看着李陵的背影，也流下了眼泪。两个人走上了两条不同的路，但终究都是命运悲惨。

李陵不好意思再见苏武，却经常派人接济他。直到有一天，李陵再次出现在苏武面前，带给他一个噩耗：汉武帝刘彻驾崩了。苏武听到这个消息，跑到草原上，向南方跪倒，放声大哭，直到声嘶力竭，吐血晕倒。之后，一连几个月，他每天都以泪洗面。

汉昭帝即位后，汉朝和匈奴议和。大汉朝廷开始寻找苏武，匈奴谎称苏武已死，苏武的老下属常惠告诉汉朝使臣苏武在贝加尔湖畔，汉使臣从单于口中得到了证实，准备迎接苏武回汉。知道苏武要回家乡，李陵设宴送行，感慨道：“如今你回归大汉，你的名节早从匈奴传扬回去，在大汉朝廷里你将身份显赫。即使史书所记载的事迹、图画所绘的人物，也都无法超越你。我李陵愚笨胆小，如果朝廷不质疑我的忠心，我本可以忍受在匈奴诈降的奇耻大辱以积蓄力量实现报国志向，可是朝廷却杀了我全家，我还有什么顾念呢？事已至此，我只是想向你吐露一下我压抑许久的心里话，我已成异国之人，这一分开，就是永别了。”两人相拥而泣，从此诀别。

苏武回到汉朝，汉昭帝任命苏武为典属国，俸禄二千石，赐钱二百万，官田二顷，住宅一处。一同归来的常惠被任命为皇帝侍卫，后为右将军，封为列侯。

苏武滞留匈奴十九年，回来时满头白发，饱经沧桑。他高尚的爱国情操、坚贞的民族气节，让后世之人万分景仰。

习近平总书记说：“我们学习中国历史，就要继承中华民族的优良传统，从中汲取思想精华，结合新的实践不断发扬光大。”

“中华民族” 的提出者：梁启超

2016年5月17日，习近平总书记在哲学社会科学工作座谈会上的讲话中指出：“中国古代大量鸿篇巨制中包含着丰富的哲学社会科学内容、治国理政智慧，为古人认识世界、改造世界提供了重要依据，也为中华文明提供了重要内容，为人类文明作出了重大贡献。”这其中的代表人物，他提到了近代思想家梁启超。

梁启超，举人出身，中国近代思想家、政治家、教育家、史学家、文学家。他是戊戌变法的领导人之一，维新派代表，新文化运动的倡导者。他学识渊博，贯通中外，是一位百科全书式的人物。他是中华民族概念的最早提出者。

梁启超生于广东，12岁中秀才，16岁中举人，一心钻研八股文，立志入仕为官。后来，他认识了康有为，迎来一生中最重大的转折。他师从康有为，逐步走上改革变法、改良维新的道路。他也立下了救国救民、振兴中华的志向。当时康有为是秀才身份，举人拜秀才为师，一时传为佳话。梁启超先后在《万国公报》和《时务报》任主笔，他主张学习西方先进的政治、经济、文化制度，宣扬民权论，批驳封建帝制，建议实行君主立宪制。他的文章主题基本都是为了中国之强盛。他认为，要强盛必须要变法。西方国家进行革命，区区百年，迅速兴盛强大，超过泱泱大中国，倘若中国变法改革，几十年就可以追赶上西方国家，百年之后，又将是世界第一文明强国。

甲午战争以后，帝国列强掀起了瓜分中国的狂潮，在国家危急存亡之刻，梁启超跟随康有为来到北京，为爱国救亡运动而四处奔走疾呼。1898 年 4 月，康有为和梁启超在北京成立保国会，力图在保留封建帝制的基础上，通过一系列改良变法，像日本明治维新那样，让中国走上强盛的道路。1898 年 6 月 11 日，光绪帝颁布了“明定国是”诏书，变法正式开始。光绪帝先后发布上百道变法诏令，除旧布新。而实际掌握国家大权的慈禧太后和王公大臣的守旧派反对改革，也惧怕改革。经过一番博弈，1898 年 9 月 21 日，慈禧太后囚禁了光绪帝，发布训政诏书，宣告戊戌变法失败。慈禧太后下令捕杀保国会成员，康有为逃到英国使馆，梁启超东渡日本，谭嗣同等六人拒绝逃跑，被捕遇害。

梁启超流亡日本十五年，其间研究日本明治维新的成功经验，从未停止对中国的关注和牵挂，他感叹道：“今天下之可忧者，莫中国若；天下之可爱者，亦莫中国若。吾愈益忧之，则愈益爱之；愈益爱之，则愈益忧之。”他忧国忧民，身在异国他乡从未忘祖国遭受的灾难和疾苦。

民国初期，梁启超回到国内，在袁世凯的内阁任司法部副部长，准备施展一番抱负。后因为袁世凯要复辟帝制，妄图逆历史潮流而上，梁启超辞去官职，与其分道扬镳。但是，袁世凯却对梁启超念念不忘，他想要当皇帝，除了要有枪有钱，还需要舆论和宣传，此时人们的思想已逐渐开明起来，所以他迫切需要一个能主导舆论、人民信任的笔杆子，思来想去，此人非梁启超莫属。袁世凯非常重视请梁启超出山为其舆论造势，派大儿子袁克定登门去请。袁克定不仅亲自出面，还带了巨款。但这巨款不仅没能打动梁启超，反而更加激起了他的斗志，他决定要为这个国家、这个民族发声。在许多进步报社被袁世凯查封、很多报人被袁世凯暗杀的恐怖氛围下，梁启超无惧地发表了《异哉所谓国体问题者》，对袁世凯意欲复辟帝制的行径进行猛烈抨击。这篇檄文在全国引起了强烈反响，梁启超也正式彻底和袁世凯政治决裂。他还和蔡锷谋划讨伐袁世凯的行动。随后，蔡锷在云南成立讨袁护国军，梁启超亲自参与起草文告，拟定计划。后在广东肇庆成立军务院，梁启超任抚军兼政务委员长。在南方军事力量的压力下，袁世凯被迫宣布取消帝制。

1916年6月6日，袁世凯病逝，段祺瑞成为最具实权者。梁启超认为段祺瑞“宅心公正，持躬清直，维持危局，非彼莫属”。于是，他电文南方各军阀，并主导撤销了军务院，以免南北方发生冲突和战争。至此，段祺瑞坐享其成地“统一”了中国。他以“再造共和”的名义重组内阁，梁启超成为重要成员，任财政总长兼盐务总署督办。但是，梁启超很快发现，段祺瑞并非要共和，他依旧是争夺利益的军阀，于是在孙中山的“护法运动”中，梁启超从段祺瑞政府辞职。

离开政坛的梁启超致力于文化和教育。他长期在清华大学和南开大学讲学，其间所作的著名演讲，影响深远。他在清华大学的演讲《论君子》，给了学子们成为君子的标准：天行健，君子以自强不息；地势坤，君子以厚德载物。后来，“自强不息，厚德载物”成为清华大学的校训。习近平在布鲁日欧洲学院的演讲中也曾引用过这句话来阐述“在激烈的国际竞争中前行，就如同逆水行舟，不进则退”的道理。

梁启超在南开大学演讲期间，周恩来正在南开大学读书，受其爱国主义和思想影响很大，也在此树立了坚定的信念。

1900 年，八国联军侵略中国，此时梁启超在日本流亡，为了驳斥西方列强诬陷中国是“老大帝国”“东亚病夫”“一盘散沙”等言论，他万分痛心和悲愤，写下了《少年中国说》，其中的“少年智则国智，少年富则国富；少年强则国强，少年独立则国独立；少年自由则国自由；少年进步则国进步；少年胜于欧洲，则国胜于欧洲；少年雄于地球，则国雄于地球”，一直激励着中国一代又一代年轻人自强不息，奋斗不止。

习近平总书记曾对奥运健儿说：“少年强、青年强则中国强。”在党的十九大上，习近平总书记强调：“青年兴则国家兴，青年强则国家强。青年一代有理想、有本领、有担当，国家就有前途，民族就有希望。”

与齐宣王论道的孟子

老吾老，以及人之老；幼吾幼，以及人之幼。

——《孟子》

习近平总书记在讲话中引用次数最多的就是儒学经典的名言名句，其中引用《孟子》多达十几次。2013年3月1日，习近平总书记在中央党校建校80周年庆祝大会暨2013年春季学期开学典礼上的讲话中引用“富贵不能淫，贫贱不能移，威武不能屈”，号召学习古人的浩然正气；引用“以其昏昏，使人昭昭”批评有的干部学风不浓、玩风太盛。2014年5月4日，他在北京大学师生座谈会上的讲话中引用“老吾老，以及人之老；幼吾幼，以及人之幼”，强调社会主义核心价值观。2015年10月16日上午，他在2015减贫与发展高层论坛上的主旨演讲中引用“仁义忠信，乐善不倦”，宣传中华民族扶贫济困、助人为乐的优良传统。

思想家孟子是战国时期儒家最主要的代表人物之一，属孔子第四代弟子，因为继承并发扬了孔子的儒家思想，被称为亚圣，后人将孔子和他并称为“孔孟”。

在那个诸侯各国合纵连横、战火不断的时期，孟子毅然地推行孔子的仁政学说。他倾力将儒家思想的政治理念转化成治国主张，周游各国，游说诸侯，推行“以仁为本”的政治主张。

各国诸侯都很现实，只重视武力的强大和利益的扩张。他们知道孟子是个大思想家，多乐于召见他，每次都会向孟子询问如何富国强兵。孟子告诉他们，国家的强盛来源于对子民施行仁政。诸侯们都忙着穷兵黩武、攻城略地，对这看起来似乎并无实际利益可图的主张都表面迎合，实则弃之不用。

孟子在游说诸侯的过程中，最有代表性的事情就是和齐宣王的几次著名的论道。

当时的齐国是唯一能够以一己之力和秦国抗衡的国家。秦国自商鞅变法之后强大起来，称霸一方，却被齐国打败过两次，足以说明齐国之雄厚实力。

齐宣王作为国富兵强的诸侯，固然不是一个善茬，他极度自信，久而久之就养成了乐于享受、不思进取的毛病。作为一国之君，生逢乱世，很多事情都无法用常理来处理，他对治国人才也表现出求贤若渴的急迫感。

终于有一天，历经一番周折，他和著名的思想家、教育家、政治家孟子相见了，齐宣王很激动，迫不及待地向孟子求教。

齐宣王很是客气地问孟子：“齐桓公、晋文公在春秋时代是如何称霸的，您能给我讲讲吗？”

孟子闻听此言，就明白了齐宣王的野心。

“大王，齐桓公、晋文公称霸的事，孔子的学生们都没有提起过，也就没有流传下来，我作为孔子的孙子的弟子，自然也不清楚。但是，既然大王问了，据我分析，应该是用道德作为统一天下的治国之道吧。”孟子诚恳地对齐宣王说。

齐宣王对这个理念闻所未闻，惊讶地问：“道德怎么能够统一天下呢？”

孟子继续说道：“一国之君，所做的一切都是为了百姓安居乐业，这样得民心的大王，怎么能够不统一天下呢？”

齐宣王一听，觉得有道理，马上问：“像我这样的人能让百姓安居乐业吗？”

孟子坚定地回答：“一定能！”

齐宣王又问：“先生对我也不怎么了解，何出此言呢？”

孟子感觉时机差不多了，开始劝说齐宣王。

孟子说：“胡龁曾经告诉过我一件事。有一天，您坐在大殿上办公，有属下牵着牛从殿下走过。恰好被您看到，您就问了：‘把牛牵到哪里去？’牵牛的人回答：‘准备杀了取血祭钟。’您看牛可怜，就说：‘放了它吧！我不忍心看到它那害怕得瑟瑟发抖的样子，这就如同无罪之人却要被无缘无故处死一样。’牵牛的人问：‘大王，不祭钟了吗？’您说：‘怎么可以不祭钟呢？用羊来代替牛吧！’大王，这事属实吗？”

齐宣王想了想说：“属实！”

孟子提高音量道：“大王，就凭您有这样的仁心就一定能够统一天下。”孟子话锋一转，随即说道：“虽然有的老百姓听说这件事后，不理解您的良苦用心，认为您是吝啬，但是我知道您不是吝啬，您是不忍心啊！”

齐宣王一拍大腿，心想：知我者孟子啊。激动道：“是啊，的确有老百姓这样认为。就算我们齐国不大，我作为一个大王，怎么会吝啬到舍不得一头牛的地步呢？当我看到那头牛害怕得直发抖，确实于心不忍，就下令用羊来代替它。”

孟子看齐宣王动情，就开始说重点：“大王，您要宽容那些认为您吝啬的百姓。他们只看到您用小的羊去代替大的牛，哪里知道您心中的用意呢？但是，大王如果可怜它毫无罪过却被宰杀，那么牛和羊又有什么区别呢？”

齐宣王被这么一问，有点蒙，尴尬地笑了笑说：“这当时是什么心理，我自己也说不出来。但是，我的确不是吝啬钱财才用羊去代替牛的。既然百姓这样认为，可能也有他们的道理吧。”

孟子见时机成熟，就安慰他说：“没关系。大王这种不忍心正是仁慈的表现，我理解您当时的心理，是因为您当时亲眼见到牛的可怜而没有见到羊，所以才这样做。古人说，君子对于飞禽走兽，见到它们活着，便不忍心见到它们死去。听到它们悲惨哀叫，也就不忍心吃它们的肉了。因此，真正的君子是不进厨房的。”

齐宣王恍然大悟，他明白了孟子的意思，是让他做一个远离杀戮，胸怀天下的君子。从此，齐宣王被孟子的大德征服，时常向孟子请教。

有一次，齐宣王与孟子闲聊，顺便聊聊关于外交的问题。

齐宣王问道：“先生，和邻国交往有什么讲究吗？”

孟子来了兴致，给他讲道："这个讲究还是很重要的。有仁德的人才能够以大国的身份侍奉小国，有智慧的人才能够以小国的身份侍奉大国。以大国身份侍奉小国的，是以天命为乐的人；以小国身份侍奉大国的，是敬畏天命的人。以天命为乐的人安定天下，敬畏天命的人安定自己的国家。畏惧上天的威灵，因此才能够安定。"

齐宣王有点不好意思地说："先生的话可真高深呀！我这个人啊，有个毛病，就是爱逞强好勇。怎么办呢?"

孟子一看齐宣王又开始露真性情了，那就给他开药方吧。

孟子说："那就请大王不要好小勇。比如有的人爱舞枪弄棒，好勇斗狠，动不动就说：'挡我者死！'这就叫匹夫之勇，最多只能与个把人较量。请大王不要逞这样的匹夫之勇。"

齐宣王真诚地点了点头，示意孟子继续说。

孟子说："周文王为了阻挡敌军的侵略，义愤填膺，调兵遣将，大败了侵略者，保护了国家和百姓。这样的一怒之勇让百姓安居乐业，大王要学习。

"周武王说：'作为上天降临的君主，天下四方的有罪者和无罪者都由我来负责，普天之下，何人敢超越上天的意志呢?'所以，只要天底下有一人横行霸道、欺压百姓，周武王都会感到羞耻。这是周武王的勇。周武王也是一怒为了使天下百姓都得到安定。如今大王如果也做到一怒便使天下百姓都得到安定，那么，百姓就会希望大王逞强好勇了。"

齐宣王听完之后，拍案叫绝："先生说得好，我就要做一个能为天下百姓而勇敢无畏的大王!”

孟子和齐宣王相见了几次之后，发现每次齐宣王对他的理念都推崇认可，但是迟迟不见他实行仁政的举措。于是，孟子决定找机会再激励他一下。

这一天，齐宣王请孟子喝酒，孟子知道机会来了。酒过三巡，齐宣王心情大好。

孟子开口道:“大王，我有一事想向您请教。”

齐宣王一听，满腹经纶的孟子要请教他，这可是千载难逢的趣事。

齐宣王毫无戒备地说:“先生请说。”

孟子缓缓地说:“假如大王有一位臣子，他将老婆孩子托付给朋友，自己到楚国去游历。等到他回来后却得知，他的朋友让他的老婆孩子挨饿受冻，他应该如何对待这个朋友?”

“和他绝交!”齐宣王怒道。

孟子挖好“陷阱”，继续引诱道:“那假如官员不能管理好他的下属，对他该怎么办?”

“罢免他。”齐宣王大怒。他已经掉进了“陷阱”，还全然不知。

孟子心中一喜，齐宣王这算是彻底进了套子，他正色问道:“那么一个国家没有被治理好，对它的君王应该怎么办?”

齐宣王心头一紧，暗道:孟子啊孟子，原来你在这等着我呢，我又钻进你的套子里了。

齐宣王尴尬地环顾周围的大臣，见无人能破解孟子下的套，只好转移话题，对群臣说：“今日的酒菜，大家觉得可口吗？有没有什么建议，本王好让厨师好好改进。”

孟子看齐宣王顾左右而言他，无奈地苦笑着独饮了一杯酒。

孟子的治国理念虽然在战国时期未能得到很好的推广和发展，但是他坚定的信念支撑着他周游列国，不断游说。在这个坎坷的历程中，他更像是一个劝架者、和事佬，在与各位诸侯、臣子以及其他学派的交往中，成为一个雄辩家。孟子机智勇敢，既善于用恰当的方法引导君王胸怀天下、仁政爱民，也注意批评教育的方式，观点正确的同时又让人容易接受。

孟子坚定的信念、圣贤的智慧，面对君王的勇气，被历代后人所传颂。

上天入地的张衡

不患位之不尊，而患德之不崇。

——典出《应闲》

习近平同志在任浙江省委书记期间，在《之江新语·做人与做官》中指出，为官者要“不患位之不尊，而患德之不崇”。意思是：做官不要担心职位够不够高，而应该想想自己的道德是不是完善。“不患位之不尊，而患德之不崇”典出张衡的《应闲》。

张衡的科学成就家喻户晓，地动仪、浑天仪、指南车等发明让他成为后世景仰的“科圣”。

当时的大将军邓骘仰慕张衡的才华，多次征召他。大将军位高权重，一旦攀附上这棵大树，无异于一步登天，这是许多人做梦都想得到的机会。但是张衡个性独特，任你权倾天下，我就是不感兴趣，不去应召。

汉朝有举孝廉的制度，是一种由下向上推举人才的措施。张衡为人坦诚不做作，有才华却很谦虚，学习刻苦。作为这样德才兼备的好青年，自然会被多次举荐，但是，张衡依旧无动于衷。朝廷多次征召，他也从不赴任。大家都爱惜他是个人才，既不忍心怪罪于他，又不想让他白白浪费青春年华。

这时候，南阳太守鲍德邀请他出任主簿，负责文书工作。鲍德在征召他的官员里算是级别低的，给他的职位更是不值一提。但是，张衡却很欣赏这个太守，因为鲍德很有学问，而且眼光长远。他在南阳大力兴办郡学，对当地的文化教育事业作出了巨大的贡献。张衡是个科学工作者，自然知道教育的重要性，科学是需要一代代地传承和发展的。所以，张衡欣然做了鲍德的主簿，而且一做就是八年。鲍德由于政绩出众，被调任京师，本想让张衡一同前往。张衡却递上了一封辞呈，大意就是：宇宙那么大，我想去好好研究研究。然后，挥一挥衣袖，潇洒而去。

三年后，当张衡正沉浸在神秘的太空世界不能自拔的时候，皇家的公车到了他家门口。汉安帝听闻张衡是术学大成者，随即派人特征入京，官拜郎中。张衡明白“溥天之下，莫非王土；率土之滨，莫非王臣”的道理，于是没有多言语，收拾行装上车进京了。

张衡才华横溢、学识丰富，很快得到皇帝的赏识，升为太史令。这是专业性很强的官职，掌管着一国的天文、历法、祭祀、医学等多个领域，这个职位很适合张衡。他本来就是科研工作者，属于学者型官员，他出任这个职位最合适不过。

张衡在太史令的职位上做了整整十四年，未曾升迁，身边的朋友对他说：“你有做官的能力，文章写得又好，皇帝还跟你亲近，你怎么就不知道寻找机会升官呢?”

张衡说：“既然皇帝让我任太史令，我就要兢兢业业，怀着敬畏之心，把这项工作做好。至于升迁和调动，不是我应该思考的事。”

张衡在太史令的职位上，可谓是业绩斐然。他发挥自己的聪明才智，在国家级资源库的支撑下，完成了一系列重大的科研项目，奠定了他世代传颂的“科圣”的地位。

做了官的张衡不仅是个实干派，还怀有忧国忧民之心。他对宦官专权的行为甚为不齿，他借助与皇帝亲近的优势，多次向皇帝进谏，揭露宦官祸国的罪行。宦官们对他既怕又恨，集体找了个机会，让他到京外去做官。

张衡这次的官职是河间王刘政的国相。刘政为人傲慢狂妄，目无国法，把地方搞得乌烟瘴气。张衡此次任职虽然有点钦差大臣的意味，但是刘政毕竟是河间王，职位高于他，张衡无法治他的罪行。张衡身为国相，手握实权，虽然治不了上，但是治下总还是绰绰有余。张衡明察暗访，掌握了一群豪绅列强违法乱纪的证据，这些人仗着有刘政作后台，有恃无恐，横行霸道。张衡整理了一份黑恶势力的名单，就开始下令，照单抓捕，绝不手软。上至高官贵族，下至地痞流氓，一众作奸犯科之流，统统收监，按律严惩。一时间，政治清明，风气清朗，百姓安居乐业。张衡一方面以身作则，清廉公正；一方面采用高压态势，对违法乱纪者，绝不姑息，发现一个打掉一个。

三年后，地方已一派政通人和的气象。张衡又一封辞呈递到了皇帝面前，这次是因为岁数大了，准备退休啦！

皇帝心里清楚，张衡这样的全能型科学家非常难得。于是，皇帝下令，召张衡回京，任尚书一职。

这一次，他只为皇帝答疑解惑了一年多时间，就与世长辞了，享年六十二岁。

为了纪念张衡的功绩，联合国天文组织于1970年将月球背面的一个环形山命名为“张衡环形山”，又于1977年将小行星1802命名为“张衡星”，2003年，国际小行星中心为纪念张衡及其诞生地河南南阳，将小行星9092命名为“南阳星”。

俗话讲，做官先做人，做人先立德；德乃官之本，为官先修德。在历史的长河中，那些帝国的崩溃、王朝的覆灭、执政党的下台，无不与其当政者不立德、不修德、不践德有关，无不与其当权者作风不正、腐败盛行、丧失人心有关。

领导干部也是普通的人，也是普通的百姓，要会做人、做好人，注意自己的言行举止，珍惜自己的人格魅力，洁身自好，做有高尚品德的人。

领导干部又不是普通的人，其一言一行对社会具有重要的导向作用。要像毛泽东同志当年号召共产党员那样，把自己培养成“一个高尚的人，一个纯粹的人，一个有道德的人，一个脱离了低级趣味的人，一个有益于人民的人”。

第二章

为民服务篇

照镜子正衣冠的成汤

人视水见形，视民知治不。

——《史记》

习近平总书记在党的群众路线教育实践活动第一批总结暨第二批部署会议上的讲话中，谈到教育实践工作要每个环节、每项工作都让群众参与，受群众监督，请群众评判，他引用了司马迁的《史记》中的一句话——“人视水见形，视民知治不。”

这句话的原文是：“汤征诸侯。葛伯不祀，汤始伐之。汤曰：‘予有言：人视水见形，视民知治不。’伊尹曰：‘明哉！言能听，道乃进。君国子民，为善者皆在王官。勉哉，勉哉！’汤曰：‘汝不能敬命，予大罚殛之，无有攸赦。’”这段话的意思是：“成汤在夏朝为方伯（一方诸侯之长），有权征讨辖制的诸侯。葛伯不祭祀上天，成汤就最先去征讨他。成汤说：‘我说过这样的话：人照一照水就能看出自己的容貌，看一看百姓就可以知道国家治理得好不好。’伊尹说：‘大王英明啊！忠言要能听得进去，道德才会进步。治国爱民，凡是有德行、做善事的人都要任用为朝廷命官。努力吧，努力吧！’成汤对葛伯说：‘你们不能敬顺天命，我就要重重地惩罚你们，概不宽赦。’”

成汤，也称商汤，他是商朝的第一代君王。文中这位不顺天不爱民的昏君葛伯在成汤统一天下的时候，第一个被灭掉了。

当时，商是夏的诸侯国，成汤继承了商侯之后，夏桀暴虐无道、鱼肉百姓，成汤感觉这是顺应天意的好机会，打算推翻天怒人怨的夏桀的统治。

虽然夏桀人心背离，但毕竟是统治全国的王朝，根基深厚、枝繁叶茂。成汤深知谋成此事需要人民的拥护，而让百姓知道他的一番赤诚之心并得到民心至关重要。

成汤明白，无论是运筹帷幄的战争还是顺应民意的仁政都需要人才的辅佐。求贤若渴的成汤每日都在思考用何种方式招揽天下英才。

这一天，成汤正为人才问题愁眉不展，茶饭不思，专门负责给成汤做饭的奴隶伊尹送来了他平时爱吃的饭菜，成汤心不在焉地尝了一口。咦！好像没什么味道，难道是发愁上火，食之无味了？他又尝了一口，原来不是自己味觉失灵，是根本就没放盐。他有些不高兴地尝了尝另一道菜：嚯！差点没把他齁着，这菜咸得发苦。他忍着脾气没发作，挨个把菜尝了一遍，不是咸就是淡，总之没有一个可口的。

成汤心想：这样的饭菜给我吃，我再不生气，以后这些奴隶还不得为所欲为啊！

他命人把伊尹叫上殿来，狠狠地训斥了他一顿。伊尹不急不躁地等成汤发泄完，不卑不亢地回答：“我伺候您这么多年，您的口味我能不知道吗？我今天这么做，是故意的。”

成汤一听更生气了：这是故意来戏耍本王，那就怪不得我心狠手辣了。

伊尹看成汤的脸色阴沉得厉害，毫无惧色，继续道：“把菜做得咸的咸、淡的淡是为了提醒大王，治大国如同烹小鲜，不能急于求成，更不能松弛懈怠，只有张弛有度，咸淡相宜，才能国富民强，称霸天下啊！”

成汤听完陷入了沉思。一个奴隶竟然能说出这样雄才大略、眼光独到的话，着实让人刮目相看。

“伊尹啊，你来了这么久，我还没跟你好好聊过天呢，你给我讲讲你的身世吧。”成汤充满好奇地说。当然，如果不是伊尹的这番话，成汤这辈子也想不到和一个奴隶聊身世。

“我出生之后，被莘国的一名奴隶厨师收养，后来由于我既会厨艺，又懂得些治国之法，就经常给贵族们做做饭、讲讲课。我久闻大王勤政爱民、胸怀天下，就自愿陪王妃随嫁过来，希望有朝一日能为大王的宏图霸业尽一份绵薄之力。”

成汤明白了，这是夫人的陪嫁奴隶，就是为了辅佐自己而来！

伊尹接下来又给成汤分析了天下的形势，力劝他为了天下苍生，伐灭夏桀，取而代之。

成汤听完他的一番话，拍案叫绝：和自己想到一起去了。当即免除伊尹的奴隶身份，任命他为右相。

此后，伊尹辅佐成汤建立商朝，又帮助他治理天下，为他立下了汗马功劳。

成汤因为破格任用伊尹，爱贤敬德的美名传遍天下，贤德人才纷纷前来投奔，为他的江山基业筑就了坚实的基础。

成汤在位十三年，勤政爱民、心系天下，深受百姓拥护和爱戴。成语“网开一面”就来自成汤宽厚仁慈的故事。

成汤成为商朝的君王之后，经常亲自体察民间疾苦。有一次，他路过一片树林，看到一个农民正在拉网捕鸟，他就饶有兴趣地旁观起来。

只见这个捕鸟之人，在林子的东南西北四个方向都拉上了网，但凡鸟儿飞进来就无处可逃，只有乖乖被捕。捕鸟人布置好天罗地网之后，开始倒地跪拜，口中念念有词，请求神灵保护。

“天灵灵地灵灵，天上神仙来显灵，让天上飞的、地下跑的，都统统跑到我的网里来！”

成汤开始还笑着观看，听着听着他觉得有点不对劲了，这统统跑到网里来，是要赶尽杀绝啊，太残忍了。于是，他下马走了过去。

捕鸟人看到气宇轩昂、衣着华贵的成汤带着一大群随从，知道是个大官，不管三七二十一，就调转头来跪拜。

成汤和蔼可亲地扶起他，向他表明了身份，并和他商量把四面网撤去一面，给飞禽走兽留一条出路。捕鸟人早就吓傻了，自然是成汤说怎么着就怎么着。

成汤说：“为了感谢你网开一面，我帮你请求上苍的保佑。”于是，他也开始念念有词。

“天上飞的，地下跑的，想往左飞的往左飞，想向右跑的向右跑，不听话的就进入罗网来！”

捕鸟人和在场的人都被成汤所感动。他在位期间一直对人民采取宽容的政策，无论何时都谨记给百姓留一条出路。

成汤刚统一国家，成为商朝的君王时，天下大旱，整整五年颗粒无收。百姓苦不堪言，成汤心急如焚。国都西亳（今商丘）的百姓想尽各种办法，不停地向上天求雨，并不断扩大祭祀的规模，仍旧无济于事。

朝廷的史官占卜了一卦，说必须得用活人祭祀，才能普降甘霖，解救黎民苍生。百姓们议论纷纷，有一些年长的老人愿意舍身为大家求雨。

成汤知道之后，哀叹不已，语气沉重地说：“求雨本来就是为了造福百姓，怎么可以牺牲百姓呢？如果非要有人牺牲的话，那就我来吧！”

他不顾群臣的反对，力排众议，选定了一个吉日，决定在桑林求雨。

到了日子，成汤吃了素斋，净水沐浴，剪掉了头发和指甲，换上了白粗布的衣服，身上披着白茅草，骑着白马在臣民的一片劝阻声中，跪在神台前，开始向上天祷告，以六宗罪而向上请示。

启禀上天，您这样惩罚我的子民，一定是我犯了不可饶恕的错。您如此滴水不降，是我政令不通吗？是我治民无方吗？是我的宫殿过于奢华吗？是我的妻妾过多吗？是我的臣子行贿猖獗吗？是我听信奸佞谗言冤枉忠良了吗？如果是我的罪过，请惩罚我一人；如果是我百姓的过错，也请惩罚我一人，因为我是他们的君王，理应受罚。今天，请把所有灾祸降于我一人之身，放过我的百姓吧！

成汤说完，痛哭涕零，倒地跪拜，百姓们哭声震天。

顷刻间，狂风大作，乌云密集，电闪雷鸣，倾盆大雨从天而降。大雨浇灌了干裂的田野，浇灭了祭坛上的熊熊烈火。

成汤用他的诚心感动了上苍，解救了天下百姓。虽然这个故事可能是巧合，也可能是历史的演绎，但是成汤爱民敬民的心闻者动容，听者流泪，给人以深深的震撼。

习近平总书记强调，群众路线教育实践活动要坚持主题不变、镜头不换，贯彻“照镜子、正衣冠、洗洗澡、治治病”的总要求，以严的标准、严的措施、严的纪律，坚决反对“四风”。要坚持对照理论理想、党章党纪、民心民生、先辈先进“四面镜子”，以补精神之“钙”，除“四风”之害、祛行为之垢、立为民之制为重点，推动思想认识进一步提高、作风进一步转变、党群干群关系进一步密切、为民务实清廉形象进一步树立、基层基础进一步夯实。

改革越往纵深推进，发展任务越繁重艰巨，人民群众期待越高，党员干部越要以高度负责的精神、一心为民的情怀、坚定不移的决心，解决好面临的各种挑战和问题，把党和人民事业不断推向前进。

拼才华有智慧的晏子

德莫高于爱民，行莫贱于害民。

——典出《晏子春秋》

习近平同志在《之江新语》中谈到“主仆关系不容颠倒”时，引用了“德莫高于爱民，行莫贱于害民”这句话。

这句话出自《晏子春秋》。叔向问晏子曰：“意孰为高？行孰为厚？”对曰：“意莫高于爱民，行莫厚于乐民。”又问曰：“意孰为下？行孰为贱？”对曰：“意莫下于刻民，行莫贱于害民也。”意思如下。

叔向问晏子：“哪一种德行最崇高？哪一种品行最仁厚？”

晏子回答说：“德行没有比爱护百姓更崇高的，品行没有比让百姓欢乐更仁厚的。”

叔向又问：“哪一种德行最低下？哪一种品行最卑鄙？”

晏子回答说：“德行没有比苛虐百姓更低下的，品行没有比伤害百姓更卑劣的。”

晏子是春秋时期重要的政治家、思想家、外交家，齐国著名的宰相，历任齐灵公、齐庄公、齐景公三朝，辅政长达五十余年，以敢于直谏、忠君爱民、生活节俭而著称。他的智商和情商都很高，能言善辩，口才极佳，有卓越的政治远见和机智的外交才能。

晏子推行仁政爱民的治国方针，奉行与邻国和平相处的原则。他非常推崇管仲的“欲修政以干时于天下”必须“始于爱民”。

晏子在辅佐齐景公期间，发生了一件历史上著名的“死马杀人”事件。

齐景公作为一国之主，既有治国情怀，又贪图奢靡生活。所以他身边围绕着两拨人，一拨人是齐家治国的忠臣良相，另一拨人是花天酒地的阿谀佞臣。但齐景公头脑清醒，从来都是治国玩乐两不误，他善于权术，使两拨臣子都为他出谋划策，因此，齐国国富民强，百姓安居乐业。

当然，齐景公的头脑偶尔也会“短路”，做出有失身份、有伤大雅的事情。每当此时，晏子都会通过高智商手段让齐景公恢复万人敬仰的正面形象。

“死马杀人”事件就是齐景公一次头脑“短路”后，被晏子纠正的故事。齐景公生性爱玩，吃喝玩乐样样精通。这一天，齐景公心爱的一匹马突然暴毙，死因不详——限于那时候的医学技术，也很难为一匹马找到病因。齐景公万分伤心，迁怒于养马的马倌儿。此时的齐景公感情战胜了理智，任凭谁劝阻都无动于衷，一定要把马倌儿处死给他心爱的马陪葬。晏子听闻此事，知道齐景公爱动情、易冲动的老毛病又犯了。他马上赶到大殿之上，此时齐景公正在大怒之中，要把马倌儿肢解分尸。武士得令后，把马倌儿抓来。马倌儿吓得浑身发抖，拼命求饶。

晏子看齐景公正在气头上，直接阻止会让他更加愤怒，便采用迂回的方法劝解他。

晏子主动请缨说："大王，请让我来行刑吧？"

齐景公一看，马上说："还是你懂我的心，就你来吧！"

晏子右手拿起刀，左手抓住马倌儿的头发，问道："大王，这肢解也得讲究个方式方法，不知道从哪里开始呢？"

齐景公被他一下子问愣了，他只想把马倌儿肢解泄愤，哪里会想从何处肢解这么细节的问题。于是他没好气地说："你主动要求行刑，倒来问我？"

"大王，请问尧舜肢解人的时候，是从什么地方开始呢？"晏子开始引导齐景公。

齐景公一听这话就明白了晏子的用意，尧舜都是圣明君主，怎么可能会因为一匹马的意外死亡而杀人呢？但是，齐景公正在气头上，而且话已出口，又不想收回，就说："你要不会肢解就算了，交给刑官处死吧！"

晏子看这个办法不奏效，齐景公铁了心要杀人，他不能让齐景公成为动辄杀人、视百姓生命为草芥的君王。

晏子继续道："大王说得对，让刑官处死他吧。不过，大王，杀人总得有个理由，这样才能让这个马倌儿死个明白，也让其他人引以为戒。我负责给他宣读一下罪行吧。"

齐景公正为晏子刚才的话生气，听他这么说，气有些消了，说："这样就对了嘛，要跟我一条心啊，你来宣读他的罪行吧。"

晏子清了清嗓子，踱着方步说："罪人马倌儿，你犯了三条死罪：第一大死罪，大王信任你让你养马，你却把骏马养死了；第二大死罪，死的这匹马那可是大王的最爱；第三大死罪，因为你养死了马，大王杀你，百姓不明真相一定会埋怨大王，邻国诸侯也会轻视取笑大王，因为你的死，大王要被百姓埋怨，被邻国轻视。你说你是不是该死？"

马倌儿早已吓得不知所措，只是不停地叩头。

齐景公听完晏子的话，皱着眉细细品味。折腾了一番，他的气也消了大半。

齐景公长叹一口气道："算了，算了，你把他放了吧，我不杀他了，别坏了我的仁爱之名。"

晏子连忙跪拜，称赞齐景公仁义圣明，堪比尧舜。晏子救下了无辜的养马人，也成就了齐景公仁爱的美名。

有一年冬天，接连下了几天几夜的大雪，天气格外冷。齐景公看雪景甚美，就穿着白色的狐裘大衣，坐在大殿外的台阶上，看漫天飞舞的大雪，天地之间银装素裹、一尘不染，甚为壮观。

齐景公兴致勃勃地对晏子说："这天气可真奇怪，下这么大的雪竟然一点都不冷。"

晏子看了看他把自己裹得像个长了毛的粽子似的，就笑着说："那是大王您不冷吧，天气真的不冷吗？"

齐景公不好意思地笑了，默不作声。

晏子一看教育齐景公的机会来了，机不可失，就说："大王，自古以来，圣贤的君王自己饱餐也不忘百姓的饥饿，自己温暖也不忘百姓的寒冷，自己安逸也不忘百姓的劳苦。唉，现在的君王都不知道喽！”

齐景公让他说得面子挂不住了，脸红脖子粗，说道：“好了，我受到教诲了。”于是命令官员拿出皮衣和粮食，分发给挨饿受冻的人们，还命令官员去巡访，见到百姓，不必问他们是哪个乡的，不必问他们是哪家的，不必问他们的姓名，都按照国家规定足额发放救济粮。有工作的人发给两个月的救济粮，有病的、生活困难的人发给两年的救济粮。

还有一次，齐景公要建高台，征召了许多百姓参加劳役。高台建成后，齐景公看着宏伟的宫殿，意犹未尽、兴致高昂，打算造个大钟，以做奏乐享乐之用。

晏子听说后，马上进谏制止齐景公。

晏子说：“所谓君主，就是不能以百姓的劳苦来成就自己的乐趣。君主无法控制自己的欲望，已经建筑了庞大华丽的宫殿，现在又要造奏乐的大钟，这无疑是加重了百姓的赋役负担，百姓一定感到很悲哀。用百姓的悲哀，来换取自己的享受和欢乐，这可不是好做法，更不是统治国家的君主应该做的事。”

景公听了晏子的谏言，打消了铸造大钟的念头。

孔子曾评价齐景公和晏子的作为和关系，称：“晏子能明其所欲，景公能行其所善也。”

晏子能够爱民敬民，为民请命，这是他的追求和信仰。齐景公能够采纳忠言，施行仁政，这是他的胸怀和抱负。

习近平同志曾用“当官不为民做主，不如回家卖红薯”的俗语强调为民的根本性。古人也常讲，圣人无常心，以百姓心为心。各级领导干部要一切从人民的利益出发，站在人民群众的立场上立身、处世、从政，真正做到权为民所用、情为民所系、利为民所谋。要破除“官本位”思想，克服和纠正“当官做老爷”的封建习气，始终坚持党的根本宗旨和群众工作路线，同人民群众保持血肉联系，把智慧奉献于人民、力量根植于人民、情感融解于人民，把解决民生问题放在一切工作的首位，尽心尽力地为群众出主意、想办法、谋利益。

华夏文明保护者：管仲

政之所兴，在顺民心。政之所废，在逆民心。

——《管子·牧民》

习近平总书记在纪念毛泽东同志诞辰120周年座谈会上的讲话中谈到全心全意为人民服务的宗旨时，引用了这样一句话：政之所兴在顺民心，政之所废，在逆民心。这句话出自《管子·牧民》，原文：政之所兴，在顺民心。政之所废，在逆民心。民恶忧劳，我佚乐之。民恶贫贱，我富贵之。民恶危坠，我存安之。民恶灭绝，我生育之。意思是：政权之所以能兴盛，在于顺应民心；政权之所以废弛，在于违背民心。人民憎恶忧愁劳作，就要使他们安乐；人民不愿贫贱，便要使他们富贵；人民厌恶危亡，即要让他们安定；人民害怕族类灭绝，就要使他们生育繁息。

习近平在亚太经合组织工商领导人峰会上的主旨演讲中谈到可持续发展的问题时，再次引用了管仲的话："凡治国之道，必先富民。"这句话出自《管子·治国》，原文是：凡治国之道，必先富民。民富则易治也，民贫则难治也。意思是：大凡治理国家的方法，都一定要先让人民富裕起来。人民富裕就容易治理，人民贫穷就难以治理。

管仲是春秋时期法家代表人物，是中国古代著名的经济学家、哲学家、政治家、军事家。

管仲有一个好朋友叫鲍叔牙，两个人早年曾合伙做生意。每次赚了钱之后，管仲都给自己多分，给鲍叔牙少分。旁人看不下去了，就跟鲍叔牙说："你这兄弟不行啊，贪财忘义，赶快断交了吧！"

鲍叔牙说："你们不知道，他不是贪财，他是家中贫穷，而且有老母亲要赡养，他这是一片孝心。我是甘心情愿多分钱给他的。"

管仲出身名门贵族，他祖上姓姬，和周王室同宗。所以，他一直觉得做生意是个低贱的职业。于是，他参军入伍，准备拼杀出一个属于自己的前程。但他参加的这支军队太弱了，他上了三次战场，三次都逃了回来，算是保住了性命。大家纷纷讥笑管仲贪生怕死，难成大器。

鲍叔牙说："我兄弟可不是贪生怕死，他是怕老母亲没人照顾，会饥寒而死，他是不忍心啊！"

管仲知道鲍叔牙经常暗地里帮助他。投桃报李，他也主动帮鲍叔牙做了几件事，不过，时运不济，一件都没办成，还差点给鲍叔牙带来灾祸。

大家跟鲍叔牙说："你这兄弟能力太差了，早晚把你拖累死。"

鲍叔牙说："管仲的能力远在我之上，他今日办事不成，完全是因为时机不对。”

管仲感动地说：“生我者父母，知我者鲍子也。”

当然，这仅仅是两人友情的开始，在漫长的人生旅程中，两人经历了大起大落、福祸生死，友情更加深厚和牢靠。

两人在思想成熟之后，开始从政。齐僖公驾崩后，他的大儿子继承王位，即齐襄公。齐襄公有两个弟弟——公子纠和公子小白。齐僖公在世时分别让管仲和鲍叔牙作公子纠和公子小白的老师。

齐襄公缺乏治国之才，执政到第十二年，堂兄弟公孙无敌造反，把他给杀了，然后自立为国君。公孙无敌在位一年，又被贵族们所杀，齐国顿时群龙无首，陷入内乱。

王位虚悬，分别身在鲁国和莒国的公子纠和公子小白为了争夺国君之位展开了赛跑。

公子小白由于离齐国较近，最早得到消息，并提前出发。辅佐公子纠的管仲为了阻止公子小白争夺王位，带兵埋伏在路上，并向公子小白射出一箭，这一箭正好射在衣带钩上，公子小白才没有丧命。公子小白表现出高智商的一面，迅速咬破嘴，佯装死去。管仲看公子小白已死，就退兵而去。

没了竞争对手，管仲和公子纠不紧不慢地向齐国进发。六天之后，公子纠到达齐国，才发现公子小白已经即位，即齐桓公。

公子纠如何能咽得下这口气，立马联合鲁国向齐国发动战争，力图夺回君王之位。

几场交锋下来，鲁国完败。一众人等逃回鲁国，还没站稳脚跟，齐国就大军压境，乘胜追击过来。

鲁国公一看大势已去，决定求和。齐桓公也好说话，议和就议和，毕竟都是亲戚，按辈分他还得管鲁国公叫舅舅。但是齐桓公有条件，那就是让鲁国公杀掉公子纠，以除后患，并把管仲交给齐国，齐桓公要亲自处死这个仇人。

鲁国公无奈，一一照做。公子纠死了，管仲被押送到了齐国。

事实上，这是鲍叔牙的计谋。齐桓公即位后，需要人才，他想要拜鲍叔牙为相，鲍叔牙却向齐桓公推荐了管仲。

后来，齐桓公不计前嫌拜管仲为相，鲍叔牙甘愿位居其下。管仲也不辱使命，辅佐齐桓公成就了春秋霸主的伟业。

这就是历史上著名的“管鲍之交”的典故。

管仲主张改革而使齐国国富民强。那时候，中原周边的北狄、西戎、南蛮、东夷不停对华夏之地进行疯狂的侵略，管仲说服齐桓公，在外交上采用“尊王攘夷”的策略。

西部的山戎攻打燕国，燕国向齐国求救。管仲力谏齐桓公出兵相救，获得了齐桓公的支持。管仲亲率大军讨伐，将士们一路势如破竹，把山戎直打到孤竹，并顺道把孤竹国和令支国也给灭了，国土尽归齐国。

后来，北方的狄人起兵入侵中原的邢国，管仲又劝齐桓公出兵相救，大败狄人。

管仲辅佐齐桓公北击山戎、南抗荆楚、内定中原诸国，保护了华夏文明，让文明的火种得以延续下来。这让管仲获得了“华夏文明的保护者”的称号。

管仲的政治理念首要强调顺应民心，这从齐桓公和管仲的一次君臣对答中可以窥见一斑。

当年，鲍叔牙向齐桓公推荐管仲为齐国之相。齐桓公愤恨地说：“管仲不就是拿箭射我的那个逆贼吗？要不是衣带钩救我一命，现在我早就归西了。我恨不得把他千刀万剐，你还让我重用他?”

鲍叔牙解释道：“当时各为其主，管仲向您放箭，说明他对公子纠忠心。如果您任用了他，您就是他的主子，他也一样会对您忠心耿耿。而且您要想成就霸业，急需众多的人才，管仲就是首选。”

齐桓公不以为然地说：“要讲忠心，谁有你对我忠心，我要拜你为相，图谋大业就交给你了。”

鲍叔牙说：“我比管仲差远了，我做个忠君爱国的臣子还可以，要说到治国图霸还得靠管仲。您要是重用他，就不要记恨他射您那一箭，他将为您射得一个天下！”

齐桓公看鲍叔牙如此推崇管仲，心有所动，就说：“明天带他来见我吧！”

鲍叔牙又劝说：“您要得到有用的人才，就要以礼相待，要亲自请他才是。”

齐桓公选了黄道吉日，亲自出城迎接管仲，还请管仲坐在他的车上一起进城。

管仲进了宫殿，连忙向齐桓公下跪谢罪，齐桓公亲自把管仲扶起来。

齐桓公笑盈盈地问：“鲍叔牙说你有富国强兵、建立霸业的方法，你可否和我说说？”

管仲回答道：“大王要想成就伟业、称霸中原，就要从最基本的事情做起。”

齐桓公来了兴致，问道：“何为最基本的事？”

管仲坚定地回答：“百姓！”

齐桓公说：“那应该怎样对待百姓呢？”

管仲答道：“百姓是一个国家的根本，要治理好国家，必须重视百姓的要求。顺应民心民意，因势利导，自然国富民强。”

齐桓公对他的理念很认可，不住地点头。

管仲继续说：“国家富裕百姓就安居乐业、爱惜家园，让百姓富足，他们才能知礼守法，国家才易于治理，反之，国家则难于治理。所以，治理得好的国家往往是富有的，乱国必然是贫穷的。懂得治理国家的君主，首先要先让百姓富裕起来，然后再加以治理。”

“予之于民就是取之于民”是治国的法宝。齐桓公采纳了管仲的牧民治国方略，最终成为春秋五霸之首。

习近平总书记强调：“坚持群众路线，就要坚持全心全意为人民服务的根本宗旨。‘政之所兴在顺民心，政之所废在逆民心。’全心全意为人民服务，是我们党一切行动的根本出发点和落脚点，是我们党区别于其他一切政党的根本标志。党的一切工作，必须以最广大人民根本利益为最高标准。检验我们一切工作的成效，最终都要看人民是否真正得到了实惠，人民生活是否真正得到了改善，人民权益是否真正得到了保障。面对人民过上更好生活的新期待，我们不能有丝毫自满和懈怠，必须再接再厉，使发展成果更多更公平惠及全体人民，朝着共同富裕方向稳步前进。”

带领百姓富起来的苏辙

去民之患如除腹心之疾。

——《上皇帝书》

习近平总书记在党的十八届二中全会第二次全体会议上发表了重要讲话，在谈到民生问题的时候，他引用了“去民之患，如除腹心之疾”。

这句话出自宋朝苏辙的《上皇帝书》，含义是：去掉老百姓的祸患，如同除去自己的心病一样。

苏辙，北宋文学家，官至宰相，著名的“唐宋八大家”之一，与父亲苏洵、哥哥苏轼并称为“三苏”。苏辙名字里的“辙”字寓意深刻，富含哲理。当初，他父亲给他起这个名字的时候，可谓煞费苦心，取这个字的意义在于：天下所有的车都要顺着车辙走，虽然论功行赏的时候，辙没有功劳，但是一旦车翻马毙，也纵然不会怪罪到辙的身上。其父对他的期望就是即便不能获得福泽，却也不容易招致灾祸。

苏辙为官，注重为民爱民。这一点，从他和王安石的一次殿前争辩中可见一斑。

熙宁二年（1069 年），宋神宗召苏辙殿前言事。当时的宰相是大名鼎鼎的王安石，他此时正在向皇帝建议实施历史上赫赫有名的青苗法。神宗对其中很多激进的条款拿不准，所以才召见苏辙等人来商量。

王安石对苏辙在政论和史论方面的造诣很是赞赏，于是主动和苏辙讨论青苗法中的一些细节问题。

王安石对苏辙说："你如果觉得其中有什么不妥之处，就直接告诉我，别因为我是宰相就碍于面子，不好开口。"

苏辙为人低调平和，但对于有关民生的问题，他很敢于发声。他本来就对青苗法中的某些条款很不赞同，既然王安石都这么说了，且当着皇帝的面，他有了定心丸，就放心大胆地阐述了自己的观点。

"政府把钱借给百姓，收取二分的利息，本意是救济百姓，并不是为了获利。但是这钱一出一入之间，地方上的贪官污吏就会趁机中饱私囊，虽然我们有严厉的律法，但是也不能阻止他们为了利益铤而走险。另外，钱到了百姓手里，即使是良善的百姓也难免会乱花，到了归还的时候，纵然是富裕的百姓也不免会超过期限。地方官员为了收回欠款，难免要鞭打催促百姓。唐朝的刘晏掌管着国家的财政，从来不借钱给百姓。有人因此责骂他，刘晏说：'随便借给百姓钱，他们就会有侥幸心理，这不是国家之福；让地方官吏用严苛的律法催促百姓还钱，对百姓来说是一场灾难。我虽然不借钱给百姓，但是全国各地哪里丰收，哪里灾荒，我都及时掌握。在粮食价格低的地方我广收粮食，抬高粮价，在粮食价格高的地方大量出售粮食，压低粮价，这样全国的粮价基本稳定在一定范围之内，不至于出现百姓买不起粮食的后果，如此一来，岂用给百姓贷款?’刘晏说的，就是常平仓法。现在您这个律法，还是隐患多于整顿，您如果在意百姓的生计，就应该采用刘晏的整顿办法，定能立竿见影，收效显著。”

王安石听完苏辙的话，沉思了片刻说：“你的话有理，我会好好考虑的。”此后一个月王安石再也没有提过青苗法之事。

虽然这次殿前的讨论，苏辙的观点未必是最适合当时情形的办法，但却表现了他赤诚的为国为民之心。

绍圣四年（1097 年），受“党争”的牵连，苏辙先后被奸相章惇贬官为化州别驾、雷州安置。

别驾是个什么职务呢?它最早设置于汉朝，是州刺史的佐官，就是刺史的副手，州府里总理众务之职。因为职务较高，所以出门时可单独乘坐和刺史级别接近的座驾，故称为别驾。到了北宋，别驾相当于副知州。这对于曾经身为宰相的苏辙来说，无疑是虎落平阳，极度落魄了。

苏辙被贬居雷州之后，并没有因此怨天尤人，意志消沉，而是体察民情，感受民生疾苦。他通过走访发现当地百姓以鱼虾蟹类为食，不爱吃蔬菜和水果。这里的冬天比较温暖，极少下雪，衣服和被褥都是木棉制成的，所以百姓很少种麻，即使有生蚕也不擅长纺织，绸缎布匹都从外地贩运而来。工业作坊设备简陋，做出来的产品很差。看病主要依靠土办法和巫蛊之术，医疗水平落后。

针对这一系列问题，苏辙向百姓们传播和教授中原的先进文化和技术，启发民智，破除迷信。

他传授烧制陶器、纺线织布、开药治病等知识，在农业、工业和商业上精心指导，带领雷州百姓走上了脱贫致富的道路。

由于水土不服和连日劳累，初到雷州的苏辙瘦得帽子大了，腰带也松了。雷州的县令和百姓很担心苏辙的身体，给他租住的宅院进行了修葺，让他住得更舒服一些。县令还每月拿着酒菜来款待苏辙。对此，苏辙万分感动，对雷州百姓的生活疾苦更加记挂，工作更加忙碌。

当时，身为宰相的章惇把苏辙贬到雷州后，并没有就此罢手。听闻苏辙在雷州深受百姓爱戴，他派人明察暗访，罗织证据，污蔑苏辙强占民宅，加以治罪。苏辙听到这个消息，并没有慌张，只是哈哈一笑。

当章惇派的人来到苏辙家中，准备以欺压百姓、霸占民宅的罪名抓他的时候，苏辙当着众人的面，拿出了租房的契约，条款清晰，签名完整。来人没想到苏辙真交了租金，很是尴尬，只好灰溜溜地走了。很多年之后，雷州百姓为了纪念苏辙对当地的帮助，将他租住过的宅院改建为苏家兄弟祠堂，以供后人铭记和瞻仰。

俗话说风水轮流转，妄图将苏辙在雷州赶尽杀绝的章惇，最后竟然也被贬到雷州。由于没有栖息之地，他只能向当地百姓租住房屋，但是一连几日都没有租到。原来，百姓一听他是当年陷害苏辙的章惇，都不约而同地拒绝租房给他。

章惇不明就里，以为百姓食古不化，质问房主："租赁房屋，全国皆有，怎么到你们雷州就不行了?"

房主说："雷州本来与其他地方也是一样的，但是苏公来了之后就不一样了。"

章惇大怒，问道："难道是苏辙叫你们这样对我的吗?"

房主答道："先前苏公曾租住在我家，因为章丞相我家几乎破败，现在万不能租给你了。"

章惇听后羞怒万分，只好负气离开。

同是被贬雷州，苏辙受到了百姓的拥护和爱戴，章惇却受到了大家的冷落和排挤。只因为苏辙人品高尚、启发民智、爱民敬民，被雷州人民列为"十贤"之一。而曾经官位比苏辙高的章惇却因为奸诈卑劣、践踏民意而遭到了雷州百姓的唾弃。

习近平总书记在2021年秋季学期中央党校（国家行政学院）中青年干部培训班开班式上讲话指出，要坚持以党性立身做事，把说老实话、办老实事、做老实人作为党性修养和锻炼的重要内容，敢于坚持真理，善于独立思考，坚持求真务实。这对党和人民事业有益，对个人健康成长也有益。做人老实不是愚钝，做事踏实不会吃亏。

高官不忘根本的正考父

一命而偻，再命而伛，三命而俯。循墙而走，亦莫余敢侮。饘于是，鬻于是，以糊余口。

——《左传·昭公七年》

习近平总书记在2013年全国组织工作会议上的讲话中强调：“敢于担当，是为了党和人民事业，而不是个人风头主义，飞扬跋扈、唯我独尊并不是敢于担当。春秋时期宋国大夫正考父是几朝元老，但他对自己要求很严，他在家庙的鼎上铸下铭训：‘一命而偻，再命而伛，三命而俯。循墙而走，亦莫余敢侮。饘于是，鬻于是，以糊余口。’意思是说，每逢有任命提拔时都越来越谨慎，一次提拔要低着头，再次提拔要曲背，三次提拔要弯腰，连走路都靠墙走。生活中只要有这只鼎煮粥糊口就可以了。我看了这个故事之后，很有感触。我们的干部都是党的干部，权力都是党和人民赋予的，更应该在工作中敢作敢为、锐意进取，在做人上谦虚谨慎、戒骄戒躁。”

这段话中引用的正考父的家训出自《左传·昭公七年》，原文是：及正考父，佐戴、武、宣，三命兹益共，故其鼎铭曰：

"一命而偻，再命而伛，三命而俯。循墙而走，亦莫余敢侮。饘于是，鬻于是，以糊余口。"

正考父是春秋时期宋国的大夫，他作为三朝上卿，位高权重，却为人自慎俭朴，竭诚敬业，忠君爱民，谦恭清廉。圣人孔子就是正考父的七世孙，可见这个赫赫有名的家族的基因之强大。

正考父年轻时身为大夫，有一年，大雨成灾，他奉命去治理水患。他不仅学识渊博，而且文武兼备，既能在技术上做出专业的指导，又能身体力行地和百姓同甘共苦。

在这种天灾面前，竟有官员乡绅置百姓生死于不顾，趁机大发国难财。正考父打算开仓放粮救济百姓的时候，遭遇到了官吏和乡绅的阻挠。

官吏对正考父说："大人，这是官粮，没有圣旨，谁也没有权力开仓。"

正考父义正词严地说："官粮就是为了在大灾之时接济百姓用的，现在洪水肆虐，田地颗粒无收，百姓们早已断了粮食，你是要眼看着他们活活饿死吗?"

官吏不为所动地说："那请大人去禀明君上，旨意一到我就开仓放粮!"

正考父心急如焚地说："等到请回圣旨，来回半个多月过去了，怕是灾民早就饿死了。"

官吏吓唬在场的灾民，说道："没有圣旨，私放官粮，死罪一条，你们谁吃了这个粮食，同样死罪。"

百姓们被他这一恐吓，纷纷后退，几个年长的老者劝正考父不要再争执。

老人对正考父说："大人的心意我们都领了，请大人不要再为我们触犯法律了，这水灾可能是上天对我们的惩罚吧，就让我们接受吧！"

正考父正色道："不可！你们都是君上的子民，兢兢业业、勤勤恳恳，何罪之有？即便有错，上天也不会惩罚你们，自有君上保护你们。"

正考父转身对官吏说："你阻止开仓放粮，就等于在屠杀君上的子民，这样的罪名，你背负得起吗？"

官吏支支吾吾了半天，没找到反驳正考父的话，于是改变策略，换上一副笑嘻嘻的面孔。

"大人，您跟我到那边详谈，还有几位朋友想见您，有要事和您商量。"

正考父疑惑道："有什么事就到这来说吧！"

官吏趴在正考父耳边说："都是当地的乡绅大户，他们的粮食可不比官粮少啊！"

正考父听后心里一惊，想了想，就吩咐随从兵丁和百姓在此等待，然后随官吏去见了当地乡绅。

几个乡绅见到正考父之后，眉开眼笑地向他行礼，正考父客套了一下，就直奔主题。

"几位找本官有何事啊？"

一名乡绅回答道："大人，听说您要开官仓放粮给百姓？"

正考父说："确有此事！"

乡绅说："大人，您可知道私放官粮是死罪啊！"

正考父严肃地说："如果用我一死，能换取千万百姓的生，那么我死不足惜。"

乡绅敬佩道："大人之高古，令人仰慕，但是有更好的办法，您又何必白白搭上性命呢？"

正考父不解地问："什么好办法？"

乡绅眯着眼睛微笑道："大人可以买粮。"

正考父笑道："百姓颗粒无收，何来买粮之钱？"

乡绅不慌不忙道："他们没有，大人您有啊！"

正考父正色道："本官向来两袖清风，除了俸禄，再无其他钱财。"

乡绅凑上前一步，小声道："大人治理河堤，马上就要大功告成，河堤两岸的土地，由于连年水患，本就不登记在册。如果大人能把这些土地划给我们几人，我们愿拿出自家粮食，接济灾民，助大人渡过难关，并且还会给您一大份心意。"

正考父凝视了一会儿眼前满脸堆笑的乡绅，又环视了一下屋内的其他几位，皆挂着同样的笑容，露着同样的贪欲。

正考父整了整衣襟，挺直了腰背，提高嗓音，说道："这脚下的每一分土地，上面站着的每一个人，都是国家的，我没有权力，也不敢违背律法给你们。作为当地的富豪乡绅，你们囤积粮食，眼睁睁看着同乡邻居活活饿死而无动于衷，心中想的都是如何获得更大的利益，对得起你们读过的圣贤书吗？对得起国家给你们的功名身份吗?”

官吏和乡绅们被正考父的一番话震慑得目瞪口呆，哑口无言。

正考父对官吏训斥道：“你作为国家的官员，不思为国为民，却想着与奸诈之人同流合污，中饱私囊，你知罪吗?”

官吏连忙作揖，连连认错，回道：“大人息怒，下官一时糊涂，这就去陪你开仓放粮。”

正考父终于打开官仓给灾民发放了粮食，渡过了难关。后来，君王听说了这件事，不仅没怪罪于他，反而对他大加赞赏，擢升了职位。

正考父一直奉行谦卑谨慎、为国为民的准则，在官场上备受敬重和爱戴。后被宋戴公拜为上卿，可谓一人之下，万人之上。

当时的周朝已经日渐衰败，各方诸侯已然各自为政。宋戴公是宋国历史上少有的有为君主。他上任的时候，国内接连灾荒，幸好有一批正考父这样的人，与民同甘共苦，共克时艰。

宋戴公向正考父请教如何才能国富民强。

正考父不假思索地吐出两个字：“改革!”

宋戴公说：“我已经施行了仁政，还不够吗?”

正考父不客气道：“不够!”

宋戴公皱着眉问：“那依你的意思呢?”

正考父清了清嗓子，说道：“现在的大环境很不好，周天子的礼乐体制已经崩坏。咱们宋国的小环境也不好，矛盾众多，最主要的是百姓和贵族之间的冲突。您高高在上，不知道底层的百姓过得多么辛苦，而王公贵族却奢靡之风盛行，长此以往，冲突升级，很容易产生民变，更何谈国富民强啊！”

宋戴公深受震动，心中掠过一丝慌乱，但是他很快镇定下来。

“先生可有良方？”

正考父就等着这句话呢，但是他并没有长篇大论，而是长长地叹了口气。

宋戴公不解道：“先生这是何意？”

正考父语重心长道：“办法是有，恐怕君上要受些委屈了。”

宋戴公哈哈一笑道：“先生多虑了，只要能国富民强，百姓能安居乐业，我个人受点委屈算得了什么？”

正考父闻听此言，马上跪拜道：“臣替天下百姓谢君上！”

宋戴公连忙上前扶起他，说道：“先生有话就大胆说，咱们君臣一心，但说无妨。”

正考父明白宋戴公有励精图治之心，于是大胆说道：“为了缓解百姓的疾苦，我们首先要降低田赋，短期看国库收入会减少，长远看有助于提高百姓的生活质量和生产积极性，才能创造更多的财富。”

宋戴公听完马上说：“这一点，跟我想的一样。”

正考父接着说：“为了节制贵族的奢靡之风，要削减公费开支，从经济源头上解决问题。”

宋戴公想了想说：“这个实行难度比较大，却是个好办法。就从我开始吧，以后我每顿饭就吃两个菜。而且我要加上一条，王室以后既不许酿酒也不许饮酒。”

正考父随即道：“君上圣明，酒乃万恶之源，纵酒是奢靡和腐化的开始。”

经过君臣二人的详细商讨，宋国的改革如火如荼地开始实施了，上有宋戴公掌控全局，下有正考父大力执行，宋国很快走上了振兴之路。

正考父不仅治国有方，而且学识渊博。周朝取代了商朝之后，商朝的诗歌文集遭到了毁灭性的破坏。正考父从周太师那里得到《商颂》十二篇，以《那》为首，他进行了保护和勘校，使之得以流传到今天。

《商颂》就是商朝的诗歌，诗经里的“风”“雅”“颂”中的“颂”之一。但是，现存《诗经》中的《商颂》只有五篇，司马迁认为是孔子编诗时将其他七篇删掉了。

正考父一生谦卑清廉，敬畏权力，他的“三命而俯”对后世影响巨大，与一些官员升迁之后的飞扬跋扈形成了鲜明的对比。

习近平总书记对党员干部强调：“说到底，无私才能无畏，无私才敢担当。心底无私天地宽。担当就是责任，好干部必须有责任重于泰山的意识，坚持党的原则第一、党的事业第一、人民利益第一，敢于旗帜鲜明，敢于较真碰硬，对工作任劳任怨、尽心竭力、善始善终、善作善成。‘疾风识劲草，烈火见真金。’为了党和人民事业，我们的干部要敢想、敢做、敢当，做我们时代的劲草、真金。”

百家宗师：姜太公

> 善为国者，爱民如父母之爱子、兄之爱弟，闻其饥寒为之哀，见其劳苦为之悲。
>
> ——典出《说苑·政理》

习近平同志在《摆脱贫困》一书中，引用了姜太公的一句话："善为国者，爱民如父母之爱子、兄之爱弟，闻其饥寒为之哀，见其劳苦为之悲。"在2015减贫与发展高层论坛上，习近平总书记发表了《携手消除贫困 促进共同发展》的主旨演讲，再一次引用了这句话。

这段话出自西汉刘向的《说苑·政理》，讲述的是姜太公回答周武王治国之道的根本，即爱民。太公的具体阐述是：善于治国的人对待百姓，就像父母疼爱孩子、哥哥爱护弟弟一样，听到他们遭受饥寒，就会感到哀伤；见到他们劳动辛苦，就会感到悲伤。

姜子牙是杰出的韬略家、军事家与政治家。他辅佐武王伐纣建立了周朝，是齐国的缔造者，齐文化的创始人，历代典籍都公认他的历史地位，儒、法、兵、纵横等诸子百家皆追他为本家人物，被尊为“百家宗师”。

相传姜子牙72岁时在渭水之滨垂钓，遇到了求贤若渴的周文王，被封为太师，称太公望，世人也称他为姜太公。

关于姜太公的典故和传说很多，如“太公钓鱼，愿者上钩”“覆水难收”“平易近人”等。而《封神演义》把姜太公进一步神化，使其成为家喻户晓的传奇人物。

姜太公文韬武略，辅佐周武王推翻商纣王的残暴统治，建立周朝。商纣王在历史上也是家喻户晓的人物，只不过他留给大家的印象却是一个昏庸的暴君。

商纣王天资聪颖，才气过人。即位后，重视扩张领土，发兵攻打东夷诸部落，获得大批俘虏，并把商朝势力扩展到长江流域，展示了他的雄才大略。可能是自视过高，也可能是事业太顺，商纣王刚愎自用、穷兵黩武、亲佞臣远贤臣，引发国内激烈矛盾，民众怨声载道，最终众叛亲离、身死国灭。

从历史唯物主义的角度来说，商纣王自然功过皆有。但是，后人多知其残暴，少知其政绩。这只能说明他在残暴方面做得太“突出”了。商纣王残暴到什么程度呢？从他留下的典故可见一斑，“酒池肉林”“炮烙之刑”“七窍之心”“牝鸡司晨”等轶事典故无不暴露了他的昏庸和残暴。

武王伐纣成功之后，论功行赏，姜太公首功不容置疑。武王将齐国封赏给他，姜太公就成了齐王。

众所周知，姜太公带兵打仗是一把好手。他的职位是太师，不要被这个文化气息很浓的名称所迷惑，这是个实实在在的武职。统领齐国之后，在治国安民方面，姜太公再一次书写传奇。他的政治理念给人们留下了一个成语——平易近人。这个成语现在的意思是形容态度平和，对人和蔼可亲，没有架子，使人容易接近。但是，它最开始可不是这个意思，也不是这四个字，原文为平易近民。本指政治的通俗简易，接近百姓的习惯和要求。到了唐朝，为了避李世民的名讳，就改成了“平易近人”，一字之差，意思也就完全变了。

姜太公的治国理念在很早就有所体现，周武王登基之后，有一段和姜太公的对话，堪称经典。

武王向姜太公询问道：“尚父，有个事跟您请教。”

姜太公名尚，武王拜他为亚父，称他为“尚父”或者“师尚父”——既是老师，又如同父亲。而且姜太公的女儿是武王的王后，所以姜太公就是武王的岳父，叫一声“尚父”，于情于理他都不吃亏。

姜太公点了点头，示意武王说出他的疑惑。

武王苦恼地说：“尚父，您说这三皇五帝的治国之道，经过了商汤六百年的传承和商纣王的毁坏，是否还存在呢?”

姜子牙一听这话，心道：坏了，这小子已经开始怀疑三皇五帝的圣明之道了，如果不及时阻止他这种思想，岂不是要失去方向，随意发展，那君王的德行也就无从谈起了，结果必然是百姓遭殃、生灵涂炭，活脱脱的一个低配版商纣王就诞生了啊！我必须将他这个思想扼杀在萌芽之中，让他走上正道。

姜太公捋了捋胡子，慢悠悠道：“三皇五帝的治国之道，都被记录在丹书之中。你如果想听这其中的道理，首先要斋戒三天，以示对先皇的尊敬和问道的虔诚，你可愿意?”

武王马上应允道：“我登基才三天，以后治理国家的时间长着呢，三天不算什么，我照做就是。”

周武王换上素衣，规规矩矩地斋戒了三天。到了日期之后，他头戴王冠，身穿正装，庄重地等待姜子牙讲解丹书。

姜子牙双手捧着丹书，站在武王的对面，开始了他的答疑解惑。

姜子牙说：“治国之道，在于两个方面：一是‘敬’和‘怠’，就是说凡是关于江山社稷的大事，必须有敬畏、虔诚之心，这样才能让国家社稷平安祥和；如果存有轻慢和懈怠的思想，国家就会因此而衰落，呈现出灭亡的征兆。二是‘义’和‘欲’，就是说要行仁义，去欲望，唯有仁义治国才是长治久安的良策，如果欲望横生，必然会让国家陷入凶险的境地。但凡世上的事情，不正则邪，没有畏惧之心就会失去公正之义。走不正之道，自然会走向灭亡，永存敬畏之心，才能屹立万世不倒。”

武王听后，深深思考这其中的利害关系。

姜太公继续说道：“其实治国之道很简单，只有两个字：爱民。只要做到即可。”

武王说：“何为爱民呢?”

姜太公说：“给予百姓利益而不残害他们，给予他们成功的机会而非失败的结局，给予他们生命的保护而不要随意杀害他们，给予他们东西而不抢夺他们的东西，给予他们快乐而不是痛苦，对他们和颜悦色而不要怒目相向。这就是治理国家的方法，想让百姓安定顺从，只要你真心怜爱他们就可以了。”

姜太公一语点醒梦中人，周武王立时明白了存亡废立之道的精髓所在，从此走上了敬民仁义的贤君之路，备受后人景仰。

姜太公在治理齐国的时候，把“平易近民”的理念发挥到了极致。周朝建立之初，姜太公和武王的侄子伯禽，分别被封为齐王和鲁王，分治两地。三年后，伯禽回来向他的父亲、周武王的弟弟周公旦汇报治理情况，此时的周天子是幼年的周成王，周公旦摄政当国。

周公旦不满道：“你怎么这么晚才来汇报？”

伯禽急忙解释说：“父亲，你不知道，我变革礼仪风俗，可是费了九牛二虎之力。三年，已经很快了啊！”

周公旦叹气道：“你知道吗？姜太公五个月就把你说的这些事解决了。”

伯禽惊讶道：“不可能！他是怎么做到的？”

周公旦给伯禽讲述了姜太公汇报工作的情况。姜太公在礼仪风俗上，也就是文化上，推行“因俗简礼”的开明政策。具体做法就是尊重本地人的生活习惯，从不强制干涉改变，而是把这些习俗和周朝的礼制融合在一起。这样既能让齐国人民乐于接受，又不违背周朝的礼制，受到百姓的拥护，又迅速安定了子民的猜忌和恐慌。

姜太公在三千多年前创造的这一政策，时至今日，在处理民族问题上，依然具有现实的指导意义。

在政治上，姜太公尊贤尚功。以贤德为标准选拔人才，以功劳提拔官员，无论亲疏。

姜太公仅用了一年时间就稳定了齐国，并让其焕发出了勃勃生机。对此，姜太公说："政治如果不简要平易，百姓就不愿意接近。只有平易近民，百姓才会拥护你。"

习近平同志在《摆脱贫困》中强调："中国共产党的性质决定了我们党的各级干部都是人民公仆，必须密切联系群众，党的宗旨就是全心全意为人民服务。人民群众是我们党的力量源泉，群众路线是我们党的根本工作路线。因此，我们没有任何理由脱离群众，只有相信群众、依靠群众、关心群众的生活，我们的工作才能得到群众的理解和支持，我们的事业才能立于不败之地。正如列宁所说的，'只有相信人民的人，只有投入人民生气勃勃的创造力泉源中去的人，才能获得胜利并保持政权'。近年来，党内一些意志薄弱者经受不住执政和改革开放的考验，腐败现象有所滋生和蔓延，官僚主义作风有所发展，从而不同程度地削弱了党同人民群众的血肉联系，损害了党在人民群众中的威信，甚至让敌对分子乘机钻了空子。我们应当从中警醒地认识到密切联系群众的重要性。"

“民间慈善组织创始人”：范仲淹

先天下之忧而忧，后天下之乐而乐。

——《岳阳楼记》

习近平同志在《之江新语》中谈到“古往今来，许多有作为的‘官’都以关心百姓疾苦为己任”时，引用了范仲淹的“先天下之忧而忧，后天下之乐而乐”。习近平总书记在文艺工作座谈会等场合多次引用过这句话。

“先天下之忧而忧，后天下之乐而乐”出自范仲淹的《岳阳楼记》，意思就是为官者应把国家、民族的利益摆在首位，为国家的前途、命运分愁担忧，为天底下百姓的幸福竭尽全力。

当时范仲淹正在被贬放逐之中，仍时刻不忘家国情怀，表现了积极向上、奋发有为的精神，体现了远大的政治抱负和伟大的胸襟胆魄。他的这种观点，能使我们认清事物的本质，不断鞭策自己、警诫自己、完善自己。

范仲淹是北宋杰出的思想家、政治家、文学家。他文武兼备、智谋过人，无论在朝主政还是出帅戍边，均系国之安危、时之众望于一身。在几十年的仕途生涯中，多次因为秉公直言遭到贬斥，更因为新政受挫，被贬出京。

范仲淹幼年丧父，家境贫寒，母亲只好改嫁于长山朱氏，将范仲淹更名为朱说（yuè）。后来，知道身世的范仲淹，感受到了寄人篱下之苦，他为了给母亲、给自己争口气，开始发奋读书。在那个时代，穷人家的子弟，只有通过科举才能实现抱负，出人头地。

范仲淹先是苦读于醴泉寺。每天煮两升小米粥，隔夜凝固之后，划分成四块，早晚各两块，拌点腌菜充饥。在读书疲倦发困时，就用冷水洗脸，这样的日子一过就是几年。

常人所不能忍受的困苦生活，范仲淹却从不叫苦。经过苦读，范仲淹终于在二十七岁那年得中进士，从此开始了他忧国忧民的官宦人生。

范仲淹在泰州任盐仓监时，负责监督淮盐贮运及转销。由于濒临黄海，唐朝时修筑的旧海堤因年久失修，多处溃决，海潮倒灌，淹没良田、毁坏盐灶，人民苦难深重。于是范仲淹上书江淮漕运张纶，痛陈海堤利害，建议沿海筑堤，重修捍海堰。

张纶将此事奏明朝廷，宋仁宗将范仲淹调任兴化县令。范仲淹于是当仁不让，亲率民夫奋战在修堤一线，历经艰险，终于修成了坚固的海堤，后被百姓称为范公堤。

范仲淹因功被上调京城不久，因母亲去世，回家丁忧。其间被南京留守晏殊邀请主持应天府的教务，范仲淹治学严谨、以身作则，使当时学风松散的局面得到了彻底改观，为国家培养出众多人才。

丁忧到期之后，范仲淹回到京城。此时的宋仁宗已经二十岁了，而太后还在垂帘听政，这于理不合，但满朝文武大臣，明哲保身，都对此视若不见。范仲淹上书要求太后还政，因此得罪了太后，被贬出京。

三年后，太后去世，宋仁宗真正掌权，马上召回范仲淹。经过贬职之苦的范仲淹，并没有因此学会世故和圆滑，为官依旧秉直公正。他一回京就和当朝宰相吕夷简杠上了，说是因为吕夷简把持朝政，营私舞弊，任用亲信。

而吕夷简官居宰相，一人之下，万人之上。其党羽遍布朝野，势力十分雄厚，无人敢触其锋芒。

范仲淹心中有大义，不惧个人死生。他向仁宗皇帝进献《百官图》，对宰相用人制度提出尖锐批评，劝说皇帝制定制度并亲自掌管官吏升迁之事。

吕夷简对范仲淹的指责，马上予以反击。诬蔑范仲淹“越职言事、勾结朋党、离间君臣”。

与范仲淹交好的官员，虽敬他忠心可嘉，但还是劝他适可而止。范仲淹却面对官场的恶势力绝不低头，一口气便连上四个奏折，论斥吕夷简狡诈。

由于他言辞激烈，触犯了太多人的利益，被吕夷简的党羽们联合上奏。因此，范仲淹被再次贬出京，任饶州知州。

他的好友梅尧臣特意写了首《灵乌赋》，暗示他做个喜鹊，别学乌鸦那么多嘴惹祸。范仲淹看到后，哈哈一笑，回复道：“宁鸣而死，不默而生。”展现了他刚正不阿的态度和敢于担当的勇气。

范仲淹在政治上高风亮节，在教育上重视德才兼备。对待自己的家人，他更加严厉苛刻。他有四个儿子，用现在的话说，那都是“官二代”。由于从小被父亲管教有方，兄弟四个不仅从不“坑爹”，也没有“官二代”的狂妄，个个成了品德高洁的“学霸”。后来分别官至宰相、公卿、侍郎，可谓光耀门楣。

有一段时期，范仲淹有个儿子在城外读书，夏天就用破扇子遮阳，每天往返步行上学，没有马骑，更没有车乘，甚至比普通同学还要艰苦。直到他毕业，老师和同学们都不知道这位品学兼优、异常刻苦的学生是大名鼎鼎的范仲淹的儿子。

他的另一个儿子结婚时，女方知其节俭，无其他要求，只盼能用罗绮作为幔帐，却被范仲淹否决。罗绮就是丝绸，对于普通人家，还算昂贵，但是对于一个宰相之家来说，实在不值得一提。

但是范仲淹却说事情虽小，绝不能因此坏了家规，节俭并不意味着吝啬，而是把东西用在该用的地方。

有一次，范仲淹让这个儿子到外地给家里运麦子，儿子途中遇到老友无钱葬亲，就将所有麦子都给了他，回家后却因此受到父亲表扬。

以上事例足见范仲淹在注重家风与家教上，既要求严厉，又春风化雨。

北宋皇祐元年（1049 年），范仲淹出任杭州知府。他深知无论仕途还是生命，都已经接近终点了。他的子弟们劝他买下杭州的一块风水宝地，以作为他养老之用。范仲淹实地考察了之后，竟然破天荒地同意了，买下了这一千亩良田。

范仲淹买下这块地，并不是为了自己，而是建成了范氏义庄。由义田、义宅、义学三大部分构成。通过把田地租给农民收租，然后用来帮助困难的范氏族人，并购买大宅用来供范氏族人集中居住。这是一种通过慈善救济的方式，为范氏族人提供最低生活保障的机构。

范仲淹首创了中国第一个“民间慈善组织”。而这个义庄竟然从北宋一直运作到民国，历经近千年风雨而屹立不倒，创造了一个不朽的传奇。

范仲淹为义庄定了十三条规矩，规定义田所收的租米谁管理、赡养谁、如何赡养等基本原则，包括米绢钱发放的对象、数量、方式、管理、监督等事项，非常科学又合情合理。

范仲淹还在苏州兴办义学，一千年来，这里出现了近四百个进士，八十几个状元。

范仲淹在人生的最后几年，没有为自己的子女做特殊安排，反而想的是回馈更大群体的族人，这是他长期坚持的社会责任感使然。

北宋皇祐四年（1052 年），范仲淹与世长辞，享年六十四岁。仁宗亲书“褒贤之碑”，赠兵部尚书，谥号文正，追封楚国公。

北宋名臣司马光云：“文正是谥之极美，无以复加。”文是道德博闻，正是靖共其位，是文人道德的极致。所以，“文正”也是历朝皇室不轻易许出的谥号。

习近平同志在《心无百姓莫为“官”》中强调：“‘群众利益无小事’。群众的一桩桩‘小事’，是构成国家、集体‘大事’的‘细胞’，小的‘细胞’健康，大的‘肌体’才会充满生机与活力。对老百姓来说，他们身边每一件琐碎的小事，都是实实在在的大事，有的甚至还是急事、难事。如果这些‘小事’得不到及时有效的解决，就会影响他们的思想情绪，影响他们的生产生活。”

我们是党的干部，是人民的公仆，一定要把群众的安危冷暖挂在心上，以“天下大事必做于细”的态度，真心诚意地为人民群众办实事、做好事、解难事。要抓实做细事关群众切身利益的每项工作，努力办实每件事，赢得万人心。

两袖清风的于谦

但愿苍生俱饱暖，不辞辛苦出山林。

——《咏煤炭》

习近平同志在《干在实处　走在前列——推进浙江新发展的思考与实践》中引用了明朝于谦的诗句：但愿苍生俱饱暖，不辞辛苦出山林。

这首诗的题目叫《咏煤炭》，全文是：

凿开混沌得乌金，藏蓄阳和意最深。
爝火燃回春浩浩，洪炉照破夜沉沉。
鼎彝元赖生成力，铁石犹存死后心。
但愿苍生俱饱暖，不辞辛苦出山林。

这是明朝重臣于谦创作的一首咏物诗，此诗借煤炭的燃烧来表达心忧苍生、奉献牺牲的高风亮节。前两句写煤炭所蕴藏的能量，实际是指人的才华和能力；中四句写煤炭对人类的贡献，实际是表达作者立身处世的目标；末两句将煤炭彻底人格化并赋予它“鞠躬尽瘁，死而后已”的精神，只希望能让普天下的老百姓达到温饱，为此，自己决心不顾千辛万苦走出深山老林。最后两句诗可以概括为作者情系社稷、大公无私的心志和精神。

于谦，明朝人，进士出身，曾任监察御史巡按江西，为几百人平反了冤狱。后又巡抚河南、山西等地，他深入民间，走访疾苦，赈济灾荒，筑堤植树，为国为民，在百姓中有着很高的威信。

明初时期归顺大明朝的瓦刺，利用明朝的势力渐渐壮大起来，统一了周边各部，明朝对这个归顺部落一直很是厚待，还封他们的可汗为明朝太师。到了正统十四年（1449 年），瓦刺可汗、明朝太师也先，觉得自己强大了，翅膀硬了，可以跟明朝抗衡了。也先除了不停地向明朝索要各种财物，还经常谎报遣使数量，讨要赏赐。大明朝的天下是一刀一枪打出来的，不吃这套，直接给驳斥回去了，也先本就不怀好意，一看机会来了，就以此为借口，不断出兵侵袭明朝各地。

在宦官王振的怂恿下，年轻气盛的明英宗竟然决定御驾亲征。明英宗带领文武大臣一百多人，精锐部队五十余万，浩浩荡荡地出发了。大军行至土木堡，在独掌军政大权的宦官王振的指挥下，中了瓦刺诱敌深入的诈降套路，仅一战就彻底溃败，大军损失二十多万人，大臣中战死五十多人，明英宗和其余官员尽数被俘。这就是历史上著名的“土木堡之变”。

消息传到京城，奉命留守的郕王得知皇帝哥哥被俘，方寸大乱，六神无主。朝廷上的大臣痛骂王振误国欺君，要诛杀他的全族，王振的亲信锦衣卫指挥马顺跳了出来，斥责上奏的大臣。户科给事中王竑义愤填膺，冲了出来，给马顺一通拳打脚踢。王竑是个文官，平日里擅长怒骂文章，没想到竟然还有拳脚功夫。马顺本身是个武官，却被一个文官打蒙，没等他反应过来，群臣一拥而上，一顿群殴之后，马顺还没来得及反击，就一命呜呼了。

郕王一看，这还了得，在朝堂之上竟然活活把人打死了，气得就要发作。此时，于谦出手了，他分开众人走到郕王面前，按住郕王，让他不要站起来，并说马顺死有余辜，劝他赦免打人的大臣。

郕王听从，宣谕说："马顺等有罪该死，不予追究。"

群情激奋的大臣们这才安定下来，稳定局面。吏部尚书王直握着于谦的手叹道："国家还是要依赖你啊，今天这个场面，纵然有一百个王直，又有什么用！"

当时，朝野上下的人都倚重于谦，他也一心为公，视国家社稷安危为己任。

明英宗被俘，朝中群龙无首，国不可一日无君。这时候，大臣们都明哲保身，各自观望。又是于谦挺身而出，上奏皇太后，请求立郕王为皇帝。郕王不愿临危受命，一再推辞。

于谦当着众人高声说："我们这样做，完全是为国家考虑，这不是个人的事。"

郕王只好接受，继承皇位，是为景泰帝。景泰帝登基后，立马单独召见了于谦。于谦跪拜面圣，情绪激昂，泪流满面。

景泰帝心中一惊，问道："你这是为何啊?"

于谦擦了一把眼泪说："臣对不住您啊！这个时候把您推上帝位，您怕是要日夜忧思国家安危，难享太平盛世了。"

景泰帝说："既然做了这个皇帝，朕自当为国为民。"

于谦叩拜说："敌寇捉住了我们的皇帝，自是万分得意，必然会轻视我大明，很快就会大军南下，长驱直入的。"

景泰帝连忙问道："你可有良策?"

于谦向景泰帝建议了一系列将帅的驻防布局和强化部队战斗力的举措，景泰帝一一应允。

于谦向景泰帝表明心意道："整顿军务的事，臣必将亲力亲为，如果没有效果，就请治臣的罪。"

"土木堡之变"以后，文武百官中的精英被一扫而空，北方精锐之师全军覆没。大明朝已经到了岌岌可危的时刻，瓦剌因为大获全胜，士气旺盛，举兵南下。

于谦为了保卫大明，迅速调集南方部队增援京师，并且动员整个京师的力量，有人出人，有粮出粮，全民上阵，保家卫国。

朝廷上人心惶惶，所有人都开始准备逃跑，并建议皇帝迁都到南京，以保存实力，日后再图光复。

有一个大臣说："夜观天象，星象有变化，应当迁都南京。"

于谦听后，痛斥道："提议南迁的人应当斩首！京师是天下的根本，只要一动便大势去矣。你们难道都忘记了宋朝南渡的教训吗?"

于谦力主抗战，得到吏部尚书王直、内阁学士陈循等爱国官员的支持。景泰帝被于谦等大臣的爱国忠心所感动，经过商议，决定采纳于谦固守京城的建议。

于谦全权指挥北京城保卫战，他沉着冷静，设计了连环计，一步步把来势汹汹的瓦剌精锐引进包围圈。他先用空城计，利用明军的火器优势，消灭了瓦剌的先锋。然后，他布下重兵迎战瓦剌的增援大军，利用火炮和骑兵突袭进行攻击，杀得瓦剌人仰马翻。凭着惊人的意志，于谦率众和瓦剌大军死磕，最终取得了完胜。

北京保卫战取得了胜利，大明江山转危为安。

正是于谦的力挽狂澜，才避免了大明朝重蹈“靖康之难”的覆辙，并让大明江山延续二百年。

于谦不仅忧国忧民，敢于担当，为官更是清正廉洁。著名的“三杨”（杨士奇、杨荣、杨溥）主持内阁朝政时，政治清明、国泰民安。于谦大公无私，深受“三杨”重视和关注，他的奏章都会尽快得到批准或答复。等到“三杨”相继去世，宦官王振开始掌权，把持朝政，他招权纳贿，培植私党。文武百官争相献媚行贿，以求得到赏识提拔。

每逢朝会期间，觐见王振的需要进献百两纹银，才能被视为自己人，得到美酒佳肴的款待。这个时期，于谦还在京外做官，他每次进京奏事，从来都不带任何金银财物和礼品——并不是他不知道这个规矩，而是他痛恨王振的腐败和张狂。

他的好朋友就劝他说：“你不愿意送金银，那就算了，你在地方做官，带点土特产总可以吧？”

于谦不以为然地笑了，甩了甩他的两只袖子，机智地答道：“只有清风。”

于谦的“不合群”很快给他招来了灾祸。有人为了逢迎宦官王振，就诬陷于谦因长期得不到晋升而心生不满，擅自举荐官员代替自己。于是，于谦被判处死刑，关在牢狱之中。百姓听说此事，群情激愤，联名上书。王振怕发生民变，就声称是同名同姓，搞错了，把于谦放了出来，贬职为大理寺少卿。

山西、河南的官员和数以千计的百姓跪地请求留任于谦，就连周王、晋王等藩王都上书力保于谦。终于，于谦再次被任命为巡抚。

当年，山东、陕西遭灾，二十多万灾民到河南寻找活路，于谦请求发放河南、怀庆储存的粟米救济，挽救了灾民的性命。他又奏请布政使安抚召集灾民，给他们田地、耕牛和种子，让他们重新开始生活。

于谦在京外前后任职十九年，为百姓造福无数。

于谦一生只知谋国不知谋身，他忠心报国，更是当之无愧的民族英雄。他的一生正如他写的《石灰吟》所描述的那样：

千锤万凿出深山，烈火焚烧若等闲。
粉身碎骨全不怕，要留清白在人间。

习近平同志在《之江新语》中强调：“做人要有人品，当

‘官’要有‘官德’。当干部的，不能老是想着自己的升迁。‘莫道昆明池水浅’，一个干部，无论处在什么岗位，只要心系群众，都可以做出一番事业来。县委书记的榜样焦裕禄，‘官’有多大？但他的形象是十分高大的。当干部，不求‘官’有多大，但求无愧于民。同时，一个干部的能耐有多大，最终人民群众看得清清楚楚，组织上也明白。是‘锥子’总会脱颖而出的。”

极言直谏的魏徵

求木之长者，必固其根本；欲流之远者，必浚其泉源。

——《谏太宗十思疏》

2014年11月14日习近平同志在澳大利亚《澳金融评论报》发表题为《开创中澳关系更加精彩新篇章》的署名文章。文章中引用了唐代魏徵的一句话："求木之长者，必固其根本；欲流之远者，必浚其泉源。"

这段话出自魏徵的《谏太宗十思疏》，原文为：臣闻求木之长者，必固其根本；欲流之远者，必浚其泉源；思国之安者，必积其德义。意思是：我听说想要树木生长，一定要稳固它的根；想要泉水流得远，一定要疏通它的源泉；想要国家安定，一定要厚积道德仁义。

这是魏徵于贞观十一年写给唐太宗李世民的奏章，意在劝谏太宗居安思危，戒奢以俭，积其德义。李世民和魏徵是历史上著名的明君贤臣，一个是开启了贞观之治、大唐盛世的千古明君，一个是直言进谏、忠君爱民的一代名相。臣忠君，君爱臣，二人成就一番千古流芳的佳话。

魏徵是有名的谏诤之臣，历史上，如同他这样直接率性的大臣有很多，但都没有达到他的成就。究其原因，除了魏徵个人素质突出，还有就是得遇明主，获得赏识和信任。遇到李世民是魏徵的幸运，更是大唐的幸运。

魏徵曾经是李世民的哥哥李建成的谋臣，他早看出李世民的雄才大略，多次建议李建成先下手为强，除掉李世民，但是，李建成并没有采纳他的谏言。玄武门之变后，李世民取得成功，他听说了魏徵的事，就召见了他。

李世民见到魏徵第一句就问道："你为什么要挑拨我们兄弟的关系？"

魏徵是什么脾气，宁死也不低头，他坦坦荡荡地回答道："太子如果早听从我的话，哪还有今日的杀身之祸？"

当时在场的大臣们听到魏徵这样回答，心中都已经给他判了死刑，纷纷为他担忧。

李世民盯着魏徵看了片刻，魏徵面色冷峻，毫无惧色。忽然，李世民哈哈大笑，众人面面相觑，胆战心惊。

"早就听说你是个硬骨头，直性子，今日一见，果然名不虚传。"李世民对魏徵赞许有加，爱惜他的才华，就赦免了他，还以礼相待，任命他为詹事主簿、谏议大夫。

李世民的举动让魏徵很意外，也很震撼，他本来认为李世民只是文韬武略有帝王之才，没想到还有如此胸襟，他深受感动，从此在心里立下了为李世民鞠躬尽瘁死而后已的决心。

谏议大夫是个言官，可谓是为魏徵量身打造。展现了李世民知人用人的高明之处，他提拔了魏徵，这只是个开始。魏徵也真是争气，他和李世民君臣相处了十七年，提出的谏言竟然有几十万字之多。要是集结出书，都得好几本了。

李世民虽然有雄才大略，但是当皇帝毕竟是人生第一次，激情有余、经验不足。魏徵经常不失时机地教他治国之道，告诉他如何做一个开明的君主，如何亲贤臣远佞臣。

李世民曾经问魏徵：何为明君，何为昏君？

魏徵知道李世民想做一个千古留名的贤君，于是，他说：“自古明君都有一个显著的特点，那就是广开言路，就能明辨是非。而偏听偏信某一个人，就难免会昏庸糊涂。以前尧帝就会主动明白地向百姓民众了解实际情况，所以三苗作恶之事，他都掌握。舜帝眼观六路耳听八方，所以共工、鲧、欢兜都不能蒙蔽他。”魏徵所说的三苗、共工、鲧、欢兜被称为上古四罪。

魏徵也给李世民举了反面的例子，他说：“秦二世偏听偏信赵高，结果被赵高所杀；隋炀帝刚愎自用，没人敢于劝谏，结果死于扬州的兵变。所以，作为皇帝，要广泛听取臣子和百姓的意见，则佞臣不敢接近，宦官不敢蒙蔽，真正的民情才能如实地反映上来。正所谓兼听则明，偏信则暗。”

李世民听后，深有感悟，从此把尧舜作为偶像，下定决心要做一代明君。

魏徵性格刚直，无论是谁，只要有错，他就会毫不留情地直接驳斥。李世民也经常在朝堂之上被他当场怒撑，这样的“犯颜直谏”，很让李世民这个皇帝下不来台。

他曾经气呼呼地和长孙皇后说：“朕早晚要杀了这个乡巴佬！”

长孙皇后说：“皇上这是要杀谁？”

李世民说：“还有谁？那个从来不给朕留面子的魏徵！”

长孙皇后换上正装，非常严肃地指出：“魏徵之所以敢于在大庭广众顶撞皇上，那说明皇上是个贤明君主。明君有贤臣，高兴还来不及呢，怎么可以杀呢？”

李世民听了这话，气也就消了，虽然李世民当时说的只是气话，他未必真有杀魏徵之心，但也足见魏徵真的一点情面不留，李世民这样的胸襟，这么好的性格，都被他气成这样。不得不说魏徵遇到个好皇帝，而且遇到一个贤良的皇后，如果换作一个蛇蝎心肠的女子，估计魏徵早就脑袋搬家，一命呜呼了。

李世民也曾在私下里和魏徵商量：“以后我说话的时候，你能不能不打断我？即便反驳我，也别在众大臣面前，给我留点面子行不行？”

魏徵一本正经道：“尧舜当政的时候，都是让大臣们有意见当面提，开大会商讨的时候不说，回头背地里胡言乱语万不可行！皇上，您是想做尧舜这样的皇帝，却不让我们做尧舜那样的臣子，这未免太自私，太不公平了吧！”

李世民被他的话给噎住了，思量半晌，感觉魏徵说得有道理，也就原谅了他。

魏徵不仅经常不留情面地捋李世民，还偶尔“使个坏”。有一次，李世民得到一只鹞鹰，这只鹞鹰双目如炬，英姿飒爽。李世民非常喜爱，走到哪都带着它。就连召见大臣都让它站在自己的胳膊上，一边和大臣商量国家大事，一边逗着鹞鹰玩。魏徵知道了这个事，认为皇帝养上了宠物，照这个架势下去，这是要走玩物丧志的路线啊！

这一天，李世民正在逗着鹞鹰玩，远远地看见魏徵过来了。他知道让魏徵看到鹞鹰，那必然是一场激烈讨伐，就连忙把鹞鹰藏在了怀里。魏徵假装没事人一样，开始奏事，李世民都爽快地答应了，就想快点把他打发走。可是魏徵奏完一件又来一件，大事奏完奏小事。李世民也不敢动，生怕鹞鹰暴露，急得满头大汗。最后，终于魏徵无事可奏，才满意离去。李世民急忙把鹞鹰从怀里拿出来，发现它早已被憋死了。李世民又是惋惜又是气愤，又无可奈何。

魏徵除了“直撑”和“使坏”，在给李世民的谏言中，更充满了智慧。

贞观六年（632 年），由于李世民的励精图治，臣子们的群策群力，唐朝进入盛世。看着国泰民安，四海臣服，李世民有点头脑发热，开始膨胀了，萌生了去泰山封禅的念头。何为封禅呢？就是去祭天和祭地，古人认为群山中泰山最高，为“天下第一山”，因此人间的帝王应到最高的泰山去祭过天帝，才算受命于天。在泰山上筑土为坛祭天，报天之功，称封；在泰山下梁父或云云等小山上辟场祭地，报地之功，称禅。这是古代帝王的最高大典，而且只有改朝换代、江山易主，或者在久乱之后，天下太平，才可以封禅天地，向天帝报告重整乾坤的伟大功业，同时表示接受天命而治理人间。

李世民想要去封禅，群臣自然一片赞美祝贺之声，只有魏徵反对。他直截了当地说："皇上，请您少安毋躁，恕我直言，我觉得您还不到封禅的时候。"

李世民早预料他会反对，提前就准备了说服他的道理，展开了一系列的反攻："你是觉得我功劳不够，德行不好，国内不安，四方不定，衣食不丰，还是祥瑞不至?"李世民一口气抒发着心中的不满，咄咄逼人地看着魏徵的反应。

久经考验的魏徵不慌不忙地说："皇上，您这'六德'我们人人都知道，去封禅绝对没问题。但是，此去泰山，路途遥远，而且沿途多遭隋炀帝时期的战火破坏，现在虽然有所恢复，也已经一片萧瑟。您贵为天朝上国的皇帝，去封禅，其他小国必然跟随前往，让他们看到我大唐的疆土还有如此萧瑟之地，请问皇上，您的颜面何在啊!"

李世民被他一番话噎得哑口无言，本来意气风发、大展国威的事，一下子变成丢人现眼的举动。李世民虽有不甘，却懂得魏徵说的道理，只好作罢。

外人看来，李世民已经把魏徵宠上了天。实际上，李世民爱惜魏徵的原因只有一个，那就是魏徵从没有私心，他的每一次"犯颜直谏"都是为了江山社稷和黎民百姓。魏徵曾用船和水的关系比喻君主与子民的关系，所谓"水能载舟，亦能覆舟"。这一点和李世民的政治抱负高度统一，也正是因为这种君臣一体、上下一心，才开创了"贞观之治"。

魏徵死后，李世民经常对身边的侍臣说："用铜镜可以端正自己的衣冠，以古史作为镜子，可以知晓兴衰更替，以人作为镜子，可以看清得失。我经常用这样的方式防止自己犯错，但现在魏徵去世，我少了一面镜子啊!"

习近平总书记在党的群众路线教育实践活动工作会议上的讲话中指出，教育实践活动要着眼于自我净化、自我完善、自我革新、自我提高，以"照镜子、正衣冠、洗洗澡、治治病"为总要求。照镜子，主要是以党章为镜，对照党的纪律、群众期盼、先进典型，对照改进作风要求，在宗旨意识、工作作风、廉洁自律上摆问题、找差距、明方向。正衣冠，主要是按照为民务实清廉的要求，勇于正视缺点和不足，严明党的纪律特别是政治纪律，敢于触及思想、正视矛盾和问题，从自己做起，从现在改起，端正行为，自觉把党性修养正一正、把党员义务理一理、把党纪国法紧一紧，保持共产党人良好形象。洗洗澡，主要是以整风的精神开展批评和自我批评，深入分析发生问题的原因，清洗思想和行为上的灰尘，保持共产党人政治本色。治治病，主要是坚持惩前毖后、治病救人方针，区别情况、对症下药，对作风方面存在问题的党员、干部进行教育提醒，对问题严重的进行查处，对不正之风和突出问题进行专项治理。

一枝一叶总关情的郑板桥

衙斋卧听萧萧竹，疑是民间疾苦声。些小吾曹州县吏，一枝一叶总关情。

——《潍县署中画竹呈年伯包大丞括》

2015年1月12日，习近平总书记与中央党校县委书记研修班学员进行座谈并发表了重要讲话，在谈到心中有民时，他诵读了郑板桥的名句“衙斋卧听萧萧竹，疑是民间疾苦声。些小吾曹州县吏，一枝一叶总关情”。解释并强调“睡卧不安，总是想到百姓过得怎么样。这种心境，跟老百姓贴得多紧啊！”

这是郑板桥的一首墨竹题图诗，名为《潍县署中画竹呈年伯包大丞括》。乾隆十一年至十二年间，郑板桥出任山东潍县知县，这首题画诗是赠给山东布政司包括的。这首诗的意思是：在衙门里休息的时候，听见竹叶萧萧作响，仿佛听见了百姓啼饥号寒的怨声。我们虽然只是州县里的小官吏，但百姓的每一件小事都在牵动着我们的感情。郑板桥托物言志，表达了对民众的忧虑关切之情，以及自己的责任感与清官心态。

郑板桥出身于书香门第，父亲是国家供养的读书人。但是，他出生之后，郑家已经家道中落，父亲只能靠给孩子启蒙赚些家用。郑板桥四岁时，母亲去世，幸有继母贤德善良，让他的童年虽然日子清苦，却并不缺少关怀和爱护。

康熙五十二年（1713 年），从小勤奋的郑板桥考取秀才，那年他不到二十岁；雍正十年（1732 年），中举人，这一年他四十岁；乾隆元年（1736 年），在北京参加礼部会试，中贡士，五月，于太和殿前参加殿试，中二甲第八十八名进士，得以赐进士出身。此时，他已经四十四岁了。从求学参加科举开始，到得中进士，他经历了康熙、雍正、乾隆三个朝代。

取得了进士身份，就有了做官的资格，但做什么官，什么时候上任，这里面玄机很深，复杂多变。“聪明人”都去疏通关系，上下打点，很快就补了肥缺，高高兴兴做官去了。郑板桥为人正直，并不会钻营这一套，只能一直等待朝廷的任命，这一等，就是足足五年。

慎郡王允禧是雍正帝最小的弟弟，他非常欣赏郑板桥的书画，并向吏部推荐，这才结束了他待业的生涯。乾隆七年春天，他正式上任范县县令。

郑板桥从此开始了他的为官生涯，人生开启崭新的一页。当时，新官上任有一套专门的礼仪。县令这一级别，规制是坐四抬大轿，鸣锣开道、彩旗招展、护卫随从，场面浩浩荡荡、威风十足。

倘若是不喜欢排场的官员，最起码要骑着高头大马、带着大红花，也是风风光光、光耀门楣。

郑板桥却不走寻常路，这两样都没选，而是骑着一头小毛驴，驮着一箱书，带着一个小书童，不露声色地进了县城。

范县是一个农耕小县，百姓生活困苦。郑板桥看见城里到处都是破败的茅草屋，心情沉重。走到县衙，发现衙门高大雄伟，和四周的房屋格格不入，郑板桥眉头紧锁地走了进去。完成了一系列上任的程序，他下达的第一个命令就是在县衙临街的墙上砸几个大窟窿出来。

衙役们不明就里，只好遵命行事，在墙上凿出了数个大洞之后，小心翼翼问县令大人缘由。

郑板桥笑着说："开几个大洞，这里面的浑浊空气才能排出去，外面的新鲜空气就能进来了！"

郑板桥的这一举动，表明了他为官的立场：要和腐朽划清界限。这几个大洞，既是他破旧迎新的举动，也是他让百姓声音传进来的决心。

郑板桥首先整顿了县衙的工作作风，对于一些欺压百姓的官吏，进行查处和革职，清廉爱民的公务人员得以嘉奖和提拔。他还专门写了副对联挂在县衙大门口："两袖清风敢碰硬，一身正气能压邪。"

整顿了为官的风气，郑板桥并没有按照新官上任的"潜规则"去拜访当地的士绅豪门，而是马不停蹄去体察民情、访问疾苦。他在任期间，长期在民间走访，从来不讲排场，不坐轿子不骑马，不穿官服，只是带一名随从，打着写有"板桥"二字的灯笼，穿着布衣草鞋，与百姓打成一片。百姓们信任他，有什么问题都敢于向他反映，他掌握了大量的民间第一手资料，并迅速解决处理，深受百姓爱戴。

郑板桥重视律法和审案，上任之后，他把积压的陈年案件都进行了公正严明的审理，惩恶扬善。他断案并不刻板地一味严苛，而是重视客观原因。有这样一个案例，一个和尚和一个尼姑私下相爱，被百姓以“伤风败俗”的名义抓到了县衙。郑板桥仔细查问，原来这两个年轻人都出身贫寒，小时候为了让他们活下来，家人迫不得已送他们出家。郑板桥看他们年龄相仿，又真心相爱，于是宣布“令其还俗，配为夫妻”。

郑板桥为官一切从简，并一直以群众无小事的标准严格要求自己。

五年后，郑板桥政绩卓越，朝廷调任他去富庶的潍县任县令。从范县离任，万民相送，让郑板桥感动万分。

到达潍县后，他给官吏们制定了规矩：一不准贪赃枉法，二不准鱼肉百姓。此时的潍县早已经不是田园牧歌，他上任的前一年，海水倒灌引起涝灾，粮食基本绝产，整个潍县饿殍遍地，满目疮痍。郑板桥马上安排赈灾放粮，并让当地乡绅大户开设粥棚，救济灾民。

接着又是山东全省的蝗灾，连年的天灾，百姓随时面临饥饿而死的绝境。郑板桥先是以工代赈，兴建水利工程，让灾民去工作，既完成了基础设施建设，也让灾民得以解决温饱的生存问题。他还带头把俸银都捐了出来，以赈灾民，很多富户在他的感召下，也纷纷出钱出粮，帮助潍县百姓渡过难关。

在潍县期间，他有一次因公到济南，山东巡抚包括知道他是大才子，向他索书画一幅。于是，他画了一幅竹子，然后写下了著名的“衙斋卧听萧萧竹，疑是民间疾苦声。些小吾曹州县吏，一枝一叶总关情”的千古佳句。这是他内心和工作态度的真实写照。

对于官员之间迎来送往的奢靡之风，郑板桥坚决抵制。一次，一位钦差大臣奉旨巡视，其间路过潍县。按照当时官场的“潜规则”，所经过的属地官员都要献上“路敬”。这位钦差早就听闻郑板桥的清廉刚正，但仍不死心，就命人给郑板桥送去一百两银子，名义上是慰问。实际上，按照规矩，郑板桥应该最少以十倍以上的银子奉还。

郑板桥冥思苦想之后，在钦差大人临行时，给他送去了一个大礼盒，钦差接过来，感觉分量很重，心中暗喜。离开潍县境内，钦差迫不及待地打开礼盒，里面却满满地装着当地特产——大萝卜。还附有一张纸条，上面是一首七言绝句：“东北人参凤阳梨，难及潍县萝卜皮，今日厚礼送钦差，能驱魔道兼顺气。”

郑板桥的为官生涯在潍县的第七年戛然而止，这一年，由于天灾严重，百姓面临生死存亡之际。他在没有请示上级的情况下，私放官粮，赈济百姓。身边的人曾劝他按规矩上报，批准之后再开仓。他说等到层层审批下来，几万灾民早就饿死了，如果以他的乌纱帽换几万百姓的性命，还有什么可犹豫的?

果然，几万百姓渡过了生死之关，他却因此被查办革职。郑板桥并没因此伤心沮丧，依旧是一头毛驴一箱书一个书童，潇洒地离开。

俗话说“三年清知府，十万雪花银”，郑板桥当了十二年知县，却依旧一贫如洗，在六十多岁的时候还要靠卖字画来维持生计。他留下的是百姓的爱戴和千古的佳话。

再次回到扬州，已经和年轻时候艰难卖画维持生计大不相同。因为他为官清廉，声名远播，他的身价随之倍增，富豪士绅争相买他的书画。

郑板桥卖画，和其他文人遮遮掩掩难为情而不同，他按照市场的标准来制定价格，明码标价，童叟无欺。他制定《板桥润格》，成为中国画家明码标价卖画的第一人。

> 大幅 6 两，中幅 4 两，小幅 2 两，条幅对联 1 两，扇子斗方 5 钱。凡送礼物食物，总不如白银为妙；您送的东西，不一定是我喜欢的。只有现银是我最喜欢的，心情好，画得更好。重要的事再说一遍，千万别拿礼物充当银子，还有别赊账、赖账。我岁数大了，真没精力每次跟诸位解释了。

最后，他还赋诗一首——“画竹多于买竹钱，纸高六尺价三千。任渠话旧论交接，只当秋风过耳边”，可谓睿智风趣，又不失光明磊落。

这就是“扬州八怪”之一郑板桥的悲喜人生。他所写的“难得糊涂”至今仍被奉为处世哲学的经典。他的题跋：“聪明难，糊涂难，由聪明而转入糊涂更难。放一着，退一步，当下心安，非图后来福报也。”表现了他不与恶势力同流合污的立场和骨气，以及急流勇退的平和和勇气。

习近平总书记强调，当好县委书记，必须始终做到心中有党。县委是我们党执政兴国的“一线指挥部”，县委书记就是“一线总指挥”。对党忠诚，是县委书记的重要标准。衡量一个县委书记当得怎么样，可以讲很多条，但主要看这一条。善莫大于作忠。

当好县委书记，必须始终做到心中有民。全心全意为人民服务是我们党的根本宗旨。县委书记是直接面对基层群众的领导干部，必须心系群众、为民造福。大家心中要始终装着老百姓，先天下之忧而忧，后天下之乐而乐，做到不谋私利、克己奉公。对个人的名誉、地位、利益，要想得透、看得淡，自觉打掉心里的小算盘。

第三章

勤政务实篇

会中医能治国的厨神：伊尹

与人不求备，检身若不及。

——《尚书》

2013年6月28日，习近平总书记在全国组织工作会议上的讲话中引用古语“与人不求备，检身若不及”，告诫党员领导干部要有自省意识，要经常自我约束，经常自我反省。这句话出自《尚书》，原文是：居上克明，为下克忠，与人不求备，检身若不及，以至于有万邦，兹惟艰哉！这段话的意思是：在上位的帝王能够明察下情，在下位的臣民能够忠心竭力。对别人不能求全责备，对自己要严格约束。这是伊尹教导太甲的话，当时，商王成汤刚刚去世，太甲作为嫡长孙继承了帝位。

习近平总书记还曾多次提出“治大国如烹小鲜”，这句话出自老子的《道德经》，原文是“治大国，若烹小鲜”，也是根据伊尹对成汤说的“治国如做菜”的理论概括总结而来的。

成汤和伊尹是历史上著名的明君贤臣，留下很多勤政爱民的佳话，几千年来历久弥新。

伊尹是著名的历史明相，辅佐成汤灭夏朝建商朝。除了在政治军事上的伟大建树，他还是中药汤液的首创者，而且精通烹饪，创立“五味调和论”和“火候论”，被尊为“中华厨艺之祖”，中国香港、中国台湾和新加坡等地的中餐行业也尊他为“中华厨圣”“烹饪之圣”。

伊尹的人生可谓不会中医的厨师就不是好宰相，开挂一般达到了人生的巅峰。但是，伊尹的出身和早年经历是很卑微和艰辛的。

据说伊尹无父无母，是一个弃婴，被一个奴隶厨师收养，所以从小学会了一手精湛的厨艺。虽然伊尹生活在奴隶之家，却从小勤奋好学，尤其喜欢钻研尧舜之道。边劳作边学习，既掌握了烹饪之术，又懂得了治国之道，小小年纪就明白了艺多不压身的道理。

伊尹刚到成汤身边的时候，是一个奴隶身份的厨子。他曾经用“以鼎调羹”“调和五味”的理论来讲述如何治理天下，以烹调、五味为引子，分析天下大势与为政之道，劝成汤承担灭夏大任。

成汤通过他的这番理论，发现了他的经天纬地之才，马上免除了他的奴隶身份，任命为右相留在身边辅佐，从此位极人臣，为商朝的建立立下了汗马功劳。

伊尹上任之后，首先思考的就是成汤的霸业。当时的夏桀暴虐无道，民间怨声载道。伊尹准备亲自去打探一下夏朝内部的情况，于是，他作为使臣带上成汤给他准备的土特产和贡品去向夏朝进贡。

这一次，伊尹没有来去匆匆，而是安心住了下来，卧底一段时间，慢慢了解夏朝的实力和矛盾。他想尽办法取得王妃妹喜的信任，从她那里得到了很多重要的内部情报。伊尹把暗暗收集的情报汇总起来，得出结论：夏王朝的腐朽已经积重难返，官员奢侈腐败，百姓生活在水深火热之中。

从夏王都回来的伊尹和成汤进行了几天的分析和谋划。

成汤问伊尹：“你觉得我们可以取夏而代之吗?”

伊尹一边在火上做着菜，一边说：“虽然夏王朝已经渐渐失去民心，但它毕竟存在四百多年了，根深叶茂，贸然行动，难以撼动它的根基。”

成汤惆怅地说：“我不为宏图霸业，总要解救百姓于水火吧?”

伊尹不慌不忙地说：“火候不够。”

成汤说：“要等到何时?”

伊尹说：“不妨我们先试探一下。”

成汤急切地问：“如何试探?”

伊尹尝了尝菜说：“现在的夏王朝，就像这一盆菜，虽然已经溢出了香味，但是肉并没有烂，滋味也没有完全浸入。”

伊尹继续说：“夏朝从大禹建立王朝开始，四百年来，天下尊崇，四海臣服。诸侯和百姓都尊夏王为正统，对其忠心不二。如今，由于夏王的荒淫暴政，诸侯和百姓深恶痛绝，但是，他们是否真的对夏王失去信心，还未可知。”

成汤思索了一下问：“如何知道诸侯和百姓的心意?”

伊尹诡秘一笑道："马上又到一年一度的朝贡了，这一次，我们不去纳贡。"

成汤赞同地说："好！我早就不想把百姓的血汗送给他们挥霍了。"

伊尹摇摇头说："但是，您还是要把进献的贡品，如数准备好。"

成汤疑惑地问："这是为何？"

伊尹解释道："我们这一次只是试试火候，如果不到，也好有退路。"

成汤思索了一下，点头道："考虑周全，就按你说的办！"

到了纳贡的日子，九夷之族的诸侯纷纷拿着当地的土特产和财富进献给夏桀。唯独商汤这边毫无动静，仿佛没事人一样，并且还让本国民众传话出去，说从此以后不再纳贡。

夏桀闻听此言，勃然大怒，号令九夷之师攻打不守规矩的商国。九夷之族还是听从了夏桀的命令，准备在他的指挥下，一起攻打商国。

成汤心急如焚地去找伊尹，此时的伊尹已经得到了消息，正在专心研究一道新菜。

成汤急切地问："九夷之师来攻打我们，这是天要亡我吗？"

伊尹把成汤请过去坐到主位上，笑着说："您别急，尝尝我的新菜。"

成汤看伊尹这么淡定，心中料到他早有对策，就安心地坐了下来。

成汤尝了一口伊尹递上的菜，品了品说："好像有点生了。"

伊尹点点头说："哦，火候还不够。"

成汤说："那该如何？"

伊尹说："马上派使臣把准备好的贡品给夏王送过去，并向夏王请罪。"

成汤恍然大悟，当初准备的贡品，原来就是为了今天。

伊尹进一步解释道："现在您看到了吧，夏王还有号召力，九夷之师还愿意臣服于他，所以，时机还未到。"

成汤说："那我们继续韬光养晦，积蓄力量，等待时机。"

伊尹笑着说："您别着急，天要亡的必然是夏桀。"

商国把贡品送给了夏桀，并请了罪，夏桀感觉到了自己的巨大威力，气也消了，就停止了举兵，继续过他逍遥快活的日子去了。

成汤和伊尹在接下来的时间里，勤政爱民，大力发展生产，积蓄力量等待时机。

几年之后，伊尹通过妺喜等人的情报，再次分析之后，感觉时机到了。就故伎重演，再次拒绝纳贡。夏桀话不多说，再次号召举兵攻打不听话的商国。结果，九夷之师没有一个响应，夏桀一下子陷入孤立无援的境地。但他下达的攻打商的命令，却给了商起兵的借口。

伊尹对成汤说："火候到了，咱们出锅吧！"

成汤于是下令向夏开战。

商在成汤和伊尹的励精图治下，经济雄厚、军事强大，举兵伐夏，夏桀难逃失败。成汤灭掉了夏王朝的三个附属国，又占领了夏王朝的都城。很快，夏王朝就彻底灭亡了。商朝就这样建立了，存续长达五百多年。

伊尹辅佐成汤把商朝建设成了一个国富兵强、百姓安居乐业的国家。成汤死后，伊尹又辅佐了外丙、仲壬两任君主，然后又做了汤王长孙太甲的师保，既辅佐政事，又兼职做老师。

太甲继承王位之后，作为四朝元老的伊尹为了让他做一代明君，督促他勤政爱民。前两年，太甲表现很好。到了第三年，他感觉到了权力的美妙和魅力，开始随意发号施令，追求享乐，对百姓施以暴政，对成汤的祖制法规也肆意破坏。

伊尹看在眼里，急在心头，他不能让成汤一生建立的基业毁于一旦。虽然伊尹对太甲的行为百般相劝，但太甲就是油盐不进，依旧我行我素。伊尹针对太甲的一意孤行、屡教不改施展了雷霆手段，运用他的权力把太甲从君王之位上赶了下去。这还不算，还把他软禁在成汤的陵墓桐宫，让他面壁思过。

桐宫虽然是成汤的陵墓，但是并没有恢宏的宫殿，太甲也只能住在低矮的房屋里。守墓的老人知道他来此的原因之后，很是痛心，就把汤王励精图治、勤政爱民的故事讲给他听，太甲感到很羞愧。伊尹还写了很多篇劝导太甲的文章，给他每日研读，太甲终于醒悟。

三年后，太甲脱胎换骨、改过自新，伊尹一直关注着他的变化，对他的变化很是欣慰，就带领群臣来桐宫迎接他重回王位。

太甲感慨万千，对伊尹说道：“我不注重德行的修养，一点都不像我的先祖。我不能克制欲望，还败坏礼法，这都是我应该承受的惩罚啊！天作孽犹可恕，自作孽不可活。我过去违背师保的教训，真是大错特错。幸好有您对我的教育和挽救，才让我知道应该如何做好一个君王。”

伊尹被他的诚意所感动，把王权归还给他，继续尽心竭力地辅佐他。太甲从此注重勤政修德，商朝呈现了一派清明的景象。

伊尹辅佐商朝四位君主，政治上他主张德政，君王要清正廉明、体察下情，臣子要忠君爱国、勤政爱民。他还强调，身为大臣，要上对天子负责，下保庶民安定。

习近平总书记强调，领导干部要讲政德。政德是整个社会道德建设的风向标。立政德，就要明大德、守公德、严私德。明大德，就是要铸牢理想信念、锤炼坚强党性，在大是大非面前旗帜鲜明，在风浪考验面前无所畏惧，在各种诱惑面前立场坚定，这是领导干部首先要修好的“大德”。守公德，就是要强化宗旨意识，全心全意为人民服务，恪守立党为公、执政为民理念，自觉践行人民对美好生活的向往就是我们的奋斗目标的承诺，做到心底无私天地宽。严私德，就是要严格约束自己的操守和行为。所有党员、干部都要戒贪止欲、克己奉公，切实把人民赋予的权力用来造福于人民。

以德服人不用刑的周成王

功崇惟志，业广惟勤。

——《尚书 · 周书》

习近平总书记在十二届全国人大一次会议上发表讲话时说道：“‘功崇惟志，业广惟勤。’我国仍处于并将长期处于社会主义初级阶段，实现中国梦，创造全体人民更加美好的生活，任重而道远，需要我们每一个人继续付出辛勤劳动和艰苦努力。”

“功崇惟志，业广惟勤”出自《尚书 · 周书》；意思是：功高由于有志向，事业大由于勤奋。

周成王姬诵是周武王姬发和邑姜的儿子，也就是姜子牙的外孙，他出身尊贵，基因更是优秀。周武王深知这一点，在临终的时候，就把王位传给了还在襁褓中的姬诵，他就在哭哭啼啼、牙牙学语的时候成了周天子。

周武王为了稳固周朝江山，为了让姬诵成为一个贤明的君主，命弟弟姬旦摄政辅佐年幼的姬诵。

周朝经过文王和武王两人的励精图治，不仅消灭了昏庸无道的商纣，建立了周王朝，而且把国家治理得繁荣昌盛。

周成王即位，周公作为摄政大臣，掌握着实权。这引起了同是周武王弟弟管叔、蔡叔的猜疑和嫉妒，两人经过一番权衡，决定趁成王年幼，谋朝篡位。武王伐纣之后，曾命令纣王的儿子武庚管理商朝的遗民，并指定管叔和蔡叔辅佐，所以实际大权掌握在二人手中。他俩对武庚软硬兼施，劝说他一起谋反，为父报仇，重建商王朝，燃起了武庚的斗志。于是，三人又秘密拉拢了一些诸侯小国，一同举兵，被称为“三监之乱”。

由于成王年幼，平定“三监之乱”的重任就落在了周公的身上。事实上，这个叛乱就是打着“清君侧”的旗号来的，要清理的就是周公。于公于私，他都责无旁贷。

周公对姜太公和召公说：“你俩知道我为什么做这个责任重大的摄政大臣吗？还不是因为武王的信任和嘱托。武王唯恐江山不稳，天下大乱，必然生灵涂炭、民不聊生。时至今日，我如何对得起武王对我的重托啊！”

周公的儿子伯禽承袭他的爵位，要到鲁国封地。

周公语重心长地嘱托道：“为父我是文王的儿子，武王的弟弟，成王的叔叔，论地位和身份，咱们周王朝应该无人能及了。但是，我却从不敢享乐懈怠，始终克勤克俭、礼待贤士，就是怕失去天下贤人的信任和辅佐。你此次去鲁国，要记住为父的忠告，切记不可骄横跋扈，昏庸无道！”

周公还告诉儿子他每天有多忙：有时洗一次头发，中间都要停下来几次，因为总被来访者打断，他就托着没有洗好的头发赶忙接见；吃一顿饭，中间也要因为有来访者停顿几次，有时都来不及咽下嘴里的食物，生怕怠慢了贤士，失去了人才。

“三监之乱”很快进入战争状态。周公曾随周武王攻打商纣，身经百战，并常为武王出谋划策。当他与“三监之乱”交手之后，很快就占领了上风。历经三年，周公终于彻底平叛并平定了东方诸侯，商朝的遗留贵族也皆被他收服。

平叛之后，为了防止再有诸侯作乱，周公开始实行封邦建国制度，给周王朝建置了 71 个封国，把武王的 15 个兄弟和 16 个功臣，封国去做诸侯。从此，再也没有能和周王朝抗衡的诸侯国了，统治更加坚固了。

周公还制礼作乐，颁度量，令天下子民臣服。摄政七年之后，周公将权力交还于周成王，并北面称臣。

周成王从小就受周公的教导和熏陶，立下了做贤明君主的志向，并养成了勤政的习惯。

周公对成王的教导，从思想到行为，很是全面，完全是“教科书式”的辅政大臣。

成王年幼时，和弟弟叔虞在梧桐树下玩耍。因为成王和叔虞关系特别亲，成王就拿起一片梧桐叶，用小刀刻成用于祭祀的玉圭的形状，送给了叔虞。

成王开玩笑地说：“弟弟，给！这是我封你的一块地！”

叔虞也是小孩，听他这么说，开心得又蹦又跳，之后，他就把这事和他们的叔叔周公说了。

周公闻听此事，心中一惊，琢磨了片刻，觉得这是给成王上一课的机会。于是，他穿上隆重的礼服，去觐见成王。

周公一见到成王就喜悦地说：“恭喜大王，贺喜大王！”

周成王一脸茫然看着周公问：“叔叔，你为什么恭喜我？有什么喜事？”

周公解释道：“我听说你分封了弟弟叔虞，这么大的事，当然要恭贺大王啊！”

周成王这才想起来和叔虞的玩笑话，于是说：“嗨！我是跟他闹着玩的。”

周公闻听此言，马上严肃道：“人立足于世上，最重要的就是一个‘信’字。你贵为天子，更要君无戏言，言而有信！你应该明白一言一行，左右天下兴亡，只有你言出必行，天下百姓才会信任你，忠诚于你。如果你言而无信，还有什么资格做一国之君呢？”

周成王听了周公的教训，羞愧难当，马上认同周公的建议，封叔虞于唐地。这就是“桐叶封唐”的典故。

周成王因此明白了，诚信不仅是人的立身之本，更是一国的立国之基。

周成王亲政之后，继承武王之志，在周公的辅佐下，勤政爱民，德治天下。

周成王对内缓和阶级矛盾，崇尚节俭，给统治阶级起到了示范作用，官场不奢靡，百姓就会赞扬和依赖，官民相处和谐，国家一派祥和。周成王推行德政，几乎不对子民用刑法。

周成王对外，武力征服了少数民族地区，稳定了统治。他攻打淮夷数次，总是不能胜利，但是他从不泄气，不断征讨，终于降服了淮夷。

周成王从淮夷胜利班师回朝之后，庆功之时，告诫在场的官员说："你们各级官员，要忠于职守、勤于政务。你们要认真对待你们的职责，不能怠惰疏忽，要知道取得伟大的功绩，在于有远大的志向；完成伟大的事业，在于勤奋努力工作。办事要果断，才会没有后来的艰辛。"

周成王成为一代明君，靠的就是立志和勤勉。他的继承人周康王上任之初也延续了他的勤政爱民，务实节俭的作风，于是成王和康王开创了中国历史上第一个盛世——"成康之治"，史家称"成康之际，天下安宁，刑措四十余年不用"。

2020 年 11 月 24 日，习近平总书记在全国劳动模范和先进工作者表彰大会上讲话指出，社会主义是干出来的，新时代是奋斗出来的。新形势下，我国工人阶级和广大劳动群众要继续学先进赶先进，自觉践行社会主义核心价值观，用劳动模范和先进工作者的崇高精神和高尚品格鞭策自己，焕发劳动热情，厚植工匠文化，恪守职业道德，将辛勤劳动、诚实劳动、创造性劳动作为自觉行为。全社会要崇尚劳动、见贤思齐，加大对劳动模范和先进工作者的宣传力度，讲好劳模故事、讲好劳动故事、讲好工匠故事，弘扬劳动最光荣、劳动最崇高、劳动最伟大、劳动最美丽的社会风尚。

神断万人无冤案的狄仁杰

2015年1月12日，习近平总书记在中央党校县委书记研修班学员座谈会上的讲话中谈道："历朝历代都高度重视县级官员选拔任用。古人早就总结出'宰相起于州部，猛将发于卒伍'这一历史现象。历史上，许多名人志士为官从政是从县一级起步的"，"陶渊明、狄仁杰、包拯、海瑞等很多人都当过县令、知县"。

狄仁杰是家喻户晓的历史名人，关于他的影视剧已经风靡多年，使他成为和宋慈、包拯齐名的神探。狄仁杰被塑造为神探这件事，最早可以追溯到清朝初期，当时，有一本名为《武则天四大奇案》的小说很是流行，这里面描述了狄仁杰神机妙断的故事。

后来，民国年间，荷兰人高罗佩来到中国，读到了这本传奇小说，发现这里面的推理逻辑、刑侦手段、审案方法等都比西方的《福尔摩斯》系列要先进和高级，于是对《武则天四大奇案》爱不释手，并在这个基础上创作出《大唐狄公案》。从1948年到1968年的二十年间，他共出版了十六部长篇小说，在西方世界引起阅读热潮，主人公狄仁杰成为誉满全球的神探。

历史上真实的狄仁杰的确是一个公正廉明的断案高手，但是他的政治成就更为突出。他刚正不阿、勤政爱民，曾身居辅国安邦的宰相之位，敢于直谏武则天，对还政于李唐起到了至关重要的作用。

狄仁杰经历李唐和武周两朝，上承贞观之治，下启开元盛世，历史作用不容忽视。

狄仁杰从小勤奋好学，卓尔不群，后经过科举，顺利进入官场。在汴州做副判官的时候，由于他公正严明，得罪了其他官吏，被诬告到了河南道黜陟使阎立本那里——这个阎立本就是《步辇图》和《历代帝王像》的作者，他不仅是个著名的画家，更是一位能知人用人的了不起的政治家。

阎立本把狄仁杰审问了一番，发现他是个德才兼备的好官，不免感慨地说："孔圣人曾经说过，观过知仁也！你狄仁杰可真是我大唐的沧海遗珠啊！"

经过阎立本的举荐，狄仁杰很快得到了升迁，后来升任为大理寺丞。在这期间他干了一件令人惊叹的事，也是影视作品里对他演绎最多的一个阶段。

大理寺丞官职不高，但是却极为重要。一是要审理涉及中央文武百官的案子，二是要对地方再次上诉的案子进行复核——地方的重案、难案、疑案也都会汇总到这里。狄仁杰凭借在地方侦办案件的二十年经验，在一年间侦破审理了涉及一万七千多人的案件。更为让人惊叹的是，经他审结的案子竟然没有一人因为冤枉而上诉！

这么大的案件数量，意味着平均他每天要审理四五十件，而且要全年无休息。这样勤政，如此务实，很是令人钦佩。

在这样高强度的工作下，能明察秋毫，做到每一个人都心服口服，更为不易。

在这些案件中，很多涉及朝廷各级官员，审理过程中难免面临来自各个方面的压力和诱惑，甚至威胁。狄仁杰能够做到秉公办理，足以说明他的刚正不阿和一身正气。

有一次，唐高宗的一个将军权善才被下属告发其砍了唐太宗陵墓昭陵的柏树。唐高宗一听大怒，命令狄仁杰杀掉权善才。

狄仁杰接受命令之后，经过审理，按照律法，只是将权善才革了职。对此，唐高宗大发雷霆，把狄仁杰叫到殿前，责问他为何不杀权善才。

狄仁杰不卑不亢地说："大唐有明正的法律条款，我作为大理寺丞，只能遵循法律来审理案件。法律上没有因为砍伐几棵树就判大臣死刑的条款，我只是遵守了法律。"

唐高宗气得眼泪都下来了，恼怒地说："权善才砍的不是普通的树，那是我父亲陵墓上的柏树，让太宗死后还不得安宁，我作为儿子，这是不孝啊！你是存心让我当一个不孝之人！我知道你办案一向公正清明，但是，这个人你一定得给我杀掉!"

狄仁杰考虑了一下，给唐高宗讲了一个汉朝时期类似的案例。

汉高祖庙里的玉环被人盗窃，贼人随即被擒获。汉文帝勃然大怒，命廷尉张释之一定要严惩。张释之依照当时的法律，作出斩首的判决，并上奏汉文帝。汉文帝很是不满，责令张释之诛其九族。张释之据理力争，认为依照法律，斩首已是最高处罚了。如果盗窃宗庙器物就诛灭全族，以后有人偷抓了长陵上的一把土，又该如何处罚？汉文帝深思熟虑之后，觉得张释之说的有道理，就批准了他的判决奏折。

狄仁杰说："自古都说违背皇帝的意愿很难，我却并不这么认为。如果触犯夏桀商纣这样的帝王，那自然是难的，甚至还会丢了性命。但是如果遇到尧舜这样的贤君，就不难了。我有幸遇到尧舜一般的陛下，不必担心像比干一样被挖心处死。假如陛下不接受我的劝告，我死了之后，见到张释之，我都会感到羞愧的。"

唐高宗听完他的话更气了，大声说："你这是对朕软硬兼施，用贤君之名来要挟朕！就算法律上不能杀权善才，朕作为皇帝，就要杀他，行不行吧？"

狄仁杰依旧不慌不忙地说："陛下，大唐制定了法律，张贴在宫门口，各种罪行的惩罚按照等级排列，一目了然。您为了杀一个人，就置法律于不顾，那从今天起，咱们就不用按照法律来判案了。"

唐高宗被他顶撞得一时无语，冷静下来，认真思考了一下，决定听从狄仁杰的忠告。

唐高宗感慨道："朕有你这样一个秉公执法的臣子，很欣慰。"

狄仁杰因此受到了嘉奖，升了职。

到了武则天时代，他被擢升为宰相。由于狄仁杰为人正直，嫉恶如仇，得罪了深受武则天宠爱的酷吏来俊臣集团。很快，他和几位老臣就被来俊臣以谋反的名义，逮捕下狱。当时有一条法律是只要是犯人主动认罪就可以减免死刑。狄仁杰对来俊臣的手段很了解，不认罪必然遭受非人的酷刑，即便不折磨致死，人也残废了。狄仁杰不畏强权，却也懂得"留得青山在，不怕没柴烧"的道理，他再一次发挥他的才华和睿智。

狄仁杰对来俊臣谋反的指控，当场认罪，说："现在是大周朝了，已经改朝换代、万象更新，我是一个唐朝的旧臣，要杀要剐，我都甘心情愿，我承认我谋反是事实。"

来俊臣一听心里就美了，赶紧让他具名画押。没有动刑就搞定了本以为最难缠的狄仁杰，来俊臣没有再难为他，直接把他关入死牢，等待奏明武则天后一并处斩。

来俊臣下属王德寿看狄仁杰这么软弱，就想趁机扩大战果，为自己升官发财积累资本，他偷偷找到狄仁杰。

王德寿开门见山地说："根据律法，您一定是死罪可免了。上面指点我为升迁找个阶梯，杨执柔是您的手下，如果您能把他也牵扯进来，我申请为您再次减刑，然后我也能升迁，咱俩来个互惠互利，您觉得怎么样？"

狄仁杰暂时的认罪是为了有朝一日洗脱冤情，陷害别人的事，他是万万不会做的。

狄仁杰厉声道："举头三尺有神明，你让我狄仁杰做这种伤天害理的事，我宁愿一死！"说完一头撞在柱子上，血流满面。

王德寿吓得落荒而逃。

在来俊臣放松警惕之后，狄仁杰向狱吏借来笔墨，在被子里面撕下一块布，把自己所受的冤屈写上，塞在棉衣里，请求送回家中，说天气热了，让家人清洗之后，把棉花掏出做成单衣再送回来。王德寿作为看守负责人，本就对狄仁杰有愧疚之感，并没有疑心，派人把棉衣交给狄仁杰的儿子狄光远。

狄光远得到父亲在布上写的申冤书，就去觐见武则天。武则天大惊，提审了狄仁杰，方才知道狄仁杰认罪是为了不死于酷刑。武则天不忍治罪狄仁杰，就贬他为彭泽县令。一方面是为了安慰来俊臣，另一方面是为了让狄仁杰暂时远离京师是非之地，也是对他的一种保护。

武则天爱惜狄仁杰的耿直和才华，无论身边的人如何诋毁狄仁杰，欲杀之而后快，武则天始终没有同意。

狄仁杰到彭泽的第一天，百姓们听说清正廉明的“狄青天”来了，纷纷聚集到县衙，向他诉苦。狄仁杰耐心地听了之后，得知彭泽适逢大旱，田地颗粒无收，官吏还在催收赋税，无数百姓因饥饿而死。

狄仁杰仔细了解了全县的灾情之后，马上给朝廷上了《奏免民租疏》。武则天看后，对狄仁杰关心人民疾苦，很是赞赏，给予了嘉奖，并下令免除彭泽县百姓租税三年。

狄仁杰还发挥他的优势，把彭泽积压的难案疑案很快都审理清楚。然后，他还上疏皇帝，建议效仿唐太宗把三百名囚犯放回家过春节，和家人过个团圆年，约定到期必须按时返回。结果，犯人除了因为母亲病重耽搁行程之外都如数返回，没有一人逃跑。他认为这些犯人已经改过自新，于是奏请皇帝开释他们——既可以增加劳动力，又可以感化世人，弃恶从善。

狄仁杰被贬彭泽，并没有因为政治迫害而消沉，而是走遍了彭泽的每一寸土地，详细了解当地的民情疾苦，带领百姓兴修水利、同甘苦共患难，赢得了百姓的拥护和爱戴。

后来，武则天又起用狄仁杰为宰相，对他甚是倚重，亲切地称呼他为“国老”，免去他见面跪拜之礼，说：“看着国老下跪，我会感到心疼。”狄仁杰因为年事已高，跟武则天打了好几回申请退休报告，武则天都不应允，为了挽留他，还免了他晚上值班的职责，并告诉手下的官员，没有大事不要打扰“国老”。可见，武则天对狄仁杰的关心和厚爱。

武则天在接班人的问题上，询问狄仁杰的建议，她本意是想立侄子为继承人。

狄仁杰马上反对，说：“您有儿子，为什么要立侄子？儿子当皇帝，母亲成为太后，死后进入太庙，永享祭拜和香火，从来没听说姑姑能进宗庙的。”

武则天不高兴了，说：“算了，这是我的家事，你不用操心了。”

狄仁杰严肃道：“整个天下都是您的，您的家事也就是天下的事。您是皇帝，就相当于大脑，臣民们是您的四肢，这样才能形成一个整体。我作为您的宰相，怎么能说这事和我没关系呢?”

武则天慢慢被他所开悟，最后，派人把儿子李显接了回来，立为太子，这才有了“还政于唐”。所以，狄仁杰在历史上的贡献，绝不是仅仅“神探”二字能够诠释的。

一生宦海沉浮，每任一职，都勤政务实，心系民生。他去世之后，武则天十分伤心，痛苦道：“朝堂空矣！”

2014 年 1 月 7 日，习近平总书记在中央政法工作会议上的讲话中强调：“要懂得‘100 - 1 = 0’的道理。一个错案的负面影响，足以摧毁九十九个公正裁判积累起来的良好形象。执法司法中万分之一的失误，对当事人就是百分之百的伤害。”“政法战线的同志要肩扛公正天平、手持正义之剑，以实际行动维护社会公平正义，让人民群众切实感受到公平正义就在身边。要重点解决好损害群众权益的突出问题，决不允许对群众的报警求助置之不理，决不允许让普通群众打不起官司，决不允许滥用权力侵犯群众合法权益，决不允许执法犯法造成冤假错案。”

夙夜在公的雍正

中纪委官方网站曾多次登载关于清朝雍正皇帝的文章，探讨他严厉惩治贪腐和庸懒的高压手段，以及他以身作则、君臣一心，开创了“雍正一朝，无官不清”的盛世局面。

雍正是清朝的第五位皇帝，在位十三年，他的父亲康熙在位六十一年，他的儿子乾隆在位六十年。他的执政时间虽然只占康乾盛世里十分之一左右，但却凭借一系列优秀的改革和整饬吏治，把清王朝带到了康熙和乾隆都不曾到达的高度。

雍正在文韬武略、高瞻远瞩方面不及“千古一帝”康熙，在开疆拓宇、诗文书法方面不及“十全武功”的乾隆。但雍正也有这两位皇帝没有的优势，除了勤奋，他还有宝贵的基层工作经验。康熙继位的时候八岁，乾隆继位的时候二十五岁，而雍正继位的时候四十四岁，已经过了人生不惑的年纪。雍正继位之前已经在各级官员的圈子里摸爬滚打了许多年，并且经历了“九子夺嫡”的残酷竞争，无论是人情世故还是斗争经验都非常丰富。

由于康熙和乾隆在位的时间长，政绩卓越，历史典故众多，所以雍正一直在这爷孙俩的光芒之下，并没有受到广泛的关注。直到电视剧《雍正王朝》的热播，才让广大人民群众再次掀起对雍正追捧的热潮。因为雍正的死因很是隐秘和传奇，近几年，宫斗剧看上了雍正，围绕他的女性题材古装剧层出不穷，如《步步惊心》《甄嬛传》等。在剧中我们这位“四爷”除了谈情说爱，还要经常处理后宫妃子们因争风吃醋引发的冲突，以及为她们断各色离奇的案子。

事实上，雍正每天政务繁忙，连睡觉的时间都少得可怜，哪有闲情雅致跟整日无所事事的嫔妃们纠缠。

据史书记载，雍正在位十三年，共批阅奏折四万多件，其中汉文三万五千多件，满文六千多件，批阅的字数达一千多万字。

批奏折只是皇帝工作的一部分，他白天忙于其他事务，批阅奏折的时间基本都在晚上，以致他平均每天只能睡四个小时，长期处于缺少睡眠的亚健康状态。

雍正曾在办公桌上写下“不逸”二字，告诫自己时刻不要享受安逸，忘记勤勉。这一幕是不是似曾相识？没错，他比鲁迅先生在书桌上刻下“早”字，早了一百多年。

雍正在位期间，除了每年过生日当天放假一天之外，全年无休，包括所有节假日。而且，他当政期间，几乎没有走出过北京城，不狩猎也不巡游，直到去世，他也没有体验过康熙帝每年秋季狩猎的痛快和乾隆帝“六下江南”的惬意。

雍正为什么对自己这么严苛呢？主观上取决于康熙严厉的教育方法，让他从小养成了勤奋上进的好习惯。客观上，他接手的这个大清朝，虽然表面看起来风光无限，被外邦奉为天朝上国，但随时面临着垮掉和灭亡的危险。

此时的清王朝吏治不清、朋党争斗、边境战乱、国库空虚。雍正对这些情况了如指掌，心中早有整治的打算。

上任之初，在雍正元年（1723 年）的大年初一，他一口气下了十一道诏书，给各级官员讲述了历代贤臣廉吏的典故，以告诫众官员为官之道，并且对官场积弊和官员贪腐行为严厉申斥，要求从上至下，严惩贪腐犯罪，追缴赃款，清查钱粮账目。

雍正之所以新帝即位，就使用雷霆手段，只因为他对官场现状太清楚了。康熙朝后期，皇帝本着宽容的态度进行吏治，对很多事睁一只眼闭一只眼，官员犯了法，大多罚点俸禄了事，只是破点财，并不影响仕途，而且被罚的钱财，很快就会捞回来。除此之外，康熙帝采用“多一事不如少一事”的态度来考核官员，只要不犯错，并不在意有没有作为和政绩。长期的吏治松懈导致官员贪腐盛行、工作庸懒，生产经营停滞不前，经济状况不增反降。

雍正帝成立了以最亲信的弟弟怡亲王允祥为组长，舅舅隆科多、大学士白潢、左都御史朱轼为骨干的会考府，主要清查审核钱粮问题，侦办查处贪腐行为。

为了表达决心，他特意把弟弟允祥叫过来，严肃地告诉他：“这件事，不是走过场，更不能含糊了事。我让你查办此事，是我信任你；你要是办不到，我就换人查；如果没有大臣能做到，我就亲自查！不查清楚，我绝不罢手！”

允祥一听皇帝这么认真，自然不敢懈怠，很快查处了户部亏空、工部侵吞工程款等大案，并进行了追缴和严惩。雍正深知只惩治中低级官员是远远不够的，品级越高，权力越大，滋生腐败的机会越多，而且数目也会更加巨大。因此，一些王公贵族、八旗子弟也被纳入查办范围，也有人被查出问题而受到了严惩。

雍正一方面严惩贪腐。贪腐不除则社稷不稳。雍正规定凡侵欺钱粮白银一千两以上者，照监守自盗律处斩，贪污军饷者一律处斩，不准特赦。而且，从雍正元年（1723 年）开始，反腐工作一直采用高压态势，到雍正九年（1731 年），全国因为贪腐被处罚的官员已经多达数千名。追缴的巨额赃款，加上生产的发展，国库迅速充盈起来，库银由接手时候的八百万两增加到六千万两。

另一方面治理官员不作为。在康熙后期，官员们奉行不做事不犯错的原则，只要到了一任届满，就会在考核后升迁或者平调，继续过着悠闲自在的日子。到了雍正时期，这种工作作风被列为严重渎职，轻则撤职，重则法办。

雍正二年（1724 年），恰好是每三年一次的官员考核，直隶巡抚李维钧考核他手下的吴桥县令常三乐，发现这个人为官清廉，但是工作能力很差，吴桥县在他的治理下生产停滞不前，毫无起色。所以，李维钧给出的考评是“操守廉洁，懦弱不振”，建议是把常三乐平调到教育部门——科举时代教育不需要太多的创新，而且工作量不大，只要他坚持清廉公正就可以。上报到吏部之后，却没有被应允，因为按照惯例，对于这种情况，常三乐要平调县令或者升迁。双方僵持不下，只好提交到雍正那里，请求圣裁。

雍正了解状况之后，批示的结果不是平调，更不是升迁，而是直接撤职！原因是县乃一国之根基，“郡县治，天下安”，县令作为一线指挥官，不能担负起应有的责任，就是危害国家社稷。

贪腐误国，庸懒同样贻害社稷。曾经有一个官员给雍正上奏折，立志要做一个不贪腐的清官，雍正批示，不贪腐是为官的基本，这不算什么远大的理想，没什么可炫耀的。

从此，雍正朝的官员终于明白了，以前清闲的日子一去不复返了。做官不再是容易的事，只有真正勤政实干，全心全意地为社稷和百姓工作才能成为一名合格的官员。

雍正并不是只有勤勉和严厉的一面，对于清廉有才能的官员，他展现的多是关心和爱护，是一枚十足的“暖男”。

雍正很宠信李卫、田文镜、张廷玉和鄂尔泰等人。其中李卫并非科举出身，文化程度不高，但踏入官场之后，却不畏权贵、勤政务实。雍正非常喜爱李卫，因为他不贪腐还能干，只要交代给他的事，都能圆满完成，执行力极强。

有一次，李卫完成一个雍正吩咐的任务，上折子报告，雍正批复的原文是：好事好事！此等事览而不嘉悦者除非呆皇帝也！

雍正的呆萌和接地气，并不是只针对大字不识几个的李卫，这实际也是他和臣子沟通的一种方式。

田文镜在体察民情和救灾工作中表现出色，雍正给他升了职，田文镜上了一道谢恩的折子，感动之余表达了对雍正皇帝的崇敬之情。雍正批复道：朕就是这样汉子！就是这样秉性！就是这样皇帝！尔等大臣若不负朕，朕再不负尔等也。勉之！

雍正给臣子批复的折子，里面隐藏了很多有趣的互动，实在是皇帝中不可多得的段子手。

学者易中天曾经评价雍正“他刻薄是真刻薄，但不寡恩；冷酷是真冷酷，但非无情。”

雍正致力于改革，采用“摊丁入亩”代替人头税，减轻了贫苦百姓的压力，缓解了阶级之间的矛盾；用“改土归流”的政策解决了少数民族的管理问题，用朝廷任命的官员代替“土司”制度，减轻对少数民族地区人民的压迫和剥削。

他一生夙夜为公、勤勉务实、公正严明、心系黎民，力挽康熙王朝的危局，为乾隆时代留下了勤政实干的执政团队和富裕强盛的国家。

习近平总书记在党的群众路线教育实践活动工作会议上的讲话中指出，一些干部“有的拈轻怕重，安于现状，不愿吃苦出力，满足于现有学识和见解，陶醉于已经取得的成绩，不立新目标，缺乏新动力，‘清茶报纸二郎腿，闲聊旁观混光阴’”。

习近平总书记曾表示，对那些“为官不为”者，要下猛药、出重拳，以严的纪律惩治“为官不为”，以严的制度破除“为官不为”，要形成科学的监督机制和考核机制，形成“庸者下、平者让、能者上”的选人用人导向，让那些敷衍了事、得过且过、无所作为的干部混不下去，让不干事者让位置、让想干事者有舞台，让党员干部思想上始终绷紧“为官有为”的一根弦，自觉增强责任意识，自觉保持干事创业的激情。

李克强总理在国务院常务会上就曾对“为官不为”的尸位素餐者严厉批评了一番，“有勤无廉、政失于公，有廉无勤，政失于慵。廉和勤是一枚硬币的两面，做不到廉是腐败，做不到勤也是变相腐败”。

上任路上走半年的冯梦龙

习近平总书记在河南兰考调研指导党的群众路线教育实践活动时，回忆起二十多年前在宁德任地委书记时去寿宁县下党乡调研的往事，他说："我曾经说过，当县委书记要走遍全县各村，当地市委书记要走遍各乡镇，当省委书记要走遍各县市区。""有个下党乡，我去时真是披荆斩棘、跋山涉水，乡党委书记拿着柴刀在前面砍杂草，他说这条路还稍微近点，顺着河边穿过去。一路上，百姓说'地府'来了。他们管地委书记叫'地府'，就是知府的意思。百姓箪食壶浆，自发摆着各种担桶，一桶一桶都是清凉饮料，用当地土草药做的，还有绿豆汤，说你们喝吧，路上辛苦了。那个地方叫寿宁县，明代写了《警世通言》等'三言'的冯梦龙在那儿当过知县。冯梦龙去上任走了半年。当时我就一个感慨，一个才高八斗的封建时代知县，怎么千辛万苦都去，难道我们共产党人还不如封建时代一个官员吗？到了那儿以后，看到乡党委办公室设在一个改造过的牛圈里，地方很小。南方的桥是廊桥，我们就在一座桥上办公，摆几把竹椅，中间用简易屏风一隔，开会、吃饭、休息、洗澡都在上面。现在，下党乡面貌已经完全变了。"

这个上任走了半年的冯梦龙，还是明代著名的剧作家和学者。他的作品《喻世明言》《警世通言》《醒世恒言》，合称“三言”，是中国白话小说的经典代表。此外，他还辑有《智囊》《广笑府》《古今谭概》等作品，对民歌和民间文学的搜集和整理也作出了很大贡献。《杜十娘怒沉百宝箱》的故事也出自他的手。因为他在文学上的成就太过光芒四射，他的政治生涯就显得不那么突出了。而事实上，冯梦龙还是一个勤政实干、一心为民的好官。

崇祯三年（1630 年），冯梦龙补为贡生，第二年，被破格任命为丹徒县训导，主管教育工作。这一年，他已经五十八岁了，按照现在的说法，都快退休的年纪了，他才刚刚踏入官场。

当时的教育体系，主要是儒学思想，这个工作对于出身名门、受过良好而系统的儒家教育的冯梦龙来说，得心应手。冯梦龙在任三年，丹徒的教育水平有了飞跃式的提高。崇祯七年（1634 年），他被擢升为寿宁县令。

冯梦龙此时已经六十多岁，仍旧不辞辛苦地去上任，从江苏丹徒走到浙江的寿宁，他足足用了半年，可见山路崎岖，多么艰难。这一路，他受尽艰辛、屡遇险境，凭着坚定的信念，他还是到达了偏僻的寿宁。

初到寿宁，冯梦龙被眼前的景象震惊了，房屋破败不堪、百姓衣不蔽体。他走访调查之后，才知道这里的问题有多严重：贫富差距大，百姓为躲避税赋大批逃离，更重要的是县里国库竟然分文没有。

冯梦龙详细了解和分析了寿宁的实际情况，发现百姓最难以承受的就是造黄册和新旧官员交替的费用。造黄册是明朝一项为了税收而进行的人口普查工作，每十年一次。每次普查的时候，都要统计每户人口数量和财产状况，非常烦琐，耗费大量的人力财力。负责人趁机巧立名目、谎报实情，贪污的费用最终都会摊到老百姓的头上。下面的工组人员虚报的数目达到十倍以上，大肆搜刮钱财。

新旧官员迎来送往的费用更是劳民伤财。交通费、劳力费、装修衙门费、购置办公用品费等，名目层出不穷。这笔钱实际是一笔糊涂账，全凭办事人上报，最后巨额的费用都会落到百姓头上。

冯梦龙给朝廷上了奏疏，建议简化造黄册的办法，每次普查只普查人口，不统计财产；对于新旧官员迎送的费用，按照品级规定好数额，不得超过预算。

冯梦龙对百姓的关切还不仅仅体现在这里，他看到有的人家贫穷到鬻妻卖子，都会主动捐款救助。寿宁当地重男轻女观念严重，有的人家甚至生下女孩就直接溺死，冯梦龙下令对这种行为严惩。

寿宁还有“三患”，即虎患、匪患和倭寇之患。他组织官兵训练百姓，提高防患意识，形成全民皆兵的形势，消除了虎患。他了解到当地的土匪本都是老实巴交的农民，因走投无路，才落草为寇。掌握了真实情况之后，他只身进入土匪的老巢去招降。土匪们无论如何也不相信县令会这样不顾性命和他们讲道理，最终被他感动，主动下山。他还带领大家迎击倭寇，经过几次交锋，倭寇遭受了重挫，再也不敢来侵犯寿宁。

冯梦龙重视审案，公正严明。有一次，两个人因为一只鸡，闹到了县衙。街上的青年说鸡是他的，农民偷了他的鸡，被他当场抓到。

农民伤心地说："本来打算卖了这只鸡，换些钱，给母亲看病抓药的，没想到被这个恶人拿去不给钱，还诬陷我偷他的鸡。"

冯梦龙看双方僵持不下，就命令衙役在地中央铺一张布，把鸡放到上面，然后拿一个筐把鸡罩住。

冯梦龙问道："你们两人都说鸡是自己的，那么我问你们，这个鸡的屎是什么颜色，白色还是绿色？"

青年眨巴着眼睛说："鸡的屎什么颜色，我哪知道，平时谁会看这个！"

冯梦龙笑着摇摇头，又问农民。

农民答道："我早上给它喂的野菜和一点米糠拌的饲料，它的屎是绿色的。"

冯梦龙笑了笑，没有说话，此时，他已心中有数。等了半晌之后，衙役把筐掀起来。发现鸡屎的颜色果然是绿色的。

青年吓得浑身发抖，磕头求饶。冯梦龙巧妙地断了案，赢得了百姓们的赞叹。这都得益于他大量的走访和体察民情，才对基层生活有了这样的了解。

冯梦龙在寿宁政刑以简、遇民以恩，宁劳自己、不劳百姓，从不搞劳民伤财的政绩工程。

四年后，冯梦龙在寿宁县任满卸任，因为年事已高，朝廷没有再给他任命，他正式开始退休生活。但是他却心系朝廷，时刻关注政治局势。

那时候，明朝内忧外患，境内李自成等农民起义军声势浩大，境外清军不断入侵。

为了挽救明朝衰落的状态，他还上书皇帝，提出新皇帝即位要铸造新钱，这是关系朝廷财政和百姓生计的大事。效法古制可以兴除利弊，三年就可以让明朝的经济再次振兴起来。

冯梦龙晚年最后一次远行是去台州，但并不是去游山玩水，而是因为那里有鲁王的一支抗击清军的队伍。虽然，他临终也没能看到明朝的中兴，但他的爱国热忱和为民情怀，令人动容，使人尊敬。

习近平总书记强调："实实在在做人做事，不搞'假大空'。一个真正的共产党人，就应该堂堂正正、光明磊落。现在，一些领导干部身上'假大空'的东西太多。有的戴着假面具，台上台下、人前人后、对上对下各说一套、各做一套；有的习惯说大话、搞大场面、铺大摊子，不计成本搞'形象工程'、'政绩工程；有的为捞取功名不惜做假账、玩数字游戏、报虚假政绩。这些做法害人害己，是要不得的。"

自请宫刑的太史公：司马迁

习近平总书记爱读书，在很多场合鼓励党员领导干部多读书。习近平总书记的书单很长，他尤其爱读史书，也是一位重视历史、研究历史、借鉴历史的领导人。

司马迁的《史记》是习近平总书记爱读的书之一，他常引用里面的典故和句子，比如引用《西门豹治邺》谈工作方法，引用"人视水见形，视民知治不"谈敬民爱民，引用"反听之谓聪，内视之谓明，自胜之谓强"谈批评与自我批评，引用"桃李不言，下自成蹊"谈"一带一路"的影响力和号召力，引用"法之不行，自于贵戚"谈依法治国，引用"杀人者死，伤人及盗抵罪"谈修订《中国共产党廉洁自律准则》《中国共产党纪律处分条例》和制定法律的化繁为简、突出重点。

《史记》是中国历史上第一部纪传体通史，记载了上至上古传说中的黄帝时代，下至汉武帝太初四年间共三千多年的历史。《史记》全书包括十二本纪、三十世家、七十列传、十表、八书，共一百三十篇，五十二万六千五百余字。它以历史上的帝王等政治中心人物为史书编撰的主线，以人物为中心来记载历史，确立了史书新体例"纪传体"。

《史记》被列为“二十四史”之首，对后世史学和文学的发展都产生了深远影响。其首创的纪传体编史方法为后来历代正史所传承。《史记》还是一部优秀的文学著作，在中国文学史上有重要地位，被鲁迅誉为“史家之绝唱，无韵之《离骚》”，有很高的文学价值。

写出这么一部重量级作品的司马迁，无疑是伟大的史学家，深受后世所敬仰。

司马迁出生于公元前 145 年的汉朝，出身于一个历史和天文世家。他自幼勤奋好学，十岁的时候就开始学习各种史书古文，二十岁的时候，来到长安父亲身边。他的父亲司马谈当时在长安任太史公。看他学业上已经小有所成，就给他讲了读万卷书行万里路的道理，建议他去游览大好河山，顺便搜集各地流传的典故和轶事。

司马迁接受父亲的建议，开始游历天下。他走了大半个中国，去汨罗江祭拜了屈原、去山东缅怀了孔子、去黄河看了大禹治水的遗迹、参观了楚汉相争的战场等，最后回到司马谈所在的长安。这一路他不仅开阔了眼界、增长了见识，更收集了秦汉之际诸多的风云人物的故事，为创作《史记》打下了坚实的基础。

后来，司马迁跟随董仲舒学习《春秋》、跟随孔安国学习《尚书》。董仲舒是儒学大师、思想家、政治家、教育家，他提出“罢黜百家、独尊儒术”的主张，后被汉武帝采纳，使儒学成为中国社会正统思想。孔安国是孔子的十世孙，学识渊博，擅长经学，是尚书古文学的开创者。

司马迁的这两位老师在当时都是学之大成者，他师从名师，学习刻苦，很快成为一名很有思想深度的学者。

元封元年（公元前110年）春天，汉武帝去泰山举行封禅大典。太史令司马谈本是参与制定封禅礼仪的官员，却因为患病滞留在洛阳，对于封禅这样的盛事，他不能见证和记录，心中悲愤万分，病情随之加重。

此时，已经被汉武帝封为郎中的司马迁，奉旨去西征，顺利完成任务，准备赶去泰山，参加封禅大典，行至洛阳探望生命垂危的父亲。

两人相见，感慨万千，悲上心头。司马谈自知命不久矣，拉着司马迁的手老泪纵横。他对儿子说："咱家的祖先，远在周朝的时候就是太史令，在夏朝的时候就已经功名显赫，掌管天文历法，后世虽然有所衰落，但依旧都在努力，如今我一事无成就要撒手人寰，难道咱们家的名声就要断绝在我的手里吗？"

司马迁哭着安慰："父亲，您不要这么悲观啊。"

司马谈继续道："现在大汉一统天下，皇帝的泰山封禅大典，而我却偏偏不能去，这就是命啊！今天我是注定要死了，我死了之后，皇帝一定会任命你继承太史令。你不要忘记撰写我想要写而没有完成的著作啊！"

司马迁说："您想写一本什么样的著作呢？"

司马谈说："我的理想就是写一本像《春秋》那样可以流传千古的作品。儿子啊，你是个孝顺的孩子，但是孝顺不仅仅是奉养双亲，通过扬名后世来光耀父母，这才是最大的孝道啊！"

司马迁哭着发誓："儿子我虽然不是才高八斗、满腹经纶，但是一定完成您的心愿!"

司马谈点点头，叹息道："《春秋》停笔之后，四百年来，诸侯相互争斗厮杀，史书早就丢弃殆尽。如今汉朝统一天下，四海臣服，关于明君贤臣、忠义之士的事迹我都未能记录评价，这是我作为太史令的失职啊！修史是历来的传统，绝对不能在我这中断，我感到惶恐，你一定要时刻记在心里，帮我完成啊!"

司马迁坚定地说："父亲放心，只要有一口气在，我就一定完成!"

司马谈死后，司马迁果然被任命为太史令，天文历法、古书典籍都由他掌管，他因此阅读了大量的书籍和重要内部资料。司马迁牢记父亲的遗志，决心写出一部像《春秋》一样流传千古、永垂不朽的史书著作。

天有不测风云，这句话用在潜心著书的司马迁身上，再合适不过了。

天汉二年（公元前 99 年）夏天，汉武帝派宠妃李夫人的哥哥、贰师将军李广利率军讨伐匈奴，命"飞将军"李广的孙子李陵为辎重押运将军。李陵带领的五千人与匈奴单于的主力部队遭遇，经过八天八夜的激战，斩杀匈奴一万多人，一直没有得到李广利支援。李陵最终被俘。

李陵兵败的消息传到了长安，汉武帝以为李陵战死，很是伤心。后来证实李陵投降了匈奴，汉武帝震怒，满朝文武官员也骂声一片，完全没了最初的惋惜。

汉武帝询问太史令司马迁的看法，司马迁是个学者，搞学术研究的，属于知识分子，并不会见风使舵、趋炎附势。况且他最近正在写史书，更加尊重事实和客观的评价。

司马迁说：“陛下，您先别生气。臣觉得李陵平时孝顺父母，讲诚信重情义，同事之间谦虚礼让，对待士兵下属也是关怀备至，对国家他从来都是奋不顾身，想国家之所想，急国家之所急，俨然国士风范，说他投敌叛国，您相信吗？”

汉武帝沉思不语，他了解李陵的家风和为人，从内心来讲，他也是不相信李陵会叛国。只是在事实面前，众大臣的叫骂声里，他心里犹豫了。

司马迁痛恨这些落井下石、见风使舵的大臣，就为李陵辩护道：“李陵将军只率领五千士兵，深入匈奴，孤军奋战，斩杀了两倍于自己的敌人，已经立下汗马功劳。在苦无救援、弹尽粮绝、身陷绝境的情形下，丝毫不退缩，英勇作战，自古名将也不过如此吧！这样的一个人，他能怕死吗？李陵将军之所以没有选择一死了之，而是暂时投降了匈奴，一定是想寻找适当的机会再为我大汉效力，这正是他忍辱负重、心系大汉啊！”

本来他这番话，情真意切，感天动地，很可能打动汉武帝。但是他言语中提到了救援不力，这就是责怪贰师将军李广利失职，而李广利是汉武帝的大舅哥，这相当于怪罪汉武帝用人不当。汉武帝一怒之下，把他打入了大牢。

司马迁入狱之后，受尽酷吏折磨，但他始终不肯屈服，认为自己没有罪。他在狱中反复问自己：“这是我的错吗？这是我的罪吗？我作为臣子，皇帝询问，我不应该据实相告吗？”

祸不单行，很快，李陵带领匈奴士兵攻打汉朝边境的传闻让朝中再次不安，汉武帝这次信以为真，下令杀了李陵的全家。这导致了李陵心灰意冷，真正断绝了重回汉朝的念头。这就是谣言引起的一出人间悲剧，并且影响到了汉朝和匈奴的军事格局。

既然认定李陵叛国，那么司马迁对他的维护之辞就成了诋毁贰师将军，为叛将游说，司马迁被定为诬罔罪名，按律当斩。

根据汉朝的刑法，判了死刑，并不一定会被处死，还是有回旋的余地。其中有两种方式可以免死：一是用五十万钱赎罪，二是受腐刑，就是宫刑。为什么宫刑可以代替死刑呢？因为那个年代的人重尊严轻生死，但凡有点身份的人，宁愿一死也不会选择宫刑。

司马迁作为一个太史令，师出名门，才华横溢，一个有思想有立场的学者，名节和声誉对他而言比生死更重要。但是他有任务、有理想、有信念，那就是写出一部千古不朽的史书。

为了父亲的遗志，为了自己的信念，他选择了接受宫刑，成了一个不是太监的太监。身体承受了极大的伤痛，但相对于精神上的折磨，就显得微不足道了。

受了宫刑的司马迁，成了异类，正常人视他为太监，太监们却不认可他，因为他还是太史令。文武百官不愿与他为伍，读书之人也视他为异类。

他想到周文王被囚禁而推演出《周易》，孔子困苦之时修订了《春秋》，屈原流放之时创作出《离骚》，左丘明失明之后才有《国语》，孙膑被致残之后才撰写出《孙膑兵法》，吕不韦被贬之后才有《吕氏春秋》，韩非子被囚在秦国才作出《说难》和《孤愤》，《诗经》三百篇也大多是作者为发泄悲愤而作。

他靠坚定的信念、勤奋的态度支撑自己，历经十六年，终于写出了这部伟大的《史记》。

习近平总书记在2021年秋季学期中央党校（国家行政学院）中青年干部培训班开班式上讲话指出："对党员干部来讲，是有坚定理想信念，还是满脑子功利私欲，决定着一个人的思想境界和行为举止。党员干部有了坚定理想信念，才能经得住各种考验，走得稳、走得远；没有理想信念，或者理想信念不坚定，就经不起风吹浪打，关键时刻就会私心杂念丛生，甚至临阵脱逃。现实生活中，一些党员、干部精神空虚、意志消沉、心为物役，信奉金钱至上、名利至上、享乐至上，少数人更是把党和人民赋予的权力作为谋取私利的手段，堕入腐败深渊，说到底都是理想信念动摇所致。"

严峻守法的海瑞

习近平同志曾在《摆脱贫困》中提到："海瑞在他的《令箴》中说：'官之至难者，令也。'此意即最难做的官是县官。因此，县级领导必须有各方面的知识和很强的能力，否则难以胜任。"

习近平总书记在谈及治国理政的历史智慧方面，通过宋太祖和李后主的对比，强调生活情趣非小事；以王安石、海瑞为范例，强调"宰相必起于州部"。

海瑞出生于海南琼州，那个年代的海南还不是"国际旅游岛"，属于大明朝的穷乡僻壤。海瑞四岁丧父，母亲靠着几十亩薄田撑起这个家。海瑞母亲是一个有远见的人，无论家里多么穷，都让儿子好好读书，考取功名，光耀门楣。可是，海瑞的科举之路并不顺利，三十五岁才中举人，之后考了两次进士，都没得中，始终没有取得做官的资格。在这件事上，海瑞母亲很是执着，从来没有放弃对海瑞的培养。在官场生涯中，海瑞一直坚守刚正不阿、勤政爱民的信念。

海瑞自号"刚峰"，取其做人要刚正不阿、不惧艰险的意思。

嘉靖三十三年（1554 年），海瑞四十岁，准备放弃科举，因为他的举人身份，海南省最高长官指派他去福建南平县当教谕——相当于县教育局局长。从此，海瑞踏入了官场，开始了他传奇的人生。

教育部门是一个清水衙门，没有实权，更没有太多油水可捞。海瑞是一个实干派，他不在乎官职大小，很快展开工作。掌管全县的教育工作之后，海瑞发现了存在的问题，他整饬学风、严肃纪律，对涣散的教育人员给予严厉的惩处，铁面无私、绝不留情。他几乎一上任就把同事得罪光了，但是他并不在意，始终坚持原则。

虽然同事们对海瑞既怕又恨，但是领导却很喜欢他，因为他确实很能干，把南平县的教育治理得井井有条。到了考核的时候，同事们商量如何把海瑞排挤走，但由于海瑞洁身自律，实在找不到可以攻击他的地方。所以，他们改变策略，那就是极力夸赞海瑞，只为了他能升迁调离。

嘉靖四十一年（1562 年），海瑞升任浙江淳安知县，这是他大展拳脚的开始。经过细致的走访，他发现很多富豪大户，有良田几百亩，却一分钱的税都不缴，而有的贫苦农户一分田地都没有，却要缴上百亩地的赋税。经过调查，是这些富户隐瞒了田地的数量，而税却分摊到穷苦百姓头上。海瑞重新丈量土地，根据田地多少重新制定税赋，从而大大减轻了普通百姓的压力，富豪乡绅对他却恨之入骨。

如今的淳安隶属杭州市，是全市最大的县，经济发达，风光秀丽，被誉为国际花园城市、著名的国家级风景区千岛湖就位于淳安。

海瑞任下的淳安，却贫穷落后、百姓生活困苦。因为地理位置优越，各级官员经常巡视路过淳安，按照当时的惯例，县衙和驿站都要安排好接待工作。御史、巡抚每经过一次都需要银子两三百两，如此巨大的耗费，最终都要由百姓来买单。海瑞上任之后，就把这项迎来送往、滋生贪腐的规矩给取缔了。

浙江总督胡宗宪的儿子路过淳安，车队豪华、排场很大，到了驿站，点了一大堆山珍海味，让官吏去准备。他点的这些东西，驿站都没有，更没有钱给他买。结果，这位胡公子把官吏吊起来一通暴打。海瑞闻讯赶来，马上下令把胡公子绑了起来。

面对胡公子的破口大骂，海瑞冷冷地说："胡总督出巡考察各处，向来一切从简，不允许地方铺张浪费，而这位公子衣着华贵、排场盛大，胡总督怎么可能有这样的公子，这人一定是骗子！"

于是，海瑞把这个"骗子"搜刮来的千两黄金都当作赃款没收，充入淳安的县库。然后，又派人把这个败坏总督名声的"骗子"送去给胡宗宪发落，胡总督不敢把事情闹大，只好吃了这个哑巴亏。

还有一次，都御史鄢懋卿出巡两浙、两淮盐政，他仗着后台是严嵩，一路上对官员勒索钱财，大张旗鼓地收受贿赂。《大明王朝1566》里嘉靖帝对鄢懋卿的奢靡大发雷霆，骂他是"鄢懋卿、冒青烟"。

鄢懋卿路过淳安的时候，县衙按照海瑞的指令，安排很低的接待规格。海瑞还嚷嚷着："小小县衙怎么容得下这么多车马人员!"鄢懋卿感觉很下不来台，因为早就听闻海瑞刚正不阿、不讲情面，心虚的他也只好灰溜溜地离开。

海瑞在淳安期间，除了正常的俸禄，灰色收入分文不取，这使得他的生活很是清苦。他平时都是穿布衣，吃糙米，并让仆人自己种菜，自给自足。

浙江总督胡宗宪曾说："我听说昨天海刚峰母亲过寿，他才买了二斤肉，真是让人敬佩!"可见海瑞平日生活的节俭程度。

后来，海瑞专任江西兴国县令，他依旧延续在淳安时的清正严明作风。规定县衙的官吏"柴马俸粮之外，用里甲一毫，皆为侵民。催征勾摄之外，役里甲一毫，便是不能守己"，违反者，严惩不贷。他一下断了同事们的灰色收入，大家叫苦不迭。

海瑞不仅治理官吏的贪腐，还对县衙的官员编制进行了改革，把一些职能重复的部门进行合并，把一些多余的职位裁撤，职能并入到其他部门。比如他革除清军县丞职务，把清军工作并入管粮主簿；革除捕盗主簿，把捕盗工作划给典史。大大节约了政府部门的开支，提高了工作效率。

他还在兴国推行"一条鞭"法，缓解了百姓压力和阶级矛盾；他严厉打击地主富豪偷税漏税，增加了国库的收入。

嘉靖四十五年（1566年），海瑞升任户部云南司主事。这一年，他干了一件惊天动地的大事，让他的知名度达到了顶峰。

晚年的嘉靖皇帝不理朝廷政务，每天深居简出，研究长生不老的丹药。海瑞对他这种长期搞迷信活动，荒唐无度的做法，甚是着急。

海瑞海刚峰决定给皇帝上书，指出他的错误，劝其回归政事。在上书之前，海瑞先去棺材铺定了一口棺材，因为他知道曾经劝阻皇帝的人都受到了严惩，他这样的直谏，必死无疑。他拜托朋友照顾家人，安排完后事，就凛然地给皇帝上了著名的《治安疏》。

嘉靖帝对海瑞的为人早有了解，收到之后就饶有兴趣地看了起来，结果刚看了个开头，就气得把奏疏摔到了地上。

海瑞开头铺垫了一些君臣关系和各自责任的话，然后就毫不留情地指责嘉靖帝迷信道教、妄想长生、误国误民。

嘉靖帝气得大叫，吩咐身边的人："赶快把海瑞给我抓起来，千万别让他跑了！"

大太监黄锦回复说："皇帝您先别生气，海瑞这个人向来愚蠢耿直。奴才听说，他上书之前知道难逃一死，已经给自己买好了棺材，和妻子诀别，并遣散了家中仆人，他是不会逃跑的。"

嘉靖帝头脑睿智，并不糊涂，他沉思了片刻，平心静气下来，继续看海瑞的奏疏。

海瑞说："现在大明朝文官贪污、武将孱弱、百姓困苦、民不聊生，都是由皇帝错误的举动导致。"

海瑞还讽刺皇帝的年号"嘉靖"，说："真是家家皆净、无财可用！"

嘉靖帝再次被气炸了，忍着怒火看完了奏疏。

海瑞还揭露官员们阿谀奉承、不为国家分忧，只顾个人升官发财。

最后，海瑞认真地提出了中肯的改革政务的具体建议，希望皇帝予以采纳。

嘉靖帝看完已经气得说不出话来，别说采纳建议了，他连杀海瑞的心都有。

但是，嘉靖帝只是荒唐奢侈，并不昏庸糊涂，他没有杀掉海瑞，但还是把他关进大牢。不过，嘉靖帝把《治安疏》放在手边，反复读了很多遍，每次读完都想杀了海瑞。海瑞触犯天颜，实属大不敬，但是，嘉靖帝知道他说的不无道理，他曾经感慨道："海瑞是想做比干，可朕不是商纣王。"所以，嘉靖帝始终没有杀海瑞。

当然，海瑞犯下如此大罪，自然少不了大臣进言请求皇帝绞杀海瑞。幸好首辅徐阶和刑部尚书黄光升等人力保，海瑞才没有丢命。后来，海瑞还特意去黄光升老家去探望感谢，在黄光升去世的时候，他还不辞辛苦地去奔丧。

1566年底，嘉靖帝驾崩，消息还没有公布，负责海瑞的监牢主事听说了，知道海瑞就要被释放了。他很敬重海瑞的为人，就买了鱼肉美酒，给海瑞享用。

海瑞一看好酒好菜，也到了年底，以为自己就要被问斩了。索性想开了，大吃大喝起来。

主事这时候趴在他耳边悄悄说："皇帝已经驾崩了，海大人马上就要出狱被重用了。"

海瑞惊愕万分，确认了之后，号啕大哭，把吃的东西都吐了出来，悲伤得晕了过去。醒来之后，又是悲上心头，一夜哭声不断。可见，海瑞对皇帝的直谏，都是他的一片忠心，并不是为了辱骂皇帝。

明穆宗即位之后，尊重嘉靖帝遗诏，将海瑞释放并官复原职。后来海瑞几度升迁，直到做了应天巡抚，达到了他事业的顶峰。

做了巡抚的海瑞，不忘民间疾苦，上任就颁布《督抚宪约》，规定巡抚出巡各地，府、州、县官一律不准出城迎接，不准设宴招待。如果是朝廷大员，考虑到朝廷的颜面，需要招待，就按照工作餐标准，可以有鸡、鱼、肉各一样，但不得供应鹅和黄酒，而且也不准超过伙食标准——物价高的地方纹银三钱，物价低的地方两钱，连蜡烛、柴火等开支也在上述数目之内。

海瑞还带领民众兴修水利，治理吴淞江，两个月内就开疏了八十里的河道，还以工代赈，帮助十多万饥民度过了饥荒。

在《大明王朝1566》里，嘉靖帝说海瑞是大明朝的一把神剑，他锋芒逼人、宁折不弯，是世代清官的榜样和表率。

习近平同志在《摆脱贫困》一书中谈及县委书记时写道："古时候，人们以'七品芝麻官'来喻指县令的官微权轻，有贬损之意。其实，当好一县之长何尝容易。我曾担任过县委书记，每与同行谈起，大家总有一致的感慨：官不大而责任不小。"

习近平总书记强调："党的干部都是人民公仆，自当在其位谋其政，既廉又勤，既干净又干事。如果组织上管得严一点、群众监督多一点就感到受不了，就要‘为官不易’，那是境界不高、不负责任的表现。这一点，要向广大干部讲清楚。我们做人一世，为官一任，要有肝胆，要有担当精神，应该对‘为官不为’感到羞耻，应该予以严肃批评。”

讲科学会工作的西门豹

子产治郑，民不能欺；子贱治单父，民不忍欺；西门豹治邺，民不敢欺。

——《史记》

习近平同志在《干在实处　走在前列——推进浙江新发展的思考与实践》中谈到干部和群众关系以及工作方法的问题时，引用了《史记》中“三不欺”的典故，即“子产治郑，民不能欺；子贱治单父，民不忍欺；西门豹治邺，民不敢欺”。意思是：春秋时期，子产治理郑国，由于他明察秋毫，百姓不可能欺骗他；子贱是孔子的学生，他做官为政的重点在教化，身不下堂、鸣琴而治，百姓受到感化，不忍心欺骗他；西门豹是战国时期魏国人，他治理邺，注重工作方法，以大智若愚、大巧若拙的方式，不站在百姓的对立面，百姓不敢欺骗他。

西门豹，战国时期魏国安邑人，政治家、水利专家，曾任邺城县令。

魏文侯命西门豹任邺城县令，上任之前，魏文侯找西门豹谈了一次话。

魏文侯说："邺城虽小，风土人情错综复杂。你要记住耳闻之不如目见之，目见之不如足践之，足践之不如手辨之。"

西门豹谨记在心，前往邺城。到达邺城之后，他没有急于和当地的贵族士人见面，而是去民间走访，只有一个目的，就是寻访百姓疾苦。通过大量的调研工作，他把邺城的问题罗列了出来，排在榜首的就是"河伯娶亲"。

据当地百姓反映，邺城之所以越来越穷，就是因为每年的"河伯娶亲"。邺城的县吏、乡官每年都要向老百姓征收钱财，大概有几百万，他们只用其中的二三十万为河伯娶媳妇，剩余的和巫婆一起分掉。

每到为河伯娶媳妇的时候，巫婆就会到小户人家搜寻，看到漂亮的姑娘，就说"这女子合适做河神的媳妇"，立即下了聘礼把姑娘带走。把她带到河边专门而建的房子里，为她沐浴，换上丝绸做的新衣，让她独自居住并斋戒。十多天后，大家举行盛大的仪式，让姑娘坐在出嫁的床铺枕席上，推到河里。起初床铺枕席还会在水面上漂浮，水慢慢浸上来，不久就沉没了。

有年轻漂亮女子的人家，担心巫婆把他们的女儿嫁给河伯，大多全家远走高飞了，所以邺城的人口越来越少，城里空荡荡的，生活也是越来越贫穷。

西门豹听后大惊失色，问百姓："这种情况持续多久了？"

百姓回答："许多年了。"

西门豹又问："为什么你们这么听巫婆的话呢？"

百姓说："我们这儿一直流传着一个谚语，叫'不为河伯娶妇，水来漂没，溺其人民’。邺城常有水患，不敢不从啊！”

西门豹沉默了片刻说：“河伯娶亲的当天县吏、乡官和巫婆都在现场吗？”

百姓说：“在！”

西门豹说：“那到了日子，来通知我一声，我也去送送那个姑娘。”

百姓点头答应着。

到了为河伯娶亲的日子，西门豹带领官兵来到河边。县吏、乡官、富豪乡绅、长老都早就到了，围观的百姓有两三千人之多。他们见到西门豹到来，都过来行礼，西门豹笑着让他们开始典礼。大家就都安心了，开始了仪式。

主持河伯娶亲的巫婆是一个七十多岁的老妇人，她的十多个女弟子，都穿着丝绸单衣，围绕在巫婆的身后。

西门豹审视了一周，突然命令道：“把河伯的新媳妇带过来，我看看长得漂亮不漂亮？”

人们把姑娘带到西门豹面前，西门豹看了看，马上说道：“这个姑娘长得不漂亮，恐怕河伯不会满意，烦劳巫师向河伯禀告一声，我们要寻找个更漂亮的，晚几天给他老人家送过去！”

说完，手下的官兵，不容分说把老巫婆抱起来，扔到了河里。老巫婆挣扎了几下，沉没了下去。

过来半晌，西门豹说：“巫师去了这么久，怎么还没回来，请她的弟子去催她快点回来。”

于是，官兵又抓起一个女弟子投入河中。过了一会儿，西门豹说："弟子去了这么久还不回来，再请个弟子去催下。"官兵就又投入河中一个女弟子。

直到投了三个弟子之后，西门豹慢悠悠地说："巫师和她的弟子都是女人，这女人办事就是不靠谱，估计这么半天事也没说清楚，请乡官三老去跟河伯解释一下吧！"

官兵们七手八脚地把吓得瑟瑟发抖的乡官们都扔进了河中，他们很快沉没，水面渐渐恢复了平静。

西门豹正了正衣冠，恭敬地站在河边，看着河面，等待了许久。县吏和豪绅们已经吓得站不住了，有的已经瘫坐在了地上。

西门豹回过头，笑着对他们说道："巫师、三老都不回来，你们说怎么办？"

大家都明白西门豹话里的含义，他是准备投县吏和豪绅下河，去催促他们。这些人不想白白送死，都跪倒在地不停地使劲磕头，把额头都磕破了，鲜血直流。

西门豹一看目的达到了，就假装为难地说："好吧，就再等他们一会儿吧！"

过了一会儿，西门豹走了过来，说道："你们都起来吧，看样子河伯好客，可能要多留他们一段时间，大家都散了吧，先回家吧！"

官吏和豪绅吓得赶忙离开，老百姓对这一幕也感到惊恐万分。从此，再没人敢提起"河伯娶亲"之事了。

西门豹知道这个问题存在许多年了，百姓心里早已信以为真。所以，为了不让百姓产生抵触情绪，他并没有直接宣传破除迷信，而是采用将错就错的办法，整治和消灭了迷信害人的罪魁祸首。在当时百姓的思想状况下，西门豹这个工作方法无疑是明智的，取得了一劳永逸的效果。

解决完这件事，西门豹并没有停止不前，他分析这件事的起因，是邺城常闹水患，才让这些人有机可乘，愚昧百姓，搜刮钱财。打掉了巫师团伙，只是治标，而解决水患才是治本。

西门豹本就是水利专家，经过一番实地勘察，他带领军民开凿了十二条水渠。这些水渠旱时可以引水灌溉民田，在河水泛滥的时候，还能够起到泄洪的作用。

这件事刚开始的时候并不顺利，百姓在开凿的时候因为辛苦而怨声载道，非常不愿意干。

西门豹跟身边的人说："老百姓现在不理解是正常的，因为他们还不知道修成之后，会获得多大的好处，等他们因此受益之后，会永远记住我今天的话的。"

水的问题解决后，邺城的田地都变成了良田，百姓的生活水平有了很大提高，邺城也渐渐富裕起来，西门豹因此闻名天下。

出了名之后的西门豹却经常被人告状。有些官员向魏文侯禀告，说："大家都说西门豹把邺城治理得富裕强盛，实际上邺城官仓无存粮，钱库无金银，军队没武器，邺城已经被西门豹搞得乱七八糟了。"

魏文侯起初不相信，直到他视察邺城的时候，笑着顺口问了一下西门豹："这些举报属实吗?"

西门豹毫不掩饰地说："属实。"

魏文侯对他这个回答完全没有准备，对他这么不按套路出牌，大为吃惊。他无奈地说：“既然如此，如果你没有能说服我的理由，我只能治你罪了!”

西门豹语出惊人地回答：“为王者使人民富裕，称霸者使军队强大，亡国之君才国库充盈呢!”

西门豹看魏文侯没有阻止他，就继续说：“邺县官仓无粮，是因为余粮都在百姓家里；国库无金银，是因为钱财都在百姓口袋里；武器库没有兵器，是因为我邺县人人皆兵，兵器都在人民手中，随时可以组织起来，抗击来犯之敌。”

西门豹看魏文侯露出怀疑的神色，就说：“大王若不信，我和百姓有约定，以敲鼓为号，您要不要看看?”

魏文侯来了兴致，马上应允。西门豹引领一行人上了城楼，他用力地击鼓，一阵鼓声之后，全城的青壮年披盔挂甲，手执兵器，迅速在城楼下集合。魏文侯看得目瞪口呆。

西门豹又敲了第二阵鼓，鼓声过后，老人和妇女推着车，满载粮食，从四面八方涌了过来。

魏文侯很是佩服西门豹的治理政绩，十分喜悦地说：“我要重重地奖赏你，演习就到此为止吧。”

西门豹坚定地说：“大王，民心不可欺，我好不容易和他们建立了相互信任，今天他们按照约定集合起来了，如果跟他们说这是个演习，恐怕他们会以为咱们戏耍他们，以后再想召唤，恐怕就不容易了。”

魏文侯看出西门豹别有用意，就问道：“那你想怎么办?”

西门豹跪下请命道："燕王经常侵犯我们的边境，掠夺我们百姓的钱粮，请大王准许我带领他们去讨伐燕国。"

魏文侯沉思片刻，同意了他的请求，并派军队配合他们一起行动。西门豹出兵攻打燕国，由于出其不意，趁燕国边境空虚，屡战屡胜，竟然收复了不少失地。其实，西门豹早就对边境的情况作了调查，因此才敢请命出兵。

西门豹重视实地考察，善于因地制宜，讲究工作方法，勤政爱民，自然受到百姓的拥护和爱戴。

习近平总书记在党的十九届一中全会上的讲话中指出，调查研究是谋事之基、成事之道，没有调查就没有发言权，没有调查就没有决策权。调查研究是我们做好工作的基本功。正确的决策离不开调查研究，正确的贯彻落实同样也离不开调查研究。

不敢马虎的伯乐：欧阳修

习近平总书记在十八届中央纪委第五次全会上的讲话中，提到“有些干部聚在一起，搞个同乡会、同学会”，“利用手中的权力‘正正规规’地搞团团伙伙”时，他引用了欧阳修的诗句“醉翁之意不在酒”。

习近平总书记曾在给北京大学考古文博学院本科团支部全体同学的回信中，谈到“只有把人生理想融入国家和民族的事业中，才能最终成就一番事业”时，引用了欧阳修的名句“得其大者可以兼其小”。他在谈到中美关系的时候也曾经引用过这句话。他指出：历史和现实都表明，中美两国合则两利、斗则俱伤。

欧阳修是北宋著名的政治家、文学家，唐宋八大家之一。他二十多岁开始做官，宦海沉浮、几番起落，最后官至副宰相。

欧阳修幼年丧父，与母亲相依为命，没有钱读书。他的母亲用芦苇在沙地上教他识字，带他诵读古人的文章，还让他学习写诗。年纪稍微大一点，家里的书已经不够他读了，就去邻里借书，遇到好的文章，还会抄录下来，往往是还没抄录完，他已经能够背诵下来。欧阳修勤学苦读，不分白天黑夜，废寝忘食，两耳不闻窗外事，一心一意地读书，以至于小时候写的文章就达到了很高的水平。

欧阳修二十三岁中进士，可谓年少得志，意气风发。由于写得一手锦绣文章，他直接进入朝廷工作。后又被调到洛阳掌管司法，结交了不少有识之士。二十八岁调回朝廷，经过几年的官场磨砺，他已经不是那个风花雪月的少年郎，开始思考社会问题，慢慢肩负起社会的责任。

当时，北宋贫富差距大，社会矛盾突出，欧阳修支持范仲淹改革，主张整饬冗官冗员问题。他们的改革触动了很多人的利益，遭到了打击报复，范仲淹被贬饶州，欧阳修被贬到夷陵做县令——夷陵就是今天的湖北宜昌。

欧阳修到夷陵之后，还没有理清头绪，进入工作状态。有一天晚上，他想找几本书看看，结果在县衙翻了个遍，连本史书都没有。由于他做过掌管司法的推官，就翻看起档案柜里的陈年公案，这一看不要紧，他发现里面竟有大量前后矛盾、是非颠倒的冤假错案，不觉一身冷汗。这里面有的无中生有、有的颠倒黑白、有的徇私枉法、有的灭亲害义，被冤枉之人数不胜数。欧阳修陷入沉思，一个小小的夷陵都有这么多冤假错案，整个宋朝会有多少这样的案子？

这些案子并不复杂，只是审理官员不认真，为了快速结案而草草了事，却使好人蒙冤、恶人逍遥法外。欧阳修一夜未眠，暗暗发下一个誓言：从此，无论大小事，都要认真对待，绝不马虎！

这个誓言，欧阳修一生谨记，成为他工作中最重要的原则，正因为如此，多年以后，他才能够位列三公，成为副宰相。

欧阳修还做过开封的知府，而他接的正是包青天包拯的班。包拯在任上树立的形象和得到爱戴已经到了无法超越的地步，所以，对这位继任者，百姓自然有着高标准严要求，甚至还有一些不信任的成分。欧阳修的风格是重事实、讲道理，怎么简单怎么来。已经习惯了包拯严厉打击犯罪、铁面无情的百姓，对他这套做法很不满意。身边的官员就劝他：效仿包拯，这儿的百姓就爱这一套。

欧阳修笑了笑说："每个人有不同的性格，不同的办事方法，做官如同行医，有的医生出口成章，有的医生少言寡语，但是，最终能药到病除的才是好医生。所以，无论是哪种方法，只要把事办好，上对得起朝廷，下对得起百姓就行了。"

欧阳修的为官理念很简单，就是让老百姓满意。他无论在何地为官都不追求政绩，始终是不扰民、不欺民，颁布政令都是以为百姓谋利益为前提。为了不扰民，不给百姓增加负担，他没有修建过形象工程，甚至经常为了减轻百姓的压力，敷衍上司。所以，欧阳修在上级眼里并没有出色的政绩，但是，他让百姓安居乐业、生活幸福，却也心安理得、自得其乐。

欧阳修作为北宋的文坛领袖，深受读书人的尊敬和追捧。他的文章妙笔生花，但却因为人耿直，放荡不羁，得罪了不少同僚，一生曾三次被贬。他却始终不改本性，一如既往。

欧阳修很关心读书人，尤其对有才华的青年格外关注，并不遗余力地照顾和提携。

唐宋八大家之一的曾巩，年轻的时候默默无闻，他曾鼓起勇气，给他的偶像——文坛领袖欧阳修写了一封信，并献上了他表达政见的文章《时务策》。欧阳修看了他的文章，爱不释手，大为赞叹。他把曾巩的文章看了几遍，发现了他的优势和劣势。这个曾巩尤其擅长古文策论，对应试文章不在行，欧阳修不想埋没了人才，就把他收为学生，在欧阳修的教导下，曾巩后来终于高中进士，欧阳修还亲自为曾巩宣传造势，让他得以名扬天下。

苏洵、苏轼、苏辙这父子三人在历史上被称为“三苏”，可他们的成名之路，却没有那么顺利。苏洵将近五十岁的时候，带着苏轼和苏辙找到了知州张方平，想得到他的举荐。张方平是个文学大家，他和苏洵是好朋友，对苏洵的文章很是钦佩。

张方平对苏洵说：“苏兄的才华，远在我之上，早应该为国效力了，只是我人微言轻，我把你推荐给欧阳修吧，如果他肯举荐你，那你就能一鸣惊人了。”

张方平给欧阳修写了一封信，让苏洵进京拜访已经身为翰林学士的欧阳修。“三苏”进京后，苏洵把自己的文章给欧阳修阅览，欧阳修看罢，兴奋得直拍桌子，赞叹道：“后来文章当在此!”

欧阳修特意给皇帝写了推荐书，说：“眉州有个布衣叫苏洵，人品淳厚，见识高远，曾经参加过进士考试，没有得中，于是潜心勤奋学习。他的文章道理通透、具体务实，他所写的《权书》《衡论》《几策》等二十篇文章，立意宏伟，博古通今，通篇皆是至理实用之言，真是难得的人才。”

欧阳修不仅向皇帝推荐苏洵，还向满朝大臣宣传，一时间，大家争相传阅苏洵的文章，苏洵真的从此一鸣惊人，天下皆知了。

嘉佑二年（1057年），欧阳修奉旨主持礼部贡举考试，他的学生曾巩，苏洵的两个儿子苏轼、苏辙都参加了这次考试。第一场考试过后，试卷官梅尧臣发现一篇文章写得非常精彩，就呈给主考官欧阳修。欧阳修看过之后，当场就给定为第一名。那时候，为了防止作弊，科举考试的试卷名字都被糊住，他并不知道考生是谁。不过，他猜测这文章可能是曾巩写的，而曾巩是他的学生，如果他的学生考第一，难免会被天下人指责，所以就给改成了第二名。

等到复试的时候，欧阳修又发现了一篇好文章，这次他毫不犹豫地给判为第一名。事后才知道，这两篇文章都出自苏轼之手。

欧阳修主管考试期间录取了许多有才华的考生，除了苏轼、苏辙和曾巩，还有张载、程颢、吕大钧等人。这些人后来或成为文坛名家或成为旷世大儒，足见欧阳修的眼光独到和爱惜人才。很多才子都得到过他的赞赏和举荐，其中包括王安石、司马光等千古风流人物。

唐宋八大家中，有唐朝的韩愈和柳宗元两人，宋代的六人中，除了欧阳修本人，其他五人都受到过他的大力提携。欧阳修可谓是史上最牛的文坛伯乐。

习近平总书记强调："讲认真是我们党的根本工作态度，必须做到无私无畏、敢于担当，把认真精神体现到党内生活和干事创业方方面面。”“‘要发扬钉钉子的精神’，不折腾、不反复，切实把工作落到实处，作出经得起实践、人民、历史检验的实绩。”

知行合一：王阳明

志不立，天下无可成之事。

——《教条示龙场诸生》

习近平总书记在庆祝中国共产党成立95周年大会上的讲话中，引用王阳明的《教条示龙场诸生》中的话“志不立，天下无可成之事”，强调“理想信念动摇是最危险的动摇，理想信念滑坡是最危险的滑坡”。习近平总书记2019年3月18日在学校思想政治理论课教师座谈会上的讲话中强调，教师要像王阳明那样“诚意正心”“知行合一”，自觉作为学为人的表率。

王守仁，本名王云，字伯安，号阳明，世称阳明先生或王阳明，浙江余姚人，明代杰出的哲学家、文学家、军事家、教育家。父亲王华是状元出身，官至南京吏部尚书。血液里流淌着“学霸”基因的王守仁，第一次参加乡试就成功中举，学业上再次突飞猛进，他还特别热衷于研究军事战术。然而之后他连续两次会试不中，面对父亲的安慰，他却说：“世以不得第为耻，吾以不得第动心为耻”。年仅二十五岁的王守仁，志存高远，心性已远超同龄人。三年后，得中进士，从此踏入仕途。

王守仁短暂做过刑部主事和兵部主事，其间还为西北边境的战事上书皇帝提出建议。正德元年，宦官刘瑾以进献飞禽走兽来博取明武宗的欢心，火箭式升迁，成为司礼监掌印太监，大权在握。南京给事中御史戴铣等人被刘瑾逮捕入狱，王守仁上书营救，惹怒刘瑾，被廷杖四十，险些丧命，被贬官到贵州龙场驿站做驿丞。

龙场路途遥远，地处万千大山的深处，苗族、僚族等少数民族杂居在一起，矛盾丛生。王守仁历经千难万险到达之后，根据不同的民族风俗习惯，对他们分别进行教导和开化，赢得了少数民族的拥护和爱戴。因为他的务实为民，当地百姓自发帮他砍树造屋。生活虽然艰苦，但是难得安静，王守仁开始反省这些年的周遭经历。一天夜里，他突然开悟，提出心即理，心是感应万事万物的根本的命题，并写出了流传至今的《教条示龙场诸生》。这就是著名的“龙场悟道”。

王守仁强调个人的能动性，呼吁思想和个性解放，他提出了“致良知”的心学主旨和“知行合一”的方法论。

随着刘瑾被扳倒诛杀，王守仁被调任庐陵县（今江西吉安）任知县。他扫去了心头阴霾，开始践行“知行合一”。庐陵县当时有个“特色”，就是老百姓爱告状。王守仁上任伊始，每天衙门门口被诉讼的群众堵得水泄不通，大多是邻里纠纷、鸡毛蒜皮的小事。王守仁一面不厌其烦地审理案件，一面抓紧时间走访调研。他很快摸清了当地的脉络，爱吵、爱闹、爱告官的百姓，实则生活在高压之下，很是困苦。究其原因，一方面来自层层加码的苛捐杂税；另一方面来自匪患严重的烧杀抢掠。

有了方向的王守仁马上行动，他查明镇守中官（朝廷委派监管征税的太监）增设的附加税并未上缴国库，而是满足个人奢靡的生活消费。王守仁果断取消了这项税赋，让百姓减轻了压力，这让他赢得了民心。镇守中官知道王守仁是个不好惹的主儿，他曾经敢豁出命去跟刘瑾对着干的壮举，官场上人尽皆知。最重要的是王守仁为官正直、清正廉洁，让人抓不到把柄。镇守中宫也只好暗自吃下这个“哑巴亏”了。

王守仁年少就研习兵法，善射箭、会骑马，面对猖獗的匪患，他恩威兼施，征讨和招安并举，初试牛刀，就成果显著。过程中发现很多盗贼，有的不堪重税，成为流民，不明是非，落草为寇。他解决了增加的苛税，大力发展教育，用道德开化众人，奖励忠孝信义，庐陵县的民风焕然一新，匪患随之土崩瓦解。他鼓励在村寨推举贤明老者为村民调节矛盾，不仅快速直接地解决了问题，还为县衙减轻了巨大的诉讼压力。

王守仁在庐陵任职不到一年的时间里，不辞劳苦、勤勉敬业，为当地治水修路、开荒垦田，给百姓的生活带来了勃勃生机。

他被调回京师之后，历任数职，政治上愈加成熟，能力也与日俱增。兵部尚书王琼十分欣赏他的正气和才华，大力推荐，王守仁被擢升为都察院左佥都御史，巡抚江西南安、赣州，福建汀州、漳州，广东南雄、韶州、惠州、潮州各府及湖广郴州地方，主要工作就是剿匪。这些地方的匪患多严重呢？前任文森，为此称病告假，拖着不去赴任。王守仁成了临危受命的“救火队长”，朝廷担心他胆怯推诿，特别下旨，让他不得耽搁，急速赴任。经历丰富、心性高远的王守仁，自然不会退缩，他淡定前往。

南赣的土匪不同于庐陵流民集结的小打小闹，已成气候。横跨江西、广东、福建三地，十数个大首领，队伍总人数加起来有几万人，他们有的称王，有的建立军队政权，分封将官。他们动辄几千人出动，攻击衙门、绑杀官员、烧杀抢掠，搞得民不聊生。当地的官兵素质低、战斗力弱，无法与之对抗，官府不得已从广西调兵过来。这些土匪常年和官兵打交道，深谙其中套路，当政府派重兵来的时候，他们就接受招安，官员很高兴，给他们封官赏银。待大军撤出后，他们继续横行作恶。如此，反复不断。从朝廷到地方政府，苦不堪言。

王守仁虽是文官，却不同于纸上谈兵的秀才。在他年少时，明英宗被蒙古瓦剌俘虏，这件事激发了他学习军事兵法的热情。十五岁的时候，他去居庸关、山海关游历了一个多月，还到关外研究山川地形，他对兵法的研习因此立体而饱满。加之在庐陵剿匪积累了实战经验，使他面对如此凶悍的匪患，也并不慌乱，泰然地谋划破敌之策。

匪患久已，与官府中人已互相渗透，王守仁经过调查得知，府衙中有不少土匪的耳目。他不动声色地偷偷审讯属下，小吏的心思被王守仁一眼看透，软硬兼施下，成功策反。从此土匪的动向王守仁一清二楚，他召集福建和广东的官兵，攻打大帽山，这里有规模最大的一支土匪队伍。由于情报准确，打得匪军败退。

土匪负隅顽抗，官兵的指挥和县丞先后战死，王守仁亲率大军，根据地形，佯装败退，后出其不意，连破匪寨四十多座，斩杀匪军七千多人，擒获匪首，取得大捷。

匪患横跨数省，官兵各有节制，王守仁为整合领导多地军队，提高凝聚力、战斗力。他上书兵部尚书王琼，请求给予更大的军权，获得同意。他整肃部队，设置了严格的兵制级别，进行分层级管理，严明了军纪，提高了效率。王守仁善于治军，更善于奇谋，接下来运用心战、苦肉计、招降等谋略，剿灭了其他各部的匪患，平定了南赣。

正德十四年（1519 年），宁王朱宸濠在南昌起兵造反，号称大军十万。京师得知此事，群臣上下惊恐万分，唯有兵部尚书王琼处变不惊，他豪言道："王守仁在南昌上游，定能擒获反贼！"

此时，王守仁正准备前往福建剿匪，行至丰城（位于江西吉安和南昌之间）收到消息，他此时已经上交兵符，手里没有一兵一卒。他发表征兵勤王布告，并在袁州（今江西宜春）征调各县官兵，筹集粮草、船只。为了争取时间征集士兵，王守仁需要拖住宁王的行军速度。他巧妙利用反间计，传书信给宁王的辅佐重臣李士实，说让他劝宁王攻打南京，官兵聚而歼之。然后故意把此信内容泄露给了宁王。李士实并不知晓，果然建议宁王攻打南京，说占领了留都南京，也就有了和京师对峙的资本。宁王因为信中内容，疑心大起。王守仁又号称十六万援军已到，准备进攻宁王的老巢南昌。加上了这把火，宁王中计，未敢向南京出兵。十多天后，宁王得知王守仁并没有朝廷大军的支援，自知上当了，愤而挥师东下，连续攻克九江、南康，直逼安庆。有了这十多天的缓冲，聚集了八万士兵的王守仁，真的向兵力空虚的南昌进攻了。宁王不得已只能回援，遭到了王守仁的埋伏和阻击，最终在鄱阳湖的决战中，宁王兵败被俘。历时仅仅三十五天，王守仁就平定了宁王叛乱，朝野上下惊呼王守仁为“神人”。

在当时复杂的政治旋涡中，立下不世之功的王守仁并没有选择争名夺利，而是选择了急流勇退，让出了功劳。明世宗即位后，论功行赏，升他为南京兵部尚书，他却请辞回乡省亲。

嘉靖六年（1527 年），广西发生叛乱，总督平叛失败，朝廷急召王守仁前往。王守仁前往之后，贼首慑于他的威名，纷纷投降，并帮助他攻打其他叛贼，局势得以平定。

王守仁终成立德、立功、立言三不朽的圣人。他曾在剿匪立功初期说过，“破山中贼易，破心中贼难”。人心中的贪欲恶念，就是心中贼。他还说，“无善无恶心之体，有善有恶意之动，知善知恶是良知，为善去恶是格物”。格物致知最高的道理还是“事上练”，知行合一是最重要的本质。

在 2019 年春季学期中央党校（国家行政学院）中青年干部培训班开班式上，习近平总书记强调，武装头脑、指导实践、推动工作，落脚点在指导实践、推动工作；学懂弄通做实，落脚点在做实。要牢记空谈误国、实干兴邦的道理，坚持知行合一、真抓实干，做实干家。干部要面对大是大非敢于亮剑，面对矛盾敢于迎难而上，面对危机敢于挺身而出，面对失误敢于承担责任，面对歪风邪气敢于坚决斗争，做疾风劲草、当烈火真金。干部成长无捷径可走，经风雨、见世面才能壮筋骨、长才干。要做起而行之的行动者、不做坐而论道的清谈客，当攻坚克难的奋斗者、不当怕见风雨的泥菩萨，在摸爬滚打中增长才干，在层层历练中积累经验。

第四章

敢于担当篇

“元辅良臣”： 张居正

盖天下之事，不难于立法，而难于法之必行。

——《请稽查章奏随事考成以修实政疏》

习近平总书记在党的十八届四中全会第二次全体会议等场合，在谈到依法治国的问题时，多次引用了张居正的“天下之事，不难于立法，而难于法之必行”。习近平总书记在省部级主要领导干部学习研讨班等场合，谈到改革的问题时，多次引用张居正的“审度时宜，虑定而动，天下无不可为之事”。习近平总书记在中央政法工作会议等场合，多次引用过张居正的“治理之道，莫要于安民；安民之道，在于察其疾苦”。这些都是在强调治国理政者的责任就是解决百姓困难，让人民安居乐业。

张居正敢于改革、勇于担当、不惧危险、力挽狂澜，解救明王朝于水火。

隆庆元年（1567 年），张居正四十三岁，任礼部尚书、武英殿大学士，正式进入内阁。经过二十年的摸爬滚打，张居正终于进入明朝的最高权力机构。

进入内阁之后，张居正的压力更大了。那时候的明朝，正处在危机四伏的境地。各地官员兼并土地，百姓四处流散，草寇揭竿而起；国库空虚，难以维持用度；南方少数民族土司争斗夺权，北方鞑靼不断入侵中原，东南沿海倭寇屡犯边境。内阁大臣之间因为权力也在相互斗法，此时的首辅是徐阶。

第二年，徐阶病退，高拱重回内阁，成为首辅。隆庆六年（1572 年），高拱言语得罪了太后，被以专政擅权之罪驱逐回原籍。如此一来，张居正成了首辅，从此他拉开了十年励精图治的帷幕。

张居正在内阁，掌控的是全国的时局，内忧外患无不牵挂于心。隆庆四年（1570 年），北方的鞑靼首领俺答汗进攻山西大同，朝野正人心惶惶。张居正得到消息，俺答汗的孙子把汉那吉因为喜欢上姑母女儿三娘子，而俺答汗也看上了三娘子，并且准备据为己有。把汉那吉一怒之下，负气出走，想要带着家人投靠明朝。

张居正觉得这是一个和俺答汗谈条件的好机会，他命当地官员好生照顾这个离家出走的失恋小青年。然后，马上修书一封给俺答汗。大概内容是：我们大明的法律，凡是取得敌对外族首领或者子孙的首级的，赏黄金万两，封万户侯，世袭爵位。我不是不想杀了你的孙子以邀功请赏，但是你这人向来讲义气，这又是你的亲孙子，我实在是不忍心杀掉。

张居正一方面积极备战，另一方面以把汉那吉为人质和俺答汗谈判，俺答汗终于妥协。张居正大张旗鼓风风光光地把把汉那吉送回去，俺答汗很是感动，承诺再也不侵犯明朝边境，与明朝和睦相处，愿意向明朝称臣。张居正力排众议，请求皇帝封俺答汗为顺义王，并在边境开通贸易，从此北方得以安定。

张居正的改革从整顿吏治开始，他施行“考成法”，对庸碌懒政的官员给予严惩。当时，国库亏空，各地税赋十之八九不能如数上缴。张居正以税赋完成情况作为考核官员的标准，凡是税收达不到应收数目90%的，一律处罚。当年就有几十名官员受到降级和革职的处分。

施行“考成法”的第二年，国库收入435万余两，比原来每年的250万余两，增长了74%。财政收支相抵，竟然还剩余85万余两，一下子扭转了明朝长期财政亏空的局面。

张居正在政治改革中严惩腐败、赏罚分明。黔国公沐朝弼曾经立下过赫赫战功，但为人骄纵、罪行累累，按照法律，早就够杀头好几回了。考虑到他的功劳，朝廷一直对这事犹豫不决。张居正经过权衡，制定了解决方案。他建议万历皇帝改让沐朝弼的儿子提前承袭爵位，然后派人捉拿沐朝弼。见到官兵，沐朝弼知道朝廷已经对他格外开恩了，也就没有反抗，顺从被捕。将沐朝弼押解回京之后，张居正免了他的死刑，将他终生软禁在南京。

当时的明朝，草寇横行、盗贼四起，甚至连政府的官库也经常被抢，地方官员害怕被处罚，往往隐瞒而不上报。张居正下达命令，凡是对盗抢事件隐瞒不报者，哪怕是得过嘉奖的清官廉臣也一律撤职，绝不姑息。从此，地方官员不敢懈怠，大力打击抢劫犯罪，强盗一旦被抓到，当即斩首处决，并严厉惩处强盗的家人，在这样的高压态势下，盗抢事件大大减少了。

经济上他清查土地，实行“一条鞭”法，朝廷的赋税大大增加，也促进了商品经济的繁荣。

军事上，为了消灭东南沿海的倭寇，他大胆起用戚继光。戚家军以百战百胜的战绩，打得倭寇抱头鼠窜、哭爹喊娘，因此被誉为“十六至十七世纪东亚最强军队”。

张居正是万历皇帝的老师，对他的教育一直很严苛。万历帝小时候，学习功课稍有错误，就会被张居正严厉训斥。张居正之所以这么大胆，并不是因为他执教严格，也不是他目无君上，而是这在明朝是理所当然的，皇帝的老师都是这样。因为朱元璋开国之后就立下了规矩，每个皇帝都要经过严苛的教育。

有一次，万历帝写了一幅书法，自认为不错，拿给张居正看。张居正淡淡地夸了他几句，万历帝兴奋异常，继续研习书法。没想到，几天之后，张居正就取消了万历帝的书法课。他担心万历帝会像宋徽宗那样成为痴迷书法的文艺青年，荒废治国理政。可见张居正对万历帝的前途考虑长远，倾注了无尽的心血。

万历七年（1579 年），张居正改革已见成效，国库稍显充足。万历帝经过一番激烈的心理斗争，终于鼓足勇气向张居正开口索要黄金十万两，用于祭祀、朝会、宴请等事项的花费。

张居正想都没想就拒绝了，他语重心长地说：“陛下，咱们的国库现在收支平衡、勉强维持，万一哪里有旱涝天灾或造反战乱，咱们怎么办?”

万历帝很明事理，马上表态：不要了。

张居正却趁热打铁，跟皇帝建议节省一切没有用处和意义的花费。因此，不仅这十万两没给，还撤掉了宫中上元节的花灯费用。后来，他还建议停止了皇宫的装修，削减了宫中的服装费。为了节省灯火钱，他还把皇帝的晚课调到早上。

他自己以身作则，因为编修了先帝实录，按惯例应该赏赐御宴，他主动提出免除，说："一顿御宴就要花费几百两黄金，以后免除此事，也是一种节约的途径。"

张居正对家人的要求也很苛刻，他的弟弟生病，回老家去养病。保定巡抚破例给发了使用沿途驿站的证明文件，张居正马上给还了回去，并附了一封信说："要为朝廷执法，就不能不以身作则。"张居正的父亲去世，按照规定，他要回家守孝三年，可当时正值改革关键时期，他若离开，守旧派必定会卷土重来，改革将功亏一篑。所以，他选择了让皇帝"夺情"，继续在朝主持大局。

张居正长期带病坚持工作，日夜辛劳、不敢懈怠，终于劳累过度，病倒在岗位上。病重的三个月间，他还处理了蒙古叛乱、浙江兵变，维护了明朝的安定。

万历十年（1582 年）六月，明朝的改革家张居正永远地闭上了眼睛。

梁启超说"他是近三百年大明史上唯一的政治家"；《万历十五年》的作者史学家黄仁宇在写到张居正去世之后，明朝面临的危局时感慨道："世间已无张居正！"

世间有此张居正，是明朝之福，是万历皇帝之福，更是百姓之福。

习近平总书记在广东考察工作时指出："我们要坚持改革开放正确方向，敢于啃硬骨头，敢于涉险滩，既勇于冲破思想观念的障碍，又勇于突破利益固化的藩篱。"

2018 年 4 月 10 日，习近平主席在博鳌亚洲论坛的开幕式上发言："四十年来，中国人民始终上下求索、锐意进取，开辟了中国特色社会主义道路。中国人民坚持立足国情、放眼世界，既强调独立自主、自力更生又注重对外开放、合作共赢，既坚持社会主义制度又坚持社会主义市场经济改革方向，既'摸着石头过河'又加强顶层设计，不断研究新情况、解决新问题、总结新经验，成功开辟出一条中国特色社会主义道路。中国人民的成功实践昭示世人，通向现代化的道路不止一条，只要找准正确方向、驰而不息，条条大路通罗马。"

具有担当气魄的王安石

飞来山上千寻塔，闻说鸡鸣见日升。不畏浮云遮望眼，自缘身在最高层。

——《登飞来峰》

习近平总书记在2017年春节团拜会上的发言中引用了宋代王安石的一首诗：飞来山上千寻塔，闻说鸡鸣见日升。不畏浮云遮望眼，自缘身在最高层。

习近平总书记在省部级主要领导干部学习贯彻党的十八届三中全会精神全面深化改革专题研讨班上的讲话中引用了“立善法于天下，则天下治；立善法于一国，则一国治”，这句话出自王安石的《周公》。

习近平总书记曾提到，古人早就总结出“宰相必起于州部，猛将必发于卒伍”这一规律。他举的例子之一就是王安石。

王安石，北宋著名的思想家、政治家、文学家、改革家，唐宋八大家之一。他最明显的标签就是“王安石变法”。

宋朝建立之后，大兴科举和“恩荫制”，就是只要官员有功劳，他的子孙就可以免试入朝为官。为了限制权力过大，一职多官的情形非常常见，这样就形成了臃肿的官僚体系。为了稳定社会秩序，抵御北方的入侵，实行“养兵”政策，有一支庞大的职业军队。但是兵虽多，却不精，战斗力孱弱。到了宋仁宗的时候，军队达到125.9万人，国家的财政收入80%以上都用于军队的开销，使本来就不充足的国库更加捉襟见肘。一些必要的土木工程和河道治理，也需要不少的开支。冗官、冗兵、冗费，叠加在一起，造成了宋朝积贫积弱的局面。

熙宁元年（1068年），宋神宗即位。为了缓解和解决国内的严重问题，王安石提出了全面改革的建议。他认为国富民强，需要的是积极开源、扩大生产，而不是一味节流。钱是赚出来的，不是省出来的。宋神宗认可和采纳了王安石的主张，第二年，任命王安石为副宰相，开始了如火如荼的改革。

王安石的改革涉及政治、经济、军事、社会和文化各个方面，是继商鞅变法之后又一次规模巨大的社会变革运动。

王安石之所以能够制定出全面的改革方案，是因为他长期在各级地方政府任职，积累了大量的实践考察经验，深刻了解症结所在，才能够对症下药，取得立竿见影的效果。

王安石二十一岁中进士，经过短暂的过渡，朝廷准备调他进京任职，他却推辞了，主动要求去基层锻炼。于是，他被任命为浙江鄞县的县令。鄞县就是今天中国百强县之一的杭州省宁波市鄞州区。

王安石怀着为官一任，造福一方的志向来到鄞县，他上任之后，马不停蹄开始实地考察，只用了十天的时间就走遍了全县十四个乡。他深入田间地头，进入百姓家中，询问他们的疾苦冷暖，听取他们的切身感受，最后他把这些意见汇总起来，根据轻重缓急，逐个解决。

鄞县最怕干旱，抗旱成为首要问题。百姓常常因为干旱而粮食减产或绝产。第二年，青黄不接的时候，家里就断粮了，为了活下去，只能向地方豪门大户借高利贷，到了秋收的时候，所获得的钱粮，有时不够偿还贷款。于是，只能破产卖地，从此沦为佃户，或者流落外地。

王安石一面带领百姓兴修水利，一面把政府的钱粮借给百姓，象征性收取利息，帮助他们渡过难关。他的这个做法，触动了当地豪门大户的利益，这些人怀恨在心，屡次暗中破坏水利工程。王安石经过详细调查，不仅惩治了这些土豪劣绅，还挖出了他们在县衙的后台保护伞，一并严厉查处。

水利工程完成之后，鄞县的田地基本可以旱涝保收。王安石接下来开始主抓全县的教育问题，因为鄞县竟然没有官办的学堂。一个没有教育的县，不可能有进步和发展。他马上着手筹建了当地的第一所官办学校——鄞县县学。建好学校只是兴办教育的一小步，最重要的是师资，为孩子们找到好老师，成为王安石的头等大事。

经过大家的举荐，王安石亲自出马，挨个去请当地德才兼备的有识之士。最终，他用自己的诚意，为县学找来了五位老师。从此，鄞县的教育从无到有，走向了正规化、系统化，为鄞县的未来带来了希望。

王安石在鄞县四年，敢于创新，尝试改革，取得了很好的效果，这也为他日后搞全面改革，奠定了第一块基石。

王安石在宋朝推行全面改革，主要体现在经济、军事和吏治几个重要方面。

经济方面，以青苗法和募役法为主。

青苗法是在每年二月到五月青黄不接时，由官府给农民贷款、贷粮，每半年取利息二分或三分，分别随夏秋两税归还。本来这笔业务被地方豪门大户把持，他们的高额利息往往让百姓只能卖地偿还。失去土地的农民，成为流民，久而久之就形成了社会不安定因素。朝廷为了维护社会的平稳，就把这些流民补充到军队里，不仅加重了军队的负担，还拉低了战斗力。

王安石推进青苗法，大大增加了国库的财政收入，减轻了豪门大户对农民的剥削，缓解了社会矛盾，促进了农民生产的积极性。而这些豪门大户，大多数都是官员的家族势力，因此王安石也基本把官员都得罪了。

募役法又叫免役法，把按户轮流服差役的制度改为由官府雇人承担，不愿服差役的民户则按贫富等级交纳一定数量的钱，称为免役钱。这个举动，对官僚家族和地主阶级产生了很大的影响。本来这些富豪大户都因为有官员家属身份或功名而免除差役，这个法令，相当于取消了他们的这项特权，按照贫富等级交钱，他们反而需要交更多的免役钱。这切实影响了官员们的利益，他们对王安石更加不满。

军事方面，主要实行保甲法，将乡村民户加以编制，十家为一保，民户家有两丁以上抽一丁为保丁，农忙时劳作，农闲时集中接受军事训练。这种类似民兵组织的方法，可以加强地方治安，为军队储存优秀的后备力量，节省了大量的训练费用。他还通过裁兵法、将兵法、保马法等一系列法令，提高军队士兵素质、增加了战马数量、提高了军队战斗力。

吏治方面，改革科举制度，颁布贡举法，废除明经科，而进士科的考试则以经义和策论为主，增加法学。这个改革为宋朝选拔了大批有治国之道和真才实学的青年力量，而且通过增加法学科目，让学子掌握法律条例，既有利于普法工作，也为学子日后遵纪守法、清正为官打下了良好的基础。他还整顿太学，以平日考核代替科举制度，注重真实学时和长期表现。还开设武学、医学、法学等专科学校，培养专业人才。他还重视对基层干部的培养和提拔，许多地方的中下级勤政务实的官员都获得了擢升的机会。

王安石的变法改革，为宋朝富国强兵起到了非常显著的效果。国家财政大大增加，宋神宗年间国库积蓄可供朝廷二十年财政支出，彻底扭转了贫困的局面；军事力量大大增强，改变了西北边境长期以来屡战屡败的被动局面。

熙宁六年（1073 年），在王安石的指挥下，宋军一举击溃吐蕃军队，拓展疆土两千多里，招降羌族三十多万军民，取得了一次多年未有的大捷，从而摆脱了西夏的压迫，并完全压制住了西夏，改变了战争格局。

王安石的变法改革，虽然仍有弊端，但无疑取得了显著的成效。他执法如山、严惩腐朽，对人对己都是高标准严要求。

他生活简朴、不修边幅，常常被当成官府里跑腿打杂的。他一生不曾纳妾，在那个年代，对于像他这样身居高位、才华横溢的人来说是极其难得的。据说有一次，他的夫人帮他纳了个小妾，他详细问了才知道那个女子是欠了官府的钱，卖身为了还债，王安石就给了她一笔钱，并把她送回家去了。

他还有个只吃一个菜的典故。有一次，家中仆人说王安石爱吃鹿肉丝，他的夫人问："你怎么知道的?"

仆人说："吃饭的时候，我发现他只吃鹿肉丝，其他菜一口都没动。"

夫人问："鹿肉丝放在哪里?"

仆人说："放在他面前。"

夫人笑着说："你明天换个菜放在他面前，把鹿肉丝放稍远一些。"

第二天，仆人照办，发现王安石依旧只吃面前的菜，包括鹿肉丝在内的其他菜一口不动。仆人不解，问夫人。夫人解释道："他吃饭的时候，满脑子想的都是工作，只要能填饱肚子就行，他根本不在乎吃什么。"

王安石夙夜为公、废寝忘食地推行改革，还要承受来自官员内部的攻击，远比商鞅当年的压力大。因为触动了庞大的官僚集团的利益，成为众矢之的的王安石在不断的举报和弹劾中生存，在无尽的谩骂和威胁中前进，但他从来都没有退缩和放弃。

对于王安石变法改革的精神，有一种贴切的评价，叫“三不足”，即“天变不足畏，祖宗不足法，人言不足恤”，意思是：对自然界的灾害不必畏惧，对前人制定的法规制度不应盲目效仿，对流言蜚语无须顾虑。

王安石为了中兴大宋，他敢于担当、大胆改革、鞠躬尽瘁、死而后已。

2018 年 11 月 26 日，习近平总书记在中共中央政治局第十次集体学习时的讲话中指出，干部敢于担当作为，这既是政治品格，也是从政本分。党的干部要以对党忠诚、为党分忧、为党尽职、为民造福的政治担当，以守土有责、守土负责、守土尽责的责任担当，面对大是大非敢于亮剑，面对矛盾敢于迎难而上，面对危机敢于挺身而出，面对失误敢于承担责任，面对歪风邪气敢于坚决斗争。把敢不敢扛事、愿不愿做事、能不能干事作为识别干部、评判优劣、奖惩升降的重要标准，把干部干了什么事、干了多少事、干的事组织和群众认不认可作为选拔干部的根本依据。

骨鲠之臣：萧瑀

疾风知劲草，板荡识诚臣。

——《赐萧瑀》

2015年4月21日，习近平主席在巴基斯坦议会的演讲中提到“疾风知劲草，烈火见真金”，来形容巴基斯坦对中国人民的深切情谊。“疾风知劲草”出自唐太宗李世民的《赐萧瑀》，原文是：疾风知劲草，板荡识诚臣。勇夫安识义，智者必怀仁。意思是：在猛烈狂疾的大风中才能看得出是不是强健挺拔的草，在激烈动荡的年代里才能识别出是不是忠贞不贰的臣。一勇之夫怎么懂得为公为国为民为社稷的正义的道理，而智勇兼具的人内心里必然怀有忠君为民的仁爱之情。

萧瑀是一个传奇人物，他是南朝梁明帝的儿子，又是隋炀帝的小舅子，后来又做了唐朝的宰相。

萧瑀九岁的时候，被父亲梁明帝封为新安王，他的姐姐嫁给了隋朝晋王杨广，他随姐姐到了长安。杨广登基成为隋炀帝，萧瑀的姐姐成了萧皇后，他就成了国舅爷。

萧瑀从小很讲孝道，勤学上进、爱好书法。成年以后一表人才，拥有一流的学识和人品，隋炀帝因此封他为内史侍郎。隋炀帝的母亲独孤皇后很喜欢他，把侄女嫁给了他，而李渊是独孤皇后的亲外甥，萧瑀就成了李渊的妹夫，李世民的姑父。

萧瑀性格耿直、敢于直谏，对于姐夫隋炀帝的骄奢无道、荒淫无度，经常上书劝阻。有时候，甚至当面指责隋炀帝，搞得隋炀帝很没面子，大为恼火，对这个小舅子的好感全无。

隋炀帝爱出行，每次出行都耗费大量的人力财力，萧瑀多次劝谏，隋炀帝充耳不闻。大业十一年（615 年），隋炀帝又出行了，这次他选择巡行北方边境。突厥可汗通过内线得到了这个消息，亲率几十万精锐铁骑奔赴边塞，准备袭击俘虏隋炀帝。隋炀帝退到雁门，而雁门是一个小城，倘若突厥攻击，必然坚守不了多久。众大臣议论纷纷、人心惶惶。

萧瑀冷静思考，提出了建议，他说："陛下，依照突厥的习俗，可汗的正妻可以参与政治军事大事，义成公主是以大隋皇帝的女儿的身份嫁过去的，现在已经是可汗的正妻了。如果派使者把这件事报告给她，她一定会想办法帮我们解围。另外，将士们私下议论陛下平息突厥，还要再征讨辽东的高丽，没完没了的征战让他们有了懈怠的情绪。如果陛下能下诏说赦免高丽，不再攻打，只攻打突厥，那么将士们心中有了希望，就一定会奋勇作战了。"

隋炀帝觉得他的计谋很有可行性，于是就采纳了。暗中派使者传消息给义成公主，义成公主就制造了一个假情报，说突厥的边境有敌人侵犯，突厥可汗信以为真，马上撤军回防。隋炀帝全身而退，安全回到国内。

其实，隋炀帝心里一直盘算要征讨高丽，脱离险境之后，他就后悔听从萧瑀的建议了，心中不免对萧瑀产生了怨恨。

他生气地对大臣们说："一个小小的突厥能把朕怎么样？萧瑀就是趁机吓唬我。"

于是，隋炀帝把萧瑀调到河池郡任太守。萧瑀上任之后，发现当地匪患贼寇猖獗，官吏束手无策，百姓的安全得不到保障。萧瑀招募当地的勇士，组织训练，一举大败贼寇，获得财物无数，都赏给了有功的战士们。他还帮助李世民击败了薛举的几万叛军，保护河池百姓安居乐业。

后来，隋炀帝被战事所迫，带领萧皇后等人南撤到了江都，从此再没能返回关中。

萧瑀和李渊同朝为官，相处得很好，加上有亲戚关系，两人更加亲近。

李渊的儿子李世民带领部队到河池，和萧瑀一同抗击薛举，萧瑀和妻子设家宴款待。酒过三巡，李世民举杯敬酒道："姑姑、姑父，小侄出发之前，家父修书一封，请姑姑、姑父赴京共商朝政。"

萧瑀接过李世民的信，当场拆开，原来是李渊认为萧瑀有雄才大略，邀请他去京师，共同治理国家。

萧瑀动情地说："山河破碎，社稷危险，救世明主已经出现，我怎么敢违命呢？"

宴会结束之后，萧瑀马上给李渊回了信，派人快马加鞭送往长安。他把军队全部交给李世民，自己和家人收拾了行装，即刻启程，赶往京师。

李渊对萧瑀的到来，喜出望外，封萧瑀为光禄大夫、宋国公，拜为户部尚书。之后，萧瑀长期任此职位。

萧瑀为官勤政爱民、孜孜不倦，对于唐高祖李渊的一些不恰当的政令和行为，继续执行超强纠错功能。然而，李渊是一个明君，对他提出的好建议都予以采用，并亲笔写诏书说："爱卿的意见，有利于国家社稷，朕很欣慰，也很珍惜，赏赐您的黄金，请切莫推辞。"

有一次，唐高祖下达了一份诏书给萧瑀。萧瑀阅读之后，发现几处内容和现实不符，就暂且压下，没有执行。

按照当时的规定，在执行皇帝命令过程中，如果发现不妥之处，臣子有责任向上奏明，加以改正。

所以，萧瑀此举完全合规，没毛病。但是，唐高祖知道之后，还是有些不高兴，就把萧瑀叫来，问他为何不下发他的诏令。

萧瑀说："在隋朝的时候，我做内史侍郎，接到的诏令经常前后矛盾，各级官员不知道该执行哪个。我大唐创立之初，每一个诏令都关乎着社稷安危，所以，我每接到一个诏令，必定会与前面的诏令，以及实际情况进行反复核对，只有前后统一，与实际相符，我才能下发执行。这份诏令，有几处我还没有复核清楚，所以就滞留了下来。"

唐高祖听完之后，很是感动，说："大唐有你这样的臣子，我还有什么可担心的呢!”

武德九年(626年),唐高祖的儿子李建成和李世民的争斗日益激烈,而唐高祖偏向李建成,打算传位给他。萧瑀认为李世民更为贤能,应当让其继位。当年八月,发生“玄武门之变”,李世民取得了胜利。

李世民即位之后,因为认可萧瑀的才能和人品,以及在立储之争中得到过他的支持,就拜他为宰相。

萧瑀本性不改,爱直谏的性格始终如一,经常和唐太宗或者大臣因为分歧而争吵。论口才和辩论,他学识渊博、经验丰富、胆大心细,很少有人是他的对手。

唐太宗是宽容大度的君主,他是可以容忍大臣的顶撞和反对的,所以,他的朝代诞生了几位敢于直谏的贤臣,传为千古佳话,但是说到谏臣里的传奇,非萧瑀莫属。他就因为这张嘴,曾经六次拜相,又六次被罢相。

萧瑀为官讲原则、重规矩、刚正不阿,不会圆滑处事,更不会曲意迎合。屡屡顶撞唐太宗,和同事之间关系也很紧张。

有一次,在朝上论事,萧瑀和陈叔达两人意见不合,竟然当着唐太宗的面吵了起来。唐太宗起初好言相劝,两人不但不听,反而吵得更厉害了,甚至撸胳膊挽袖子,想要大打出手。终于惹恼了刚刚登基不久的唐太宗,满朝文武大臣皆在,让皇帝颜面何在?

唐太宗用力地拍了下桌子,愤怒起身离开。满朝文武吓得不敢作声,萧瑀和陈叔达也停止了争吵,面面相觑,心里不免忐忑。

随即，唐太宗传出一道圣旨：“萧瑀、陈叔达身居相位，然言语失态，皆有对皇上不恭之罪，一并罢免所有官职，回家闭门思过。”这是萧瑀第一次被唐太宗罢相。

萧瑀本就是心高气傲之人，他的直谏和争吵都是为了大唐社稷，从未有过私心，被唐太宗罢官，心里很是生气，悲伤过度的他一病不起。唐太宗听说他病了，不免自责，后悔一时冲动气病了他，马上又下了圣旨，任命萧瑀为太子少师。萧瑀病情好转之后，立即去皇宫里谢恩，唐太宗又把女儿许配给了萧瑀的儿子，从此他和唐太宗又成了亲家。

之后，萧瑀又经过几次起起落落，进进出出。萧瑀最后一次被罢官后启用的时候，已经是七十多岁的老人了，唐太宗恢复了他的宋国公，还加授金紫光禄大夫，又加“特进”，这是授予公侯中有特殊地位之人的。萧瑀的姐姐刚刚过世，他的情绪很是低落，那时候，唐太宗身体不好，在玉华宫疗养，就让萧瑀也搬过去，这样君臣相伴，不会寂寞，可见唐太宗对萧瑀的关怀和爱护。

萧瑀到了玉华宫，病情逐渐加重，几天之后，就撒手人寰了。

萧瑀一生不贪财不好利。他在隋朝为官的时候，隋炀帝赏赐了他很多田地、宅院，加入大唐的时候，他把这些都交给了李渊，用以分给有功之臣。后来，李渊为了奖励他，把这些田地、宅院都还给了他，他只留下了一座宗庙，用作祭祀，其他全部分给了族人。

贞观十七年（643 年），唐太宗为了纪念一同打天下的各位功臣，命人在凌烟阁描绘了二十四位功臣的画像，萧瑀位列第九。

习近平总书记在中央全面深化改革领导小组第一次会议上强调，看准了的事情，就要拿出政治勇气来，坚定不移干。要充分调动各方面积极性，改革任务越繁重，我们越要依靠人民群众支持和参与，善于通过提出和贯彻正确的改革措施带领人民前进，善于从人民的实践创造和发展要求中完善改革的政策主张。

智勇双全的李广

其身正，不令而行；其身不正，虽令不从。

——《论语》

习近平同志在《之江新语》中讲到提高干部的模范作用和人格魅力时，引用了《论语》中的“其身正，不令而行；其身不正，虽令不从”。

2017年，习近平主席出席“一带一路”国际合作高峰论坛开幕式并发表主旨演讲。引用了《史记》中的“桃李不言，下自成蹊”，来形容“一带一路”建设逐渐从理念转化为行动，从愿景转变为现实，建设成果丰硕。

这两句话，都是司马迁在《史记》中用来评价西汉名将“飞将军”李广的。

李广，出生在将军世家，他的先祖是秦朝名将李信，曾经率军灭掉了燕国。李家世代传习武艺，尤其精于射箭。

汉文帝时期，匈奴入侵，李广作为世家子弟参军入伍，由于他精于骑术，射箭更是百步穿杨、箭无虚发，每次出战，都会射杀很多敌人，因此被任命为汉中郎。

李广曾短暂留在汉文帝身边，在随从和出征中，他勇斗野兽、冲锋杀敌，受到了文帝的高度赞扬，说："真是可惜了你这一身好本领，生不逢时啊，如果你生在高祖时代，定能封个万户侯的！"

这个时候的时局，相对于秦末汉初时期，的确没有那么多可立战功的机会但也并不是没有战事，除了南方的一些较小的民族骚乱，最大的敌人就是匈奴。

汉景帝即位后，为了加强了中央集权，开始逐步实行"削藩"，因此和地方诸侯的矛盾日益激化。终于吴王和楚王联合其他五国，发动了"七国之乱"。叛军纠结了三十多万的军队，并和匈奴等外族相勾结，向汉朝的中央进发。叛军在初期屡战屡胜，一路顺畅。

汉景帝派太尉周亚夫领兵抗击叛军，李广作为骁骑都尉，随军出战。李广作战英勇，在昌邑城夺取叛军军旗，立下了战功，这让他一鸣惊人。他还救了汉景帝最宠爱的弟弟梁王，深受梁王感激和褒扬。为此，梁王亲自授予他将印，以表彰他的勇敢。这件事传到朝中，本来打算重重封赏李广的汉景帝大为恼火——私下收受诸侯的分封乃官场大忌。李广作为一名带兵打仗的武将，忠诚是皇帝考虑的第一要素，他私下接受梁王的将印，令汉景帝对他的忠诚度产生了猜忌。

平叛了"七国之乱"，汉景帝大悦，对将士们论功行赏。李广却因为将印之事，功过相抵，没有得到任何奖赏，就连他的很多下属都一举超越了他的级别。汉景帝知道他并无二心，这样做，除了心里不爽，更重要的是要以儆效尤。

李广志在保国安民，对于这次的事件，并没有太过沮丧。吃一堑长一智，毕竟还年轻，以后还有大把建功立业的机会。

李广调任上谷太守，为了早日解决匈奴的祸患，他每天都会主动出击和匈奴交战。

主管属国事务的官员公孙昆邪哭着向汉景帝汇报说："李广勇猛无敌，天下无双，但是他太自信太冲动，每次都亲自上阵与匈奴展开肉搏，长此以往，恐怕早晚会失去这个良将啊!"

于是，汉景帝调他为上郡太守。后来，匈奴入侵到了上郡，汉景帝派了亲信宦官帮助李广训练军队，抗击匈奴。有一次，宦官带领几十个骑兵去考察地形。未料想和三个匈奴人遭遇，双方展开交战，未曾想这三个匈奴人箭法奇准，把汉军几十名骑兵全部射杀，宦官受伤逃了回来。

李广听完宦官惊魂未定的讲述，判断这三人应该是匈奴的射雕人，如果不除，隐患极大。于是，李广亲率一百多名骑兵，沿路追赶。这三人是步行，李广追出大营几十里之后，终于发现了他们的踪迹。

李广分兵左右包抄他们，自己直接迎上，并和他们拉弓对射。最终，李广射杀了两人，俘虏一人，自己则毫发无损。正当他们要把俘虏带回去的时候，匈奴的援兵杀到了，浩浩荡荡有几千名骑兵。

匈奴骑兵发现李广他们只有区区百人，担心他们布了埋伏、诱敌深入，于是停在不远的山头上，观察他们的动向。

李广手下的骑兵大为惊慌，认为难逃一死。李广经过冷静的分析和推断，劝大家不要慌。

李广说："咱们只有百人，距离大营几十里，如果现在撤退，他们一定会追击，咱们就必死无疑了。现在，他们没有冲过来，而是在观望，说明他们怀疑咱们有伏兵，不敢轻举妄动。所以，我们要装成真有伏兵的样子，他们绝不敢过来！"

李广命令手下不退反进，径直走到距离匈奴骑兵大军二里之处，停了下来。他又吩咐手下，卸下马鞍，解下铠甲，大家随便坐卧。

士兵们大为不解，恐慌地问："如果他们冲过来，我们连还手的机会都没有了。"

李广说："即使我们严阵以待，一旦交手，同样是没有活路，不如孤注一掷，赌上一把！"

李广和手下纷纷下马，随意休息着。匈奴兵更加疑心，就派出一名白衣将军查看虚实。李广见状，带着几名手下，轻装出击，迅速射杀了这名将军。然后，回到原地，继续下马休息。匈奴大惊，再不敢轻率动手。

天黑之后，匈奴军担忧汉朝伏兵趁夜色偷袭，就偷偷撤退了。第二天，李广看匈奴已撤，就不慌不忙地带着手下回到了大营。

几年之后，李广作为将军，带兵攻打匈奴。由于匈奴单于得知了李广的行程，派重兵围攻李广所在队伍，并下令活捉李广。因为，李广的名声太大了，匈奴单于想收服他，为己所用。

李广经过浴血奋战，最后，因敌众我寡，受伤被俘，军队也损失惨重。匈奴军捉到了李广，急忙回去邀功。他们把受伤昏迷的李广放在绳子结成的网上，用两匹马抬着他。一路上，李广佯装已经死了，匈奴兵就放松了看守和警惕。他发现旁边有一个匈奴兵骑了一匹好马，而且马上还有弓箭武器，他就瞅准时机，突然一跃而起，夺过马匹，飞驰而去。

匈奴兵在慌乱中反应过来，迅速追赶，李广边跑边回头射箭，射杀了十几个骑兵。最终，李广逃过了匈奴兵的追杀，回到了大营。

由于军队损失惨重，李广作为主帅被俘虏，有失大汉尊严，按律应当斩首，考虑到他曾立战功，就罚了他一笔钱，将他贬为庶民。闲下来之后，他帮助百姓清除虎患，无论多么勇猛的老虎，遇到他都难以逃脱。

几年之后，匈奴入侵辽西，打败汉朝军队，将军撤退到右北平后战死。皇帝急召李广回朝，任右北平郡太守，抵御匈奴。李广上任后，率军和匈奴作战，匈奴军伤亡惨重，都称呼他为“飞将军”。在李广的威名下，匈奴在之后的很多年都不敢入侵右北平郡。

李广长期在边境地区任职，前后共历任七个郡的太守，时间跨度达四十多年。他体恤士兵、治军宽容，深受大家的尊敬和信任。李广性格内向，平时少言寡语。平时的爱好就是射箭，经常给大家传授经验和技巧，但是始终没有人能超越他。他射杀敌人的时候，必等到射程之内，有十足的把握才出手，力图做到一击即中，为此他经常身处危险境地，多次受伤。

他行军的时候，安营扎寨都会选择水草丰沛的地方，让所有的士兵和战马都能方便饮食和休息。他还有一个原则，那就是遇到缺粮少水的时候，只要有一个士兵没水喝，他就不喝，如果有一个士兵没饭吃，他也一口不吃。他关心下属、为人宽厚，士兵们都愿意追随他出生入死。

李广一生戎马生涯，对待自己的生活，要求很低。每次受到朝廷的赏赐，他都立即分给下属。他陆续在多个郡任太守，那时候，整个汉朝才六十多个郡，他也属于封疆大吏了。而他为官清廉，从来不曾置办任何产业，家中除了吃穿用度，并没有多余的钱财。

元狩四年（公元前 119 年），汉武帝任命卫青和霍去病为将军，率领大军出征。本来出征的名单里没有李广，而李广多次主动请命，汉武帝只好应允。但是，汉武帝偷偷嘱咐卫青："李广前去，一定会跟你申请当前锋，他年事已高，志气虽高，难免力不从心，就不要给他安排主要位置了。"

果然不出所料，李广多次向卫青申请为前锋，卫青因为有皇帝的嘱托，没有答应，把他分配到右将军的队伍中。李广由于没有向导，路上迷路了几次，行程远远落后于卫青的大军。

卫青则亲率部队出击匈奴，目的就是为了活捉单于。最后，任务失败，单于逃走，卫青大军在回撤的路上，遇到了李广的部队。卫青后来派人询问迷路的事，并带李广的部下去审问。

李广说："这件事跟校尉们无关，都是我的问题，我去接受大将军的审问。”

李广到了大将军府，对部下说：“我从青年开始，和匈奴作战七十多次，如今，这么大年纪，还能有幸随大将军出征，却偏偏迷路了，看来是老天爷不让我为大汉征战了！我已经六十多岁了，不想再承受刀笔吏口诛笔伐的侮辱了。”说完，拔刀自刎。军中将士得知李广自杀，大为震惊，都伤心痛哭。消息传出之后，百姓们无论男女老幼都为之流泪。李广的自杀源于羞愤，更有他敢于担当、勇于承受错误的一面。

习近平总书记在中共中央政治局第十六次集体学习时强调：“我们共产党人的忧患意识，就是忧党、忧国、忧民意识，这是一种责任，更是一种担当”，“要教育引导全党同志特别是各级领导干部坚持‘两个务必’，自觉为党和人民不懈奋斗，不能安于现状、盲目乐观，不能囿于眼前、轻视长远，不能掩盖矛盾、回避问题，不能贪图享受、攀比阔气。”

“铁包公”：包拯

根据中央统一安排，中央政治局常委在第二批党的群众路线教育实践活动中分别联系一个县，习近平总书记联系兰考县。在兰考县考察的时候，习近平总书记对县纪委副书记、监察局局长赵雪廷叮嘱道：“你肩上的担子很重，要当‘铁包公’，要对腐败‘零容忍’啊！”

早在20多年前，习近平同志在福建宁德工作时，就曾强调：“为官之义在于明法。”在《摆脱贫困》一书中，习近平阐述道：“无明法不足以正纲纪，无纲纪就不能护公正，张道义。”他引用的是北宋名臣包拯的名言：“法令既行，纪律自正，则无不治之国，无不化之民。”

2014年1月7日，习近平总书记在中央政法工作会议上的讲话中指出：“中国古代像包公、海瑞这样的清官，老百姓都推崇他们为‘青天’。包公曾经写过一首明志诗：‘清心为治本，直道是身谋。秀干终成栋，精钢不作钩。仓充鼠雀喜，草尽兔狐愁。史册有遗训，毋贻来者羞。’”

这首诗的意思是：端正思想是吏治的根本，刚直的品性是修身的原则。优质的大树终成栋梁之材，百炼的纯钢不能做用处不大的钩子。仓库充实那些鼠雀兔狐之辈可高兴了，如果没什么好处那些贪官污吏就发愁。在这方面历史上留下了许多的教训，不要做出使后人蒙羞的事情。

习近平总书记曾多次在不同场合号召领导干部学习包拯清廉的作风和优良的家风。

包拯，北宋名臣，是中国历史上清官的象征，他铁面无私、刚正不阿，被称为“包青天”。

包拯在宋仁宗年间考取进士，被任命为建昌知县——建昌就是今天的江西永修。因为包拯的老家在合肥，父母年事已高，包拯就上书请求在家附近任职，于是，他被任命为安徽和县的税务官。虽然离家不远，但是在那个年代的交通状况下，父母不想让他去。包拯就索性辞了官，在家安心照料父母。几年后，父母相继去世，包拯又守孝三年。在亲戚朋友的劝说下，才恋恋不舍地离开了父母的墓地。此时，距离他考中进士已经过去十年了。

庆历元年（1041 年），包拯任端州知府，端州就是今天的广东肇庆。此地有一物，举国闻名，就是砚台——中国有四大名砚，端砚排名第一。因为端砚珍贵，所以成为贡品。历任端州知府都要承担为朝廷督造贡品端砚的任务，但是，几乎每任官员都会趁机大捞一把，官员到手的端砚数量往往是贡品的几十倍。这些砚台成为官员迎来送往、巴结上级的高端礼品，这样的好东西，哪个官员和读书人会不爱呢？

包拯做了端州的一把手之后，却率先打破这种“潜规则”，只要求按照贡品的数量生产和征收。等到包拯任满回京的时候，当地官员和砚工都很敬重他的为人，想送他端砚为礼物，都被他坚定拒绝。最后，包拯一方砚都没有带走。这就是包拯“不持一砚归”的典故。他清廉公正，敢于打破官场的“潜规则”，这让他名声大振。

庆历三年（1043 年），包拯被任命为监察御史，这是专门查处官员违法违纪的职务。包拯对于官员的违法行为采取零容忍的态度，无论王公贵族还是高官大员，只要犯了错，他绝不姑息，一律上书弹劾。弹劾的官员太多，他因此得了个“包弹”的绰号。那段时间，朝廷官员人心惶惶，唯恐被“包弹”盯上。因为包拯这人不近人情，你想靠走关系、送钱财来腐蚀他，那是门儿也没有。官员们说普天之下只有两个人没有办法疏通，一个是阎王，另一个就是包拯。

被包拯弹劾的官员里，影响最大的是王逵，此人巧立名目、盘剥百姓，激起民愤，逼得百姓造反，他又武力血腥镇压，可谓是天怒人怨。但是，这个王逵和当朝宰相关系特别好，而且宋仁宗也很喜欢他，有人袒护，他就更加胆大妄为、有恃无恐了。包拯掌握了罪证之后，上书弹劾王逵，被皇帝拒绝。

包拯是一个正义而有执念的人，他一连七次上书弹劾王逵。最后一次，包拯实在忍无可忍，就公开指责宋仁宗说：“今天，你不听从忠言，不体恤百姓，执意任用酷吏，这对王逵一人来说是幸运，可对千万百姓来说是何等的不幸！”

包拯的一番话，振聋发聩、朝野上下议论纷纷，宋仁宗终于同意罢免了王逵。

包拯还弹劾了宋仁宗的老丈人张尧佐、宰相宋庠、舒王的女婿郭承祐等人。大宋官场被包拯弹劾的皇亲国戚、王公大臣有三十多人，不愧是名副其实的“包弹”。

包拯能够这样无所顾忌地弹劾贪官和庸官，除了自身廉洁无私，宋仁宗的宽容和开明也是尤为重要的，他容忍包拯的直谏，甚至是指责，难能可贵。

嘉祐元年（1056 年），包拯任开封知府。在这段时间里，他执法如山、爱民如子，留下了许多脍炙人口的故事，我们看到的影视剧，多数演绎的都是包拯这个时期的故事。事实上，包拯在开封任职只有一年多。虽然时间很短，但是包拯却仍旧为开封做出了巨大贡献。

包拯在开封，秉公断案、爱民如子，百姓安居乐业。他发现开封府在人员管理上有一个大问题，那就是除了正规的官员，还有六百多基层工作人员，也都在编制之内，食朝廷俸禄。但是，这些人长期在第一线工作，疏于管制，养成了诸多恶习。他们暗箱操作、狼狈为奸、敲诈勒索、中饱私囊，让百姓苦不堪言。包拯对他们施以严惩，撤销了他们大部分权力，并敞开了开封府的大门，百姓可以随时不经过讼师直接来告状，使这些官吏再也不敢欺压百姓。

皇帝宠信的太监为自己的家人在开封修建豪宅和花园，占据了惠民河的河道，增加了洪灾的隐患，这是关乎百姓生死存亡的大事。包拯完全不顾及情面，二话不说，直接派人强制拆除。百姓对此拍手称快，对包拯甚是钦佩。

包拯极重孝道，家风更是严格。他对家人的要求非常严格，曾经为子孙留下遗训：“凡包家的子孙，做官者如果贪赃枉法，不得再踏进包家的门，死了之后，不允许进包家祖坟。凡不听我话者，就不是我的子孙！”他还把家训刻在石碑上，时刻警示后代。

习近平总书记在参加兰考县委常委班子专题民主生活会时的讲话中强调，潜规则看起来无影无踪，却又无处不在，听起来悖情悖理，却可畅通无阻，成为腐蚀党员和干部、败坏党的风气的沉疴毒瘤。如果任其大行其道，我们的党风、政风、社会风气又谈何好转？破除潜规则，根本之策是强化明规则，以正压邪，让潜规则在党内以及社会上失去土壤、失去通道、失去市场。全党上下，任何一级组织、任何一名党员和干部都要严格遵守党的组织制度和党的法规纪律，对党忠诚，光明磊落，公道正派。

2001 年 10 月 15 日，习近平在写给父亲的祝寿信中说：“自我呱呱落地以来，已随父母相伴四十八年，对父母的认知也和对父母的感情一样，久而弥深。我从您身上要继承和学习的高尚品质很多。”“爸爸平生一贯崇尚节俭，有时几近苛刻。家教的严格，是众所周知的。我们从小就是在您的这种教育下，养成勤俭持家习惯的。这样的好家风我辈将世代相传。”

怀揣报国心的苏轼

天下之患，最不可为者，名为治平无事，而其实有不测之忧。坐观其变而不为之所，则恐至于不可救。

——《晁错论》

习近平总书记爱读书，典故名句信手拈来，他引用最多的典故非《论语》莫属，而他引用最多的古代名人是谁呢？答案是苏轼。习近平总书记引用苏轼的名句在七个以上，引用次数最多的句子是："天下之患，最不可为者，名为治平无事，而其实有不测之忧。坐观其变而不为之所，则恐至于不可救。"

习近平总书记如此青睐苏轼，和苏轼的为官理念密不可分。苏轼奉行以民为本、廉洁为首、勤政务实等，习近平总书记提出的好干部标准是信念坚定、为民服务、勤政务实、敢于担当、清正廉洁。在这一点上，他们的理念如出一辙。

习近平总书记在强调敢于担当方面引用了苏轼的"为国不可以生事，亦不可以畏事"；在信念坚定方面引用了"物必先腐，而后虫生"；在勤政务实方面引用了"天下之患，最不可为者，名为治平无事，而其实有不测之忧。坐观其变而不为之所，则恐至于不可救”；在把握历史机遇方面引用了“来而不可失者，时也。蹈而不可失者，机也”。

苏轼，号东坡居士，北宋著名的文学家、书法家，唐宋八大家之一。这应该是大家对他最广泛的认知，实际上他多才多艺，不仅是诗人，还是美食家，著名的“东坡肉”，就是他发明的。当然，他还有一个重要的身份，那就是政治家。

苏轼从踏入官场开始，先后在十四个州县任职，几乎踏遍了整个宋朝的疆域。苏轼为官，可不是吃吃喝喝、吟诗作赋混日子，而是勤政爱民，时刻怀揣一颗报国之心，即便是被贬偏远之地，也是情怀不改、不忘初心。

苏轼参加礼部科举考试的时候，主考官是大名鼎鼎的文人领袖欧阳修。欧阳修喜欢提携有才华的后辈，很多年轻人都因为受到他的推举而名扬天下。此时的欧阳修正试图改革科举考试，当他看到苏轼的文章《刑赏忠厚论》的时候，非常惊喜，马上评为第一，可又怀疑这篇文章是他的学生曾巩所作，因为曾巩也参加了这个考试。当时的考试，为了防止串通作弊，考生名字的部分都是用纸糊住的，欧阳修并不能肯定作者是谁。因此，他只有避嫌，把这篇文章改到了第二名。

复试的时候，欧阳修又看到一篇题目为《春秋》的文章，精彩绝伦。这次，他毫不犹豫地把这个列为了第一。事后，欧阳修才知道，这两篇文章的作者都是苏轼。欧阳修对他的同事梅尧臣说：“我的文章可比苏轼逊色一筹啊，他一定会出人头地！”

当时，欧阳修的文章和地位在文人中无人能及，众人以为他说的是爱才惜才的客气话。慢慢大家才发现，苏轼真的写一手锦绣文章，才华横溢，令人望尘莫及。

苏轼入仕为官之后，由于朝中改革之事党争激烈，他受此牵连，多次被贬，可谓起起伏伏。

苏轼在徐州任知州的时候，正赶上黄河泛滥，大水到了徐州城下，整座城随时有被洪水淹没的危险。城中的富豪大户，有马有车有钱，收拾东西争抢着出城逃避。而普通老百姓没粮没钱，逃出去也会饿死。

苏轼看到这种情况，马上宣布："如果富人都跑出城了，百姓们就会以为城守不住了，谁还会和我一起全力保卫徐州城呢？只要我在，就决不允许洪水淹没城池！"

苏轼下命令把逃出城外的富豪大户们堵截回来，让他们一起抗击洪水。苏轼还找到了守城部队的指挥官。

苏轼和指挥官说："虽然你是保卫城池的禁军，但是现在洪水滔天，情势危急，关乎整座城的生死存亡，请你和军队听从我的统一调遣，共同战胜洪水！"

指挥官看到苏轼满身污水，感动地说："您作为城里最大官，面对洪水的危险，都坚守城池，我们这些士兵，怎么敢退缩躲避呢？一定为大人效命！"

指挥官说完就命令全体将士放下兵器，拿起工具，跟随苏轼冲上了抗洪的第一线。他们在大雨中，不分昼夜地奋战，终于修筑起一道防卫的堤坝。等到堤坝完成合龙的时候，洪水距离淹没城墙只剩下三块砖的高度了。此时，大家才终于松了一口气，累得瘫倒在泥水里。抗洪期间，苏轼在城墙上过夜，路过家门的时候都没有进去，他明白洪水肆虐，刻不容缓。此刻，他也真正理解了大禹治水，三过家门而不入的艰辛和苦衷。

苏轼安排百姓轮班休息，并分配官员们负责防守的区域，而他是最后一个休息的。在他果敢处决、身先士卒的带领下，徐州城军民众志成城，终于战胜了肆虐的黄河水。保卫了徐州城，受到了朝廷的嘉奖。

苏轼在杭州的时候，造福百姓，兴修水利，疏浚西湖，率领二十万民众把西湖里的淤泥清理了出来，筑成了一道两千七百多米的南北长堤。后世为了纪念他的功绩，将其命名为“苏堤”。从此，苏堤风景如画，从南宋开始，一直到今天，“苏堤春晓”都是西湖十景之首。

在密州主持工作的时候，他平息盗寇，上书奏明盐业专卖对百姓生活的百害而无一利。

在登州的时候，他增加守军数量，并大力发展培训水军，加强了海防建设。

在扬州主政的时候，朝廷每年都会举办芍药万花会，劳民伤财，苏轼就上书朝廷请求取消这项华而不实的面子工程。

苏轼还曾被贬到广东惠州。在惠州，当地百姓听说过他的美名，对他很拥护，还请他吃当地的特产荔枝。苏轼是一个清官，只为百姓办实事，对贪污腐败深恶痛绝，只要他发现手下官吏受贿，就绝不姑息。所以，他本人生活一直很清贫。据说他在惠州的时候，买不起羊肉，就买剩下的便宜的羊骨头，浇上酒，用火烤，味道奇香，他因此发明了烤羊蝎子。

朝中看他不顺眼的大臣，知道他到了落后的岭南还生活得如此潇洒，很是气愤，又把他贬到了海南儋州。

到了儋州，苏轼有点发愁了，虽然他基本走遍了大宋朝的土地，但是这么贫困落后的地方，实在是让人震惊。他在来之前也有所准备，毕竟六十岁的人了，生死早已看透。他在给朋友的信里写：这次去海南，估计是很难活着回来了，我已经让家人先给我做了口棺材，选了块墓地，也有可能我直接死了就葬在大海边了。

既来之则安之，苏轼的乐观主义精神再次爆发，他写下诗句“我本儋耳人，寄生西蜀州”，意思是：我本来就是儋州人，只是出生在四川而已。可见他已经把儋州当作自己的家乡了。既然回了家，自然要建设家园。当时，苏轼的职务虽然是琼州副知州，但是在儋州工作，还不能住官舍，还好他动手能力强，自己搭建了一个茅草屋。

当时的儋州百姓，饮水很不注意卫生，都是直接取河沟里的积水直接食用，所以常常患病。苏轼就带领大家打了很多口井，让百姓吃上了干净健康的水。

儋州的教育很落后，自从有科举开始以来，三百多年，从来没有走出过一个举人，更别提进士了。他开设讲坛，兴办教育。当地有一个教师叫姜唐佐，他教书认真，读书刻苦，就是屡试不中。姜唐佐听说苏轼在当地讲学，就过来倾听和帮忙。苏轼对姜唐佐很看重，亲自传授。很快，姜唐佐就中了举人，成为海南有史以来的第一位举人。

后来，苏轼被特赦，返回中原。姜唐佐北上参加进士会试，经过河南的时候，听苏轼的弟弟苏辙说，苏轼已经在路上去世了。姜唐佐万分伤心，决定不再参加会试，继续回到海南开展教育，把苏轼先生的教育之火延续下去。在姜唐佐等一代代人的努力下，经宋、元、明、清几朝，海南共出举人 767 人，进士 97 人。

苏轼在朝廷为官的时候，常给皇帝提劝谏之言。有一年，元宵佳节，宋神宗为了哄皇太后开心，就计划命人低价收购江浙一带的花灯，把宫廷装扮一番。正当宋神宗憧憬太后的笑脸的时候，苏轼不合时宜地泼了一盆冷水。

他说："陛下此举，是为了享受没必要的玩乐，来夺取百姓必要生活钱财的。"

宋神宗一下子被他弄得兴致全无，好在宋神宗不是残暴的昏君，思考一下，接受了他的建议，取消了计划。

苏轼在北归途中的江苏常州去世，享年六十五岁。宋高宗即位后，追赠苏轼为太师，宋孝宗时追谥"文忠"。

习近平总书记在党的十九大报告中指出："全党同志一定要永远与人民同呼吸、共命运、心连心，永远把人民对美好生活的向往作为奋斗目标，以永不懈怠的精神状态和一往无前的奋斗姿态，继续朝着实现中华民族伟大复兴的宏伟目标奋勇前进。"

拧天拧地拧皇帝的褚遂良

奢靡之始，危亡之渐也。

——《新唐书》

2014年10月8日，习近平总书记在党的群众路线教育实践活动总结大会上的讲话中提及“奢靡之始，危亡之渐”。这句话出自《新唐书》，是褚遂良向唐太宗的谏言。

这事发生在贞观十七年（643年），唐太宗李世民有个儿子叫李泰，被封为魏王。唐太宗对他非常宠爱，这个李泰各方面都很出色，唯一的缺点就是作风很奢靡。大臣们都知道他受宠，很可能成为皇位的继承人，都不敢劝谏，只是私下里议论纷纷。这些议论慢慢地传到了唐太宗的耳朵里。

唐太宗就问褚遂良：“有个事我一直很不解，古代的圣贤，舜造过漆器，禹雕琢过砧板，当时劝阻舜和禹的有十多个人，生活中常用的器物这种小事，大臣们为什么要苦苦相劝呢?”

褚遂良回答道：“雕琢之事影响农业生产，刺绣之事影响纺织产量，奢靡之风一旦开始，国家就慢慢走向灭亡了。漆器如果不禁止，就需要用金子和玉石来制造，如果刚开始不劝阻，等到这股风气蔓延开来，就无法阻止了。”

唐太宗很认同他的观点，从此对于儿子们的管束更加严格了。后来，唐太宗感慨道：“其实，讲好一个道理，是很需要学识的，遂良学识渊博，令人敬重。”

褚遂良不仅有治国之才，而且是著名的书法大家。他曾经担任谏议大夫，并且还兼任负责记录帝王言行的起居注的史官。

有一次，唐太宗很好奇，就问：“起居注到底是个什么东西呢？皇帝可以看吗？你都写些什么？可不可以给我看看呢？”

褚遂良劝阻道：“起居注，主要是记录皇帝的言语和行为，无论对错好坏，只尊重事实来记录，以此来警示皇帝不要做对国家社稷不利的事。但是，从来没听说过哪个皇帝看自己起居注的，这个不合礼仪。”

唐太宗紧张地问：“我的不好的言行，你们也都记录下来了？”

褚遂良说：“俗话说，坚守道义不如恪尽职守。我的职责就是记录皇帝的起居，当然把所有的言行都记录下来了。”

这时候，一旁的黄门侍郎刘洎说：“帝王的过失，就像日食、月食一样，全天下的人都看得见，就算褚遂良不记录，百姓们也会知道的。”

唐太宗从此再也不提这件事了，言语行为更加注意了，对自己实行高标准、严要求。

贞观十八年（644 年），唐太宗准备征讨辽东，攻打高丽，而且要御驾亲征。褚遂良马上出来反对，说：“陛下，您难道忘了隋朝是怎么灭亡的吗？隋炀帝一意孤行去讨伐高丽，两次失败，财力和兵力都消耗巨大，最终走向了覆灭。”

唐太宗问：“那依你的意思呢？”

褚遂良坚定地说：“不可远征，以防不测。”

唐太宗意气风发，没有表态，以无声表示了抗拒。

几天之后，褚遂良再次上书，给皇帝摆事实讲道理，他说：“我把古典史籍都查遍了，从古至今，从来没有皇帝亲征高丽的，都是派大将去攻打。”

唐太宗说：“那你觉得怎么办呢？”

褚遂良说：“我建议陛下派两员猛将，率五万大军出征即可。”

唐太宗这次没有采纳褚遂良的建议，求胜心切的他亲自带兵征讨高丽，结果大败而归。

在班师回朝的路上，唐太宗痛定思痛，很是懊悔。回到京城之后，第一件事就是提拔褚遂良为黄门侍郎，参与讨论朝政，让他时刻提醒和劝谏自己，少冲动少犯错。褚遂良成为唐太宗倚重的肱股之臣。

唐太宗有十四个儿子，他和长孙皇后的嫡子有三个，李承乾、李泰和李治。按照规矩和大臣们的建议，他立了嫡长子李承乾为太子。这个李承乾为人轻狂、胡作非为，唐太宗始终不是很喜欢他。后来，李承乾感觉唐太宗对弟弟李泰越来越亲近，担心被废黜，竟然效仿他老爹的“玄武门之变”，准备造反，提前登基。

可是，李承乾没考虑到唐太宗的斗争经验丰富，手下有很多能人异士。结果，李承乾还没来得及动手，就被唐太宗修理了。不过，唐太宗并没杀他，而是废黜了他的太子之位，将他发配到了边远的黔州。

接来下，唐太宗新的问题来了，废黜了一个太子，那就需要再立一个太子，按规矩，就应该轮到李泰了，而且他确实最喜欢这个儿子。他还给身边的大臣讲了一个令他感动的故事：昨天他告诉小青雀（青雀是李泰的小名），打算立他为太子。小青雀扑到他的怀里说："我到现在才成为陛下最亲近的儿子，今天就是我的再生之日。我只有一个儿子，等我死的时候，我一定为陛下杀了他，把皇位传给我的弟弟李治。"唐太宗当时就被他的话感动了，当即表示一定立他为太子。

褚遂良听完之后，毫不留情地打破了皇帝的美好憧憬，拆穿了李泰的谎言。他说："陛下，您就是皇帝，我请问您一下，这世上哪有皇帝为了传位于兄弟而杀死自己儿子的事呢？这是不可能的！"

唐太宗被他一语惊醒，冷静下来，思量了一番，觉得李泰心机深，而且杀心重，如果他当了皇帝，李承乾和李治这两兄弟的命就保不住了。这一点，他和褚遂良不谋而合，而且褚遂良还为他提了个两全其美的建议，那就是立李治为太子。

李治为人敦厚宽容，有容人的气度和胸襟，褚遂良认为李治继承皇位，定然会保全兄弟的性命，并会厚待他们。唐太宗当天就宣布了立李治为太子。

贞观二十三年（649年），唐太宗弥留之际，单独召见了太子李治、长孙无忌和褚遂良。

唐太宗语气沉重地说："当年汉武帝托孤于霍光，刘备托孤于诸葛亮，我死之后的事，就全都托付给你们了。"

然后对太子李治说："有长孙无忌和褚遂良在，国家之事，我就放心了。"

李治登基后对褚遂良很是敬重，封他为河南公，后又升为宰相，褚遂良的事业达到了顶峰。

几年后，褚遂良的人生出现了重大的危机。起因是唐高宗李治要废黜王皇后，立武则天为后。

一天，李治召朝中几位重臣商量这件事，几位大臣都持反对意见，但是都知道他极度宠幸武则天，心中有所顾忌，不敢直言。见皇帝前，褚遂良就决定开这第一炮，于是他说："我奉先帝遗诏辅佐陛下，如果不能尽忠，没有脸面去见先帝。所以，还是我来说吧！"

拜见了皇帝之后，大家都很忐忑，而李治是准备充分，理由也很强大。

他说："后宫最大的罪过，莫过于没有子嗣，皇后这么久都没有生育，而武昭仪却为我生了皇子，理应为后，众位爱卿觉得怎么样？"

褚遂良马上站了出来说："皇后系出名门，是先帝为陛下所娶，先帝去世的时候，把你们都托付给了我，陛下还记得吧？皇后从未犯错，怎么能说废后就废后呢？我是不会为了迎合陛下而违背先帝的遗命的。”

李治一听就不高兴了：这摆明是用先帝压我啊！但是，他又不好说出口，就百般解释，褚遂良坚决不动摇。

后来，褚遂良被逼急了，就说：“陛下，如果一定要改立皇后，也行，但是请另外选人！”

李治说：“为什么？朕就喜欢武昭仪！”

褚遂良说：“武昭仪侍奉过先帝，天下皆知，你若立她为皇后，天下人怎么看你？”

这句话说完，整个大殿都寂静了，其他几位大臣都为褚遂良捏了一把汗，因为这是李治的痛处，大家都不敢说出口。

李治被褚遂良说得面红耳赤、羞愤万分。

褚遂良既然已经犯了忌讳，索性豁出去了，就继续道：“臣愚钝，触犯了圣上的尊严，罪该万死，只要能不辜负先帝的恩德，我死不足惜。”说完他就把官帽摘了下来，还把上朝的手执玉牌放到地上。跪拜在地说：“这个官位还给陛下，请准许我告老还乡！”

李治勃然大怒，命令侍卫把褚遂良扔了出去。一直偷偷躲在后面的武则天气得大声喊：“怎么不杀了这个老家伙！”

最后，李勣说了句：“此乃陛下家事，不必问外人。”让李治找到了台阶下，就顺势封了武则天为后。

褚遂良因为违抗圣意，被贬潭州。后在武则天的报复下，始终颠沛流离，一直到死都没能再回到京城。

虽然武则天痛恨褚遂良，但是却很敬重他的忠心和担当，她在位的最后一年，为褚遂良平反。唐德宗下诏将褚遂良的画像置于凌烟阁中，肯定了他具有开国功臣一般的功劳。

2018 年 7 月 3 日，习近平总书记在全国组织工作会议上的讲话中指出，要信念如磐、意志如铁、勇往直前，遇到挫折撑得住，关键时刻顶得住，扛得了重活，打得了硬仗，经得住磨难，勤勤恳恳、任劳任怨，不图名、不图利，专心致志做好工作。如果这山望着那山高，觉得单位“庙小”了，岗位“屈才”了，三心二意、心猿意马，是不能把工作干好的。如果只能顺风顺水，不能逆水行舟，遇到困难就打退堂鼓，受到挫折就意志消沉，抗压能力弱，一遇事就崩溃，也是不能把工作干好的。

古稀之年平贼乱的龚遂

治乱绳，不可急。

——典出《汉书·龚遂传》

习近平同志在《摆脱贫困》中写道："许多青年干部走上领导岗位，有一股狠狠砍几'板斧'，扭转一下局面的虎劲。这种工作热情和想获得社会承认的动机是好的。但如果在情况不明、心中无数的时候，求成心切，操之过急，也容易违背科学，脱离实际。'治乱绳，不可急'，急于求成本身就孕育着失败的危险。"

"治乱绳，不可急"这句话典出《汉书·龚遂传》，原文是：臣闻治乱民犹治乱绳，不可急也；唯缓之，然后可治。意思是：我听说治理不守秩序的百姓如同理顺乱绳一样，不能着急；只能慢慢来，才会达到目的。

龚遂，西汉官员，为人忠厚、刚正不阿、敢于直谏、勇于担当。龚遂曾经是昌邑王刘贺的郎中令，这个刘贺就是即位二十七天就被罢黜的汉废帝，也是近两年考古界著名的海昏侯墓的主人。

刘贺在做昌邑王的时候，整日享乐、荒淫无度、离经叛道，龚遂对外批评辅佐大臣，对内规劝刘贺亲贤远佞。龚遂曾经当着众臣的面指责刘贺，言辞激烈、毫不留情，吓得刘贺捂着耳朵逃走，边跑边说：“郎中令太善于羞辱人了！”之后，刘贺和大臣们都很害怕龚遂，行为不端之事，都怕被他知道。

龚遂不遗余力地帮助刘贺纠正错误，刘贺每次都是满口答应，转身就和阿谀奉承他的奴仆花天酒地去了。

刘贺爱喝酒，喝醉之后就胡乱赏赐，从不知道收敛节制。龚遂气得眼泪都下来了，哭着从宫门口一路跪着爬了进去。

刘贺惊愕地问：“郎中令为什么哭啊？”

龚遂带着哭腔说：“请大王给我个机会，我想跟您单独谈一谈。”

刘贺就让左右侍从退下，让龚遂畅所欲言。

龚遂说：“大王可知道胶西王是怎么昏庸无道灭亡的吗？”

刘贺摇摇头说：“不知道啊！”

龚遂说：“我听说胶西王身边有个近臣叫候得，专门擅长阿谀奉承，胶西王的所作所为如同夏桀和商纣，而候得却认为他堪比尧舜。胶西王对候得的溜须拍马很受用，还与他吃住在一起，只听他的话，最终导致了灭亡。如今大王亲小人远贤臣，渐渐染上了各种恶习，这可是生死存亡的危机，您不能不谨慎啊。请允许我选择品德端正、真才实学的侍从郎官与您一同起居相处，希望您平时多诵读《诗》《书》，学习礼仪章法，对您会大有好处。”

刘贺被龚遂感动了，答应了他的请求。

龚遂空有一身本领，遇到这样的主子，算是时运不济吧！但是，刘贺的命运却很好，汉昭帝二十一岁去世，没有子嗣，经过大将军霍光等人的商议，这个皇位就落到了汉昭帝的侄子、汉武帝的孙子刘贺的头上。

刘贺接到让他继承皇位的消息的时候正值半夜，他在烛光下打开诏书，兴奋不已。马上安排收拾行装，第二天中午，刘贺就带着几十名亲近的官员出发了，一百三十五里的路，他不停催促，马都累死了好几匹，黄昏时分就到达了。

这一路，刘贺也没闲着，安排一个奴仆把沿途美貌的女子都抓起来，装到车里，准备带到皇宫里去。龚遂大惊，先帝刚刚驾崩，刘贺就这样，实属大不孝，百善孝为先，一个人无论地位高低，如果不孝，就不会得到别人的尊重。

龚遂去质问刘贺，刘贺装糊涂，说不知道这件事，可能是奴仆的个人行为。龚遂说："既然大王不知道，那就好办了，您就没必要袒护一个败坏您名声的奴仆了。"于是，让人严惩了这个奴仆。

进了城，龚遂提醒刘贺，先帝去世，要表现得伤心一些，要哭出来。刘贺说："嗓子疼，哭不了。"

到了皇宫之后，刘贺变本加厉，在先帝大丧期间，顿顿吃肉，还安排艺人唱歌跳舞，弹奏音乐，甚至还淫乱先帝的后宫。

最终，刘贺走上了不作就不会死的路，即位二十七天之后，大将军霍光等大臣向太后上书，废黜他的皇帝之位。理由充分，无可反驳。不孝，守孝期间的所作所为，大家都看在眼里；荒淫，这个行为有点丢人；失仪和破坏祖制，就是说他没个皇帝样，还不讲规矩，肆无忌惮，毫无敬畏之心。太后爽快地说了一个字：准！

刘贺被赶出皇宫，送回了昌邑。他原来门下的两百多名官员，因为他的登基，也都鸡犬升天进了朝廷。刘贺被废黜之后，大将军霍光把这两百多名官员都抓了起来，以“陷王于恶不道”的罪名，全部诛杀。只有龚遂和中尉王阳因为曾多次劝谏刘贺而被免死，但也被剃了头发，并判处四年有期徒刑。古人云：身体发肤受之父母，不敢毁伤，这是最起码的孝道。所以，剃头发本身就是一种刑罚。

废黜刘贺之后，大将军霍光等人立汉武帝的曾孙刘询为帝，称为汉宣帝。汉宣帝刘询是中国历史上有名的贤君，在位期间，全国政治清明、社会和谐、经济繁荣、四夷宾服，史称“孝宣之治”。

有一年，渤海郡闹饥荒，灾民流离失所，贼寇四处横行，太守束手无策。汉宣帝想选一个能担当重任的人，丞相和御史都推荐龚遂，皇帝应允，并准备召见龚遂。一是为了看看这个备受推荐的龚遂是何方神圣，二是为了好好嘱托一番，让他把渤海郡的动乱彻底解决。

当时的龚遂已经七十多岁，属于超龄服役。皇帝见龚遂是一个身材矮小的小老头，心中不免有些失望，对他的能力也表示怀疑，就冷漠地问：“渤海郡现在一片兵荒马乱，我非常担忧，你准备用什么办法平息那里的贼寇，让我安心呢?"

龚遂不慌不忙地问："渤海郡地处偏僻，距离朝廷比较远，没有感受到皇帝的恩德和仁政，那里的百姓受了灾，饭都吃不上，生存都成了问题。地方官员不能救助灾民，才导致这些百姓盗取了陛下的兵器，不过他们也只不过是要弄要弄罢了，并非真的要作乱。您此次让我前去，是打算让我剿灭他们，还是安抚他们呢?"

汉宣帝听完龚遂的一番话，心中大喜：这人的思路果然不同凡响，所思所想都是为了社稷安危、百姓安乐。

汉宣帝高兴地说："选你这样的贤臣前去，而不是派武将，我本来就是想对他们进行安抚啊!"

龚遂听到这话，很是欣慰，终于知道传说中汉宣帝的仁德都是真的。于是他继续说："我听说治理不守秩序的百姓，就如同整理一团乱麻的绳子一样，不能着急，只能慢慢来，才会迎刃而解。我请求上任后，丞相和御史们对我的工作暂时不要干涉，给我见机行事之权。"

汉宣帝马上应允，并赏赐了他，还专门给他派了马车，送他上任。龚遂到了渤海郡之后，当地的官吏担心乱民危害到他，就派兵迎接。龚遂见了，让将士们都回去，并命令官员停止对盗贼的抓捕，官员们很是不解。

龚遂对大家说："从今天起，颁布命令，那些手里拿着工具的都是良民，官兵不得对他们问罪，只有手里拿着兵器的才是盗贼。"

接着，龚遂独自一人到了府中，随着命令的传播，盗贼的作乱都停了下来。那些百姓本就不想作乱，龚遂这个命令相当于赦免了他们之前的行为，他们自然就都放下兵器，拿起了镰刀锄头等农具。甚至原来的一伙盗贼也趁机放下兵器，改邪归正了。龚遂没用一刀一枪就平息了沸沸扬扬的动乱局面。

龚遂打开粮仓，把粮食借给贫困的农民，并选任了一些爱民的官吏对百姓进一步安抚和管理。渤海郡的混乱快速平定，百姓过上了安居乐业的生活。

龚遂还发现当地的民风追求享乐，不重视耕种，而喜欢商业，这种情况会导致经济根基不稳。他以身作则，推行简约务实的生活方式，鼓励百姓大力耕种，并且命令每个人必须种一棵树、一百棵蔬菜、五十棵大葱，每家养两头母猪、五只鸡。还让爱舞枪弄剑的人卖掉兵器，购买耕牛。在龚遂的督促下，渤海郡百姓的生活慢慢富裕起来，粮食和农副产品都很丰富，生活水平大幅提高。

龚遂备受汉宣帝的器重，一直被委以重任，最后，龚遂在任上去世。龚遂以古稀的高龄平定了动乱，具有非凡的勇气和智慧，令人钦佩。

2013 年 6 月 28 日，习近平总书记在全国组织工作会议上的讲话中强调："敢于担当，党的干部必须坚持原则、认真负责，面对大是大非敢于亮剑，面对矛盾敢于迎难而上，面对危机敢于挺身而出，面对失误敢于承担责任，面对歪风邪气敢于坚决斗争。清正廉洁，党的干部必须敬畏权力、管好权力、慎用权力，守住自己的政治生命，保持拒腐蚀、永不沾的政治本色。"

先奸后忠的裴矩

2012年，习近平同志在中央党校发表题为《坚持实事求是的思想路线》的讲话，其中说道：“《古文辑要》上记载了这样一个故事：初唐名臣裴矩在隋朝做官时，阿谀逢迎，溜须拍马，想方设法满足隋炀帝的要求；可到了唐朝，他却一反故态，敢于当面跟唐太宗争论，成了忠直敢谏的诤臣。司马光就此评论说：‘裴矩佞于隋而诤于唐，非其性之有变也。君恶闻其过，则诤化为佞；君乐闻其过，则佞化为诤’。这个故事告诉我们，人们只有在那些愿意听真话、能够听真话的人面前，才敢于讲真话，愿意讲真话，乐于讲真话。我们的领导干部一定要本着‘言者无罪，闻者足戒’的原则，欢迎和鼓励别人讲真话。”

裴矩是隋唐时期的政治家、外交家、战略家和地理学家。隋文帝时期，裴矩曾奉旨招抚岭南地区，他刚出发，江南就发生了叛乱，他于是在沿途召集了三千士兵。一路上，边战边劝降，从江西赣州一直打到广东，收抚了岭南二十多个州。展现了他的军事才能和战略水平，得到了隋文帝的夸赞。裴矩班师回朝之后，隋文帝大摆筵席，当着众大臣的面赞扬道：“裴矩只带着三千多临时聚集的士兵，就能一直打到广东，收抚岭南，朕有这样的臣子，我大隋还有什么解决不了的事吗?”

当时，突厥势力强盛，一直是隋朝的隐患。裴矩主动分析突厥的政治关系和内部形势，利用离间的策略，诱导可汗杀掉了妻子，联盟决裂。可以说，没费一兵一卒，就让突厥内斗起来，大大消耗了突厥的实力，为后来大败突厥奠定了重要的基础。

裴矩高超的外交能力还不止于此。隋炀帝即位之后，好大喜功，追求四海臣服、唯我独尊。裴矩曾作为使者，出使西域，在他的努力和游说下，西域番邦四十多个国家臣服大隋、入京朝贺，为隋朝拓展疆土几千里。他还完善了边塞的贸易和通商，促进了中西商品和文化的交流，史称：“交通中西，功比张骞。”

裴矩也是一位地理学家，隋炀帝登基以后，一直想要把西域纳入大隋的版图之中。裴矩为了帮助他实现这个愿望，就亲自查访西域的风俗、山川和地貌等情形，撰写《西域图记》三篇，详细记载西域四十四国的地理资料，并准确记录了从敦煌通往地中海东岸的三条重要通道，可谓是最早的“丝绸之路”全景地图。

裴矩具有治国安邦之才，尽心辅佐皇帝，多年的官场浸染，他善于揣测上意，投其所好。隋炀帝喜欢奢侈铺张的生活，爱享受、讲排场。什么样的领导带出什么样的队伍，裴矩为了迎合皇帝，谋划了一场巨大的朝圣活动。

隋炀帝迁都洛阳之后，正值元宵佳节。裴矩对皇帝说：“西域各国想要来朝贡祝贺的太多了，不如办一场盛典，给他们展示一下咱们大隋朝的实力和繁荣。”隋炀帝立即同意，全权让裴矩负责，排场一定要够大，节目一定要精彩，必须让西域各国领略到天朝上国的强大和风采。

有了隋炀帝的明确指示，裴矩就放开了手脚，他召集了全国几万名艺人到洛阳，这些艺术工作者能歌善舞、打扮得光鲜亮丽，在洛阳的各处表演，精彩绝伦、热闹非凡。为了配合这场活动，洛阳的街道市容都进行了修复和装饰，所有店铺都铺上了地毯，树木缠上了丝绸。前来朝贡的外国人可享受免费的食宿，随便享受美酒佳肴，一律免单，当然，这些费用最后都由朝廷支付。这个活动足足持续了一个月，朝廷耗费了巨大的财力。西域各国人都赞叹，生活在隋朝，简直和神仙一样快活。他们是快活了，吃喝玩乐一番，临走的时候，朝廷还赐给他们一笔丰厚的金银。当然，所有的消费支出最后都会落到隋朝百姓的身上。

这场盛会大大满足了隋炀帝爱作秀的虚荣心，因此他对裴矩又是加官又是晋爵，并大加赞赏地说："裴矩最懂我的心思，凡是他上奏的事，都是我心里所想的，还没等我说出来，裴矩就说了出来。如果不是用心治理国家的人，怎么能如此呢?"

这种情形，导致了举国上下都学习这种奢靡浮夸之风，严重损耗了隋朝的国力。

隋炀帝喜欢江南，更垂涎西域的珍宝，裴矩帮助他得到珍宝之后，隋炀帝又开始图谋辽东高丽。

裴矩上书支持皇帝讨伐高丽，马上获得了同意。但是，这次他们没有这么幸运，连续两次攻打，都失败而归。加上国内叛乱，隋朝国力消耗巨大，社稷风雨飘摇。助纣为虐的裴矩因此被冠上了佞臣的头衔。

后来，宇文化及发动“江都之变”，弑杀了隋炀帝，裴矩等一众大臣被俘。宇文化及知道裴矩是个人才，继续重用他。窦建德打败宇文化及后，裴矩依然被任命为礼部尚书等职位，直到窦建德在虎牢关大战中被李世民生擒，裴矩的人生才开始迎来转变。

裴矩归向唐朝之后，很受唐高祖的敬重，并委以重任。裴矩得遇明主，不仅发挥他的各种才能，更是性情大变。一改往日对隋炀帝的阿谀奉承，而是成了一名敢于直言的谏臣。当然，这都是因为唐高祖本身是一个宽容的明君：对于直谏的大臣，提的建议即使是错的，他也不会惩罚；如果是对的，他就会采纳，并加以赞赏。

得遇明主的裴矩，在八十岁高龄的时候，依旧神采奕奕，他才真正活出人生的意义。

有一次，唐高祖心血来潮，想试探一下手下的大臣们究竟是否贪财。他偷偷安排人给各位臣子送礼，看谁意志力薄弱，接受财物。很快，刑部的一个官员收下一匹丝绸，唐高祖大怒，决定杀一儆百，严厉打击腐败之风。

裴矩知道后，马上进谏道：“这人受贿，确实该杀，但是陛下你让人拿钱去试探，这就是引诱人家犯罪，故意陷害人，这本身就是不合法不道德的。”

唐高祖品味了一下他的话，很是高兴，夸奖道：“裴矩敢于直谏，不搞表面顺从的那一套，假如事事都能如此，天下何愁不治！”

类似的夸赞，裴矩在隋炀帝那里也曾得到过，当时是为了个人的虚荣，现在则是为了国家社稷，裴矩感慨万千。从此，裴矩把全部的精力都投入到辅佐唐高祖的工作中，后来，更是被拜为宰相。

习近平总书记强调："领导干部一定要求真务实，大力弘扬我们党优良的思想作风和工作作风，讲老实话、办老实事、做老实人，这是坚持实事求是的作风保证。坚持求真务实，既要在'求真'上下功夫，更要在'务实'上做文章，尤其要做到讲实情、出实招、办实事、求实效。讲实情，就是讲事物的本来面貌，讲真话、讲真理。讲真话是一个领导干部真理在身、正义在手和有公心、有正气的重要体现。讲真话，前提是要听真话。"

以德服人的赵良

恃德者昌，恃力者亡。

——《史记》

2016年4月28日习近平主席在亚信第五次外长会议开幕式上的讲话中，引用了“恃德者昌，恃力者亡”，来说明国家间“弱肉强食有违时代潮流，穷兵黩武缔造不了和平，互谅互让才能带来稳定，坚守道义才能赢得持久安全”。

这句话出自司马迁的《史记》，讲述的是商鞅变法期间，赵良对商鞅的忠告。

商鞅变法是中国古代一次成功的封建化变法改革运动，推动了秦国社会的进步，促进了经济的发展。它让秦国强大起来，为秦国日后统一六国奠定了基础，而且确立了法治的思想。

这次变法的局限性也很突出，商鞅是法家思想的代表人物，他轻视教化，推行轻罪重罚；他还强制百姓之间互相告密，包庇者就会被车裂处死；他施行“弱民”“愚民”政策，强制百姓必须务农，他认为必须让百姓贫穷，国家才能富强，因此加大了对百姓的剥削和压榨。

商鞅在变法过程中，损害了既得利益者的利益，从开始就受到了巨大的阻碍。商鞅通过一系列十分严苛的重罚，才得以推动变法。

这其中有名的典故很多，比如开始大家不相信变法，商鞅就在集市南门立根木头，说谁搬到北门就给谁五十金，最后有个人试探着照做，结果真得到了赏金，从此百姓才相信了他。还有一次，太子触犯了新法，他不能惩治太子，认为太子犯错，跟他老师的教育有直接关系，他就把太子老师的鼻子给割掉了。

商鞅在变法过程中，始终采用高压态势，十几年如一日地严苛执法，在官员和百姓中，积怨颇深。变法得以实施的重要原因，还在于秦孝公强有力的支持，商鞅也因此才帮助秦国强盛起来。

商鞅是秦国的大良造，相当于宰相，可谓一人之下万人之上。推行变法十年，上至皇亲国戚、下至平民百姓，很多人对他不满和怨恨。商鞅虽然信念坚定，但不免会因此感到困惑。他的一个好朋友给他介绍了一个名士，叫作赵良，为他开解疑惑。商鞅很高兴，就约赵良见了面。

商鞅主动和赵良说：“先生您好，既然是朋友介绍的，咱们也是朋友了。”

赵良却一本正经地说：“鄙人可不敢奢望成为您的朋友。我听说占据不该占有的位子叫作贪位，享有不该享有的名声叫作贪名。我要是接受了你的友情，那我就是贪位又贪名了。”

商鞅感觉他拒人于千里之外，就问：“先生难道对我治理的秦国不满意?”

赵良说:“愿意听从别人的意见叫作聪，能够自我反省叫作明，做到克制自我叫作强。古人说，谦虚的人让人尊敬。你只要按照古人贤德的标准去做就好了，没必要问我。”

商鞅一听这话不高兴了，马上反驳道:“想当初，秦国的生活习惯和蛮夷部落差不多，一家人不分男女老少同居一室，现在经过我的变革，他们都各自分开居住，男女有别，长幼有序。我还为秦国建造了宫殿和城墙，现在比魏国、鲁国还要雄伟壮观。你看我在秦国的治理措施，和五羖大夫的相比，哪个更好?”

赵良说:“俗话说，一千张羊皮也比不上一领狐腋，一千个附和的声音也比不上一个正义之言。周武王能够听取臣子的直言相劝，国家自然强盛，商纣王的臣子不敢劝谏君王，国家因此灭亡。您如果认可周武王的做法，那就请允许我对您直言相告，不怪罪于我，可否?”

商鞅说:“表面的话再好听也只是花朵，真正的想法才是果实，良药苦口、忠言逆耳，这道理我还能不懂?你如果今天能够直言不讳地表达想法，那就是我治病的良药。我不仅不会怪罪你，还会拜你为师，你也就不用拒绝和我交朋友了。”

赵良说:“既然如此，您别嫌烦，我慢慢跟您讲。”

商鞅请赵良坐下，两个人聊了起来。

赵良说:“五羖大夫百里奚，是楚国人，住在偏远的乡下，他听说秦穆公是个贤明的君主，就想去投奔。当时，路途遥远，他没有路费盘缠，就把自己卖给秦国人，给人家放牧喂牛。一年以后，这件事传到了秦穆公耳朵里，他大为感动，就用五张黑色的公羊皮把他赎了出来，他因此被称为五羖大夫。

“百里奚的人品和才能很快得到了秦穆公的赏识，一直被提拔，最后成为辅佐秦穆公的重臣。由于百里奚贤德爱民，全国上下，没有一个人不说他好。他征讨过郑国，解救过楚国，还曾先后三次拥立过晋国公。周边国家和本国百姓都很爱戴他，很多贤能之人都来投奔他。五羖大夫作为秦国的宰相，走路累了从来不坐车，酷热的夏天也不撑伞，足迹踏遍全国，从来不带随从，更不带护卫保镖。他去世的时候，全国百姓都为之伤心流泪。这就是五羖大夫的德行和修为。

“而您呢，您是怎么见到秦王的，是通过秦王宠臣的引见吧，这点就没法和五羖大夫比了。您身为秦国宰相，不为百姓谋福利，却驱使百姓去造宫殿建城墙，这谈不上爱民吧！更谈不上建功立业吧！您为了震慑天下，把太子老师的鼻子割掉了，还用更加严酷的刑罚对付百姓，您这积累下来的都不是民心，而是民怨啊！您不想着教化百姓，只是用命令来要求他们，百姓的心里会真心臣服于您吗？您一面辅佐秦王，一面用新法惩治皇亲国戚，您这是尊重君臣礼仪吗？太子的老师公子虔被你割了鼻子，闭门不出已经八年了，您还在犯错的高官脸上刺字，您不杀他们却让他们比死还难受，您这不能算宽厚吧？您每次出门，都是几十辆车，上百名铁甲护卫，时刻有贴身保镖在身边，如果不这样，您都不敢出门吧？就这几件事，您就难以得到民心吧？

“《尚书》中说：施行仁政可以昌盛，凭借武力迟早灭亡。

您现在的处境就像是清晨的露水，只要太阳一出来，您随时都有消亡的危险。”

商鞅被他一番话说得无地自容，就问：“那依先生意思，我应该怎么办呢?”

赵良说：“既然您想改变，为什么不把您拥有的十五座城的封地归还秦国，然后找一个山清水秀的地方，耕耕田，种种菜，过过悠然自得的隐居生活呢?您还可以劝秦王重用贤人、尊老爱幼、奖赏德善，这样大概可保大人平安。如果您还贪图封地的荣华富贵，贪恋独揽朝政的大权，那么只能使百姓对您的怨恨越来越深。倘若有一天，秦王死了，您的靠山没有了，那些痛恨您的人，会放过您吗?恐怕您性命难保啊!”

商鞅听后，很有感触，但是，他可能感觉自己已经积重难返，或者还抱有侥幸心理，就没有听从赵良的建议。

五个月后，秦孝公去世，新君即位，也就是秦惠王。曾是太子老师的公子虔纠集了一群痛恨商鞅的官员，告发商鞅谋反，新君就派兵逮捕商鞅。商鞅逃到边境，想要住店，老板说：“新法规定，没有证明，不能住店。”

商鞅苦笑着叹息：“我自己制定的法，竟然最终害了自己。”

最终，经过一番挣扎，商鞅还是被抓住了。秦惠王对他施以车裂之刑，一代改革家，被五马分尸而死，还被诛灭了全家。

商鞅的结局是一个悲剧，幸好，他的一些变法并没有因此而被废除。

2018 年 3 月 10 日，习近平总书记在十三届全国人大一次会议重庆代表团的审议上发言强调，领导干部要讲政德。政德是整个社会道德建设的风向标。立政德，就要明大德、守公德、严私德。明大德，就是要铸牢理想信念、锤炼坚强党性，在大是大非面前旗帜鲜明，在风浪考验面前无所畏惧，在各种诱惑面前立场坚定，这是领导干部首先要修好的“大德”。守公德，就是要强化宗旨意识，全心全意为人民服务，恪守立党为公、执政为民理念，自觉践行人民对美好生活的向往就是我们的奋斗目标的承诺，做到心底无私天地宽。

习近平总书记还指出，政治文化建设要既讲法治又讲德治，重视发挥道德教化作用，把法律和道德的力量、法治和德治的功能紧密结合起来，把自律和他律紧密结合起来，引导全社会积极培育和践行社会主义核心价值观，树立良好道德风尚，防止封建腐朽道德文化沉渣泛起。

第五章

清正廉洁篇

入地写书的司马光

有功必赏，有罪必罚，则为善者日进，为恶者日止。

——《资治通鉴》

习近平总书记在党的十八届四中全会第二次全体会议上的讲话中强调：“‘有功必赏，有罪必罚，则为善者日进，为恶者日止。’不反腐败确实要亡党，真反腐败不仅不会亡党，而且能增强党自我净化、自我完善、自我革新、自我提高能力，保持党同人民群众的血肉联系，使我们党更加坚强、更有力量。”

“有功必赏，有罪必罚，则为善者日进，为恶者日止。”这句话出自司马光的《资治通鉴》，意思是：有功劳就奖赏，犯罪了就惩罚，这样做好事的人就越来越多，做坏事的人就会越来越少。对于党员干部来说，廉洁奉公、遵纪守法就是好事，贪污腐败、违法乱纪就是坏事。

司马光是北宋著名的政治家、史学家和文学家，他做过的最著名的事有两件：一件是“司马光砸缸”，另一件是编纂了中国历史上第一部编年体通史《资治通鉴》。

司马光砸缸那一年，只有七岁，小小年纪就表现出了超人的冷静和智慧。

司马光博闻强记，聪明诚实。曾经有一个典故，是说司马光要卖一匹马。这匹马血统纯正、高大威猛。司马光对管家说：“这匹马，夏天的时候容易犯肺病，你别忘了告诉买家。”

管家笑着说：“您这样一说，谁还会买啊？人家都是隐瞒毛病的。”

司马光严肃地说：“卖一匹马是小事，但是说了假话，坏了一个人的名声是大事。做人应该讲诚信，失去诚信，那才是最大的损失。”

管家听后很羞愧，按照他的要求，把马的实际情况都告诉了买主。

司马光从政之后，皇帝想任命他为修起居注的史官，记录皇帝的言语和行为，这是一个无上荣光的工作，是无数士林官员的理想。大名鼎鼎的北宋文人领袖欧阳修就曾经为皇帝修起居注。

这么一份众人争抢的美差，司马光却拒绝了，而且他竟然接连拒绝了五次。宋仁宗是一个很有执念的人，他任命司马光修起居注，司马光推辞，理由是才学不够，无法胜任。宋仁宗一看这人谦虚，不错，再任命一次。结果司马光还是推辞，理由相同。宋仁宗就再次任命，本想着事不过三，司马光谦虚得差不多，该接受了。结果，司马光还是拒绝。宋仁宗面子有些挂不住了，堂堂皇帝邀请你为他修起居注，你竟然连续推辞三次，这明显是不给皇帝面子啊！

宋仁宗一直没有收回任命，司马光顽固到底，索性就是不接受，又连续两次上书推辞。最后，还是宋仁宗妥协了，派他去谏院工作，充分发挥他坚守执着的性格。谏院是中央舆论机关，和御史台都是搜集建议和舆论的机构。御史负责组织各种官员收集民间的意见；谏官议论施政的得失，供皇帝参考，有时还可纠正皇帝的错误。谏院的官员都由皇帝亲自任命，权力很大，而且谏官有知无不言、言者无罪的特权，经常对朝廷重臣的建议和做法提出异议和批评，即便是皇帝，也常被谏官无所畏惧地提出不同意见。

司马光在谏院任职五年，前后向皇帝上奏疏 170 余份，先后向仁宗上书“三言”“五规”。而且对于继承人的问题，屡次上书，请宋仁宗早日确定，以安人心。宋仁宗知道司马光一心为了社稷，就把他的奏折转到中书省照办，司马光十分认真，亲自去中书省督促办理，很快赵曙被确立为太子。

赵曙即位之后，为宋英宗。皇帝和皇太后之间的关系很紧张，矛盾尖锐，严重影响到了国家决策。司马光就给皇帝和太后分别上书，建议以大局为重，以和为贵，同心协力才能让国家强盛，内斗会让社稷面临危险。两个月后，他再次上书，对两宫说：“金堤千里，溃于蚁穴；白璧之瑕，易离难合。皇帝没有太后支持‘无以君天下’，太后离开皇帝‘无以安天下’。”几个月后，他再次上书，引经据典，用先人的故事联系当下实际来讲道理，最后，终于让两宫的矛盾得到了缓和。

宋英宗把宋仁宗的遗产赏给有功之臣，司马光被赏钱千贯，但是他分文未取，都上交给了谏院，充了公款，作为日常用度。

宋英宗病死，宋神宗即位后，决心励精图治、振兴大宋。王安石的变法思路很契合他的想法，所以他开始任用王安石，推行改革变法。

王安石的改革取得了显著效果，当然也暴露出了弊端。司马光在这种情况下，对王安石的变法提出了不同的意见。事实上，司马光并不反对王安石变法，甚至一开始在别人质疑王安石的时候，他还替王安石解释。他只是针对变法中的某些方面，有着不同见解，比如青苗法，不允许富豪大户放贷给百姓，只能由政府贷款。司马光认为县官手握大权，如果私下把利息加大，会让百姓的负担更重了。

宋神宗知道司马光并无私心，所以非但没有怪罪他，而且针对他的优势，任命他为枢密副使。枢密院是中央军政机构，掌管军权，就是所谓的“宰相主政、枢密使主兵”。

司马光再次出现不愿受命的情形，他连续五次上书，表示不懂财务，也不懂军事，难堪重任。司马光对自己有着清醒的认识，他对于不熟悉、不专业的领域，宁愿放弃机会，因为他怕外行领导内行，越来越乱，产生不利影响。他不爱跨界，奉行术业有专攻，专业的人做专业的事，认为人尽其才才是最佳状态。因为他的固执，大家送了他一个“司马牛”的绰号。这个绰号是指他顽固如牛，现在看来，他的思想和理念，真的很牛，不愧是“司马牛”！

司马光晚年任宰相，决定把王安石推行的免役制改回差役制，这时候，有个人站出来反对。此人就是大名鼎鼎的东坡居士，也就是苏轼。

苏轼说：“免役制和差役制各有利弊。免役制的弊端是官员搜刮民财，国家有钱了百姓却穷困了。差役制的弊端是百姓需要服各种劳役，影响农业生产，这其中官员会巧立各种名目劳役百姓，获得利益。说到弊端和危害，两种制度都差不多。”

司马光并不认可苏轼的说法，而且正在议政，苏轼这么一搅和，让司马光很生气。

苏轼对发怒的司马光说：“您曾经给我讲过一个故事，说有一次，曾经做过三朝宰相的韩琦，斥责陕西的义勇军，您当时是谏官，和他据理力争，惹得韩琦大怒，您也没有退却。怎么？今天您做了宰相，就不让我苏轼发表不同意见了吗？”

司马光听完就笑了，不再怪罪苏轼。

司马光曾经为了编撰《资治通鉴》，在洛阳潜心修书，不问政事，前后历经十五年。

司马光廉洁勤政，从不沾染贪腐之气，生活平淡如水。他在洛阳修书期间，由于居住的地方太简陋，他就找了一个地下室来工作。当时，朝廷大臣王拱辰的家也在洛阳，王家宅院宏伟高大，共三层，最上面一层叫朝天阁。当地百姓戏称“王家钻天，司马入地”，深刻地表达了百姓对王家的不满和对司马光的赞许。

司马光修书期间，只靠俸禄维持生计。妻子去世后，他竟然连安葬的费用都没有，无奈，只好卖了家中仅有的田地，才让妻子入土为安。其实，司马光为官多年，皇帝多次赏赐重金，他不是婉拒，就是交给了公家，从未收入囊中。

因为司马光拒绝纳妾，妻子去世之后，司马光成了孤家寡人。他年老体弱，生活起居很不方便，他的一个好朋友听说了，就打算花五十万钱给他买个年轻的婢女，照顾他的生活。

司马光急忙劝阻他说：“我几十年来，肉都不敢经常吃，衣服都不敢穿好料子的，穿得最多的就是粗麻布衣，我怎么敢用五十万钱的婢女啊！”

在那个年代，读书人科举进入仕途，大多为了光耀门楣、荣华富贵。司马光清廉如水、坚守底线，确实弥足珍贵。

2021 年 7 月 1 日，习近平总书记在庆祝中国共产党成立 100 周年大会上强调：“新的征程上，我们要牢记打铁必须自身硬的道理，增强全面从严治党永远在路上的政治自觉，以党的政治建设为统领，继续推进新时代党的建设新的伟大工程，不断严密党的组织体系，着力建设德才兼备的高素质干部队伍，坚定不移推进党风廉政建设和反腐败斗争，坚决清除一切损害党的先进性和纯洁性的因素，清除一切侵蚀党的健康肌体的病毒，确保党不变质、不变色、不变味，确保党在新时代坚持和发展中国特色社会主义的历史进程中始终成为坚强领导核心！”

操守天下第一的张伯行

一丝一粒，我之名节；一厘一毫，民之脂膏。宽一分，民受赐不止一分；取一文，我为人不值一文。谁云交际之常，廉耻实伤；倘非不义之财，此物何来？

——《禁止馈送檄》

习近平总书记在河南省兰考县委常委扩大会议和中央党校第一期县委书记研修班座谈会上都曾讲述清朝官员张伯行拒绝腐败的故事，并引用了他谢绝馈赠的信函："一丝一粒，我之名节；一厘一毫，民之脂膏。宽一分，民受赐不止一分；取一文，我为人不值一文。谁云交际之常，廉耻实伤；倘非不义之财，此物何来？"他强调，思想的口子一旦打开，那就可能一泻千里，干部不论大小，都要努力做到慎独、慎初、慎微，不以恶小而为之。

这封信，是张伯行上任江苏巡抚之时，为了杜绝下属给他送礼而写的。

张伯行是河南兰考人，为官以清廉刚正著称，康熙称赞他为"天下第一清官"。

他二十四岁中进士后，没有等待分配为官，而是回到老家。

张伯行家境富裕，他衣食无忧，可以潜心学习。他在郊区盖了一座小房子，把古人先贤的书都找了出来，每天口诵手抄，学习圣贤的思想，注重自身的修养，整整七年，未曾离开。

踏入官场的张伯行，奉行“誓不取民一分钱”的为官底线。康熙三十八年（1699 年），兰考城北的堤坝被大水冲垮。因为父亲去世，在家丁忧的张伯行，马上招募民工，带领大家用口袋装上土，来阻挡肆虐的洪水。这一幕恰好被巡视的河道总督张鹏翮看到，他发现张伯行是个治理河道的人才，就跟康熙上书推荐。康熙就派张伯行去河工衙门任职，张伯行不辱使命，督办整修黄河南岸堤坝二百余里，建造了多个坚固的防汛工程。

康熙四十二年（1703 年），张伯行被任命为山东济南道。他上任之初，就面临全境的灾荒，百姓饥寒交迫。他从河南老家调运钱粮过来，快速分给灾民，以解燃眉之急。皇帝对山东的灾情很重视，下令各级衙门按照各自区划赈济灾民。由于张伯行及时调拨粮食，济南的灾情很快得到缓和。他打开官仓，拿出两万多石粮食，赈济并不属于济南的汉上、阳谷两县，帮助他们减轻灾荒。

山东布政司知道了这件事，斥责他违反诏命、独断专行，准备上书弹劾他。

张伯行面对布政司的指责，回应说：“皇上已经下旨救灾，我开仓放粮就不是独断擅权，皇上非常重视民间的疾苦，那么您说，到底是两万多石粮食重要，还是百姓的性命重要？”

布政司听了他的话，被他的正气所感染，就打消了弹劾他的念头。后来，皇上南巡，听说了这件事，还特意赐匾额，表扬了他，很快提升他为江苏按察使。

张伯行新官上任，按照“规矩”，应该孝敬一下顶头上司江苏总督和巡抚，按惯例大概需要送几千两白银。张伯行完全无视这个规矩，没有给上司送过一分钱。他从来不拿官民的钱，自然也没钱给上司。因为他不按“规矩”办事，江苏总督和巡抚对他意见很大，他在江苏官场经常受到排挤。张伯行依旧我行我素，把心思都用在工作上。

康熙四十六年（1707 年），皇帝南巡至苏州，他对随从的大臣说：“我听说张伯行做官特别清廉，这实在是很难得啊!”

到了苏州，康熙让江苏总督和巡抚推荐当地贤能的官员。不过，康熙反复看了几遍名单，都没有张伯行。

康熙就当着大家的面，对张伯行说：“我认识你很久了，你是什么样的人，我心里清楚，没人举荐你，我举荐你！日后你一定要做个好官，天下人才会说我知人善任。”

康熙这话有两层意思：第一层是你们不推荐张伯行的原因我都知道，别以为你们迎来送往那一套能瞒得住我；第二层意思是说给张伯行的，我推荐你，你要好好做个清官，如果你成了一个贪官，丢的可是我这个皇帝的脸。

康熙夸完张伯行，就把他提拔为福建巡抚。张伯行很争气，到了福建就走访民情，看到受灾的台湾、凤山和诸罗三县经济萧条，百姓困苦。他向康熙上书，请求免去这三个县亏欠的赋税。康熙一看，张伯行知道关心百姓疾苦，准奏!

张伯行还调研了当地的经济和贸易情况，发现当地的米价远远高于内地，百姓的压力很大。他就请求动用国库里的五万钱，去湖广、江西、广东等米价便宜的地方，购米到福建，来平抑昂贵的米价，减轻了百姓的生活压力，缓解了社会的矛盾。

张伯行注重学习，更关注教育，他建立书院和学堂，把自己的藏书都捐献出来，教授学子们。他还破除迷信，把百姓祭祀的瘟神祠堂，改成义学。

他还发现福建的尼姑特别多，经过询问才得知，很多贫苦人家的女子被卖为尼姑。张伯行就安排政府出钱出力帮助这些人家把女子赎回，并为她们许配良家子弟，重新开始正常的生活。

康熙四十八年（1709 年），张伯行调任江苏巡抚，与江苏总督噶礼搭班子工作。噶礼为人贪婪、独断专横。张伯行却清廉亲民，和他完全不在一条道上，因此，两人素来不和。

两年后，江南乡试，副考官赵晋暗中收受考生的贿赂，就安排行贿者得中。发榜之后，一片哗然，学子们看着不学无术的公子哥都上榜了，寒窗苦读的却名落孙山，就把财神爷的雕像抬进了学宫，以此来讽刺考官。

这件事产生的舆论影响非常大，为朝廷科举带来了巨大的负面影响。张伯行向皇帝汇报了此事，皇帝就命令张伯行和噶礼共同审理。经过调查和审问，发现噶礼也参与其中，接受了举人的贿赂。张伯行请皇帝把噶礼撤职法办，噶礼沉浸官场多年，岂能坐以待毙，他马上罗列了张伯行七条罪状，上奏给了皇帝。

康熙一看，两人各执一词，好吧，先都免职，审查完之后再说。他先后派了两拨人调查此案，第一拨人说噶礼清白，张伯行在诬告。康熙笑了笑，没说话，直接派了第二拨工作组，回来之后，结果和第一拨一样。康熙明白，第一拨官员被噶礼收买了，第二拨官员不想得罪噶礼，更不想得罪第一拨的高官，选择了附和。

康熙不满地说："张伯行为官清廉刚正，全天下都知道。噶礼呢，是个有能力的官，但爱惹是生非，名声也不清廉，你们这个调查结果，简直就是是非颠倒！"官员们吓得连忙叩头，不敢辩解。

第二天，康熙命令九卿、詹事、科道官等官员一同商议此事。他对众官员说："伯行清廉，我知道，噶礼的操守德行我不能相信，如果没有张伯行的制约，那么江南至少有一半的地方都要受到噶礼的盘剥。这个案子，他们两人互相举报。我第一次派的官员，被噶礼所制约，因此没有得到实情；我第二次派的官员，还是和先前一样。你们应该能够体会到我想保全清官的心情，这样才能让清官无所顾忌、无所畏惧，如此方能四海升平。"

康熙说完，就宣布处理意见，噶礼撤职，张伯行官复原职。

张伯行也许并不像其他历史名臣那般才华横溢、出类拔萃，但是，他注重官德修养，拒腐蚀、永不沾。康熙称之"伯行操守为天下第一"。

《求是》杂志2022年第19期发表习近平总书记的重要文章《新时代中国共产党的历史使命》。文章指出，全党要更加自觉地坚定党性原则，勇于直面问题，敢于刮骨疗毒，消除一切损害党的先进性和纯洁性的因素，清除一切侵蚀党的健康肌体的病毒，不断增强党的政治领导力、思想引领力、群众组织力、社会号召力，确保我们党永葆旺盛生命力和强大战斗力。

蹭酒喝的倔老头：陶渊明

宰相必起于州部，猛将必发于卒伍。

——《韩非子》

习近平同志在《做焦裕禄式的县委书记》一书中指出，历朝历代都高度重视县级官员选拔任用。“陶渊明、狄仁杰、包拯、王安石、海瑞、郑板桥等名人志士都当过县令、知县”。他引用“宰相起于州部，猛将发于卒伍”，鼓励县委书记们要扎扎实实从县一级干起，增长才干。

2018 年 11 月 17 日，习近平主席在文莱媒体发表署名文章，赞美文莱“这里有旖旎的自然风光、浓郁的城市风情、祥和的社会氛围，仿佛中国古代诗人陶渊明笔下的世外桃源”。

陶渊明是东晋末期伟大的诗人，是中国第一位田园诗人。流传至今的诗人，一般有两种称谓，一种是伟大的诗人，一种是著名的诗人。伟大的一定是著名的，著名的不一定是伟大的。伟大的诗人，除了诗写得好，艺术上达到了一定高度，还需要在品格、境界、道德上没有瑕疵。因此，古代诗人中被称为伟大的诗人的并不多，只有屈原、李白、杜甫等人。

陶渊明，又名陶潜，出生在一个官宦世家，祖父和父亲都是做官的，曾祖父还是东晋的开国功臣。按理说他的基因应该很适合从政，但他却在官场上五次出仕，又五次辞官。

陶渊明年少时候志存高远，博闻强记，写得一手好文章。他性格率真洒脱，追求超凡脱俗的境界。

他曾经做了一篇《五柳先生传》来调侃自己。文中大意是：不知道先生是什么地方的人，也不清楚他姓名。因为住宅旁边有五棵柳树，就把这个作为号，叫五柳先生。他平时很安静，不爱说话，不追求荣华富贵。喜欢读书，却不穷根究底，每当对书中的内容有新的领悟的时候，就会高兴得连饭都想不起来吃。他生性爱喝酒，但由于家里穷，经常断酒。亲戚朋友知道他这种境遇，有时摆了酒席叫他去喝。他去喝酒就喝个尽兴，追求喝醉的感觉。一旦喝醉了，就径直回家，说走就走，毫不掩饰。他居住的房子很简陋，可谓是家徒四壁，夏天遮不住炎热，冬天挡不住寒流，穿的是打满补丁的粗布短衣，米袋子和水缸经常空着，可是他毫不在意，每天安然自得。他常常写文章来自娱自乐，表达自己的志向和情趣。他从不患得患失，只想如此过完一生。

在文章的最后，陶渊明还作出评价：齐国黔娄先生的妻子曾经说过：‘不为贫贱而忧愁，不热衷于升官发财。’这话大概说的就是五柳先生这一类人吧？喝酒写诗，为自己的志趣感到快乐。他难道是上古时代，恬然自乐的人吗？

这篇文章被认为是陶渊明当时生活的实录，相当于他的日记。据说这篇文章写于他辞官归隐之后，将窘迫的生活状态、矢志不渝的淡泊名利表露无遗。

陶渊明所处的时代很动荡，朝代更迭，皇帝也频繁更换，这也使当时的政治环境很混乱。陶渊明年少的志向在这样的官场里难以施展，一次次的心灰意冷，他“不为五斗米折腰”，辞官隐居，喝酒写诗去了。

陶渊明第一次做官是出任江州祭酒，地位和权力并不低。陶渊明本来要一展抱负的，无奈此时的官场尔虞我诈、各怀心思，并没有人真心为国家和百姓做事。每日被官场的各种狡诈和琐事所困扰，让陶渊明不胜其烦，最终选择了辞官回家。

后来，州里又请他做主簿，这一次他没有去尝试，直接就拒绝了。他自己耕田种地，过上了自给自足的生活，这应该是他第一次体验田园生活。不久，他生了一场病，江州刺史檀道济亲自去探望他。因为没有人照顾，他已经卧床挨饿好几天了。

檀道济看着他这个样子，心里很不是滋味，劝说他道：“自古贤人的处世之道就是，朝廷昏庸无道、战争不断，就会选择隐居；政治开明、天下太平，就会出来做官。如今，你生在开明盛世，理应出来施展抱负，为什么要如此糟践自己啊!”

陶渊明摇摇头说：“我怎么敢称得上贤人，我的志向更比不了他们，您就别费心思了。”

檀道济给他带了很多粮食和肉，他都一一谢绝，送檀道济离开，继续他的田园生活。

陶渊明曾经跟朋友说过他其实最想做一个县令，好好治理，让百姓安居乐业，自己也可以怡然自得。

后来，这件事被朝廷知道了，就把他调任到彭泽县任县令。他很是开心，为了节约开支，他没有带家眷，独自一人上任。只为儿子留了一个仆人当帮手，并特意写信给儿子，告诉他每天家里的吃穿用度都要自给自足，不可以不劳而获，更不能侵占别人财物。要善待仆人，因为仆人也是别人的儿子，父亲都会心疼儿子的。

当时，政府有个规定，就是每个官员都会拥有一块田地，种什么自己说了算，收成也都归自己。陶渊明作为县令，分给他的田地是三百亩，他打算都种上高粱。因为高粱可以用来酿酒，他妻子和儿子在信里表示反对，认为应该种粮食。于是，陶渊明种了二百五十亩的高粱，种了五十亩的粮食。这足以说明陶渊明对酒的热爱程度。

陶渊明在彭泽县立志要为百姓打造一个安居乐业的环境。他发现百姓的赋税非常高，大大超出了朝廷规定的额度，经过一番调查发现，原来是由于县衙少报了当地的人口。这样平摊到每一个人头上的赋税就高了，而多出的部分，就被官吏们瓜分了。由于税赋高，种的地越多，交的税就越多，农民往往入不敷出，都不愿意多种地，导致很多肥沃的土地荒芜闲置。

陶渊明为了解决这个问题，重新开始人口普查，十几年没有查过的户口，被他准确地更新了数据。仅仅用了半个月时间，就排查出富豪大户家隐藏的劳工三千多人。其中，有一个叫何泰的大户，家里几百亩地，隐瞒了两百多下人，但是派去排查的官吏却不敢如实上报，因为何泰是郡丞何隆的哥哥。陶渊明知道后，并没有顺水推舟做人情，更没有惧怕上司的压力，而是亲自带人去查处了何泰。

排查工作顺利完成之后，百姓的赋税由原来的五石减到了三石，大家对此拍手称快，都夸赞陶渊明是关心百姓的好官。

陶渊明赢得了百姓的爱戴，却得罪了郡丞何隆。很快，何隆就派督邮到彭泽巡视，明着是正常工作检查，实际是来报复陶渊明。

按照当时的“潜规则”，督邮来巡视，县令要毕恭毕敬地迎接，并且要奉上丰厚的钱财。这次巡视属于临时检查，陶渊明提前并不知情，但他马上就明白了对方的来意。

其实，何隆派督邮前来，无非是想多索要些钱财，为哥哥弥补下损失，出出气。陶渊明如果好好解释一下，说点服软的话，再奉上点钱财，互相面子过得去，此事也就过去了。但是，陶渊明为人清廉公正，行贿之事，他是无论如何也做不出来的。陶渊明很不情愿地准备去迎接，却被部下拦下。

部下说：“您应该穿着官服，收拾整齐，再去恭敬地迎接，这个督邮很会借题发挥，不然又会趁机敲你一笔。”

陶渊明本就看不惯这类耀武扬威的贪婪酷吏，心中知道，如果不屈服，这一关是过不去的。

他叹了口气说：“我怎么能为五斗米的俸禄，向这种小人折腰呢!”说完他就卸下官印，写了封辞职信，离开了彭泽。

这一次，他仅担任了八十多天的县令。虽然时间很短，但是他却夙夜在公，为百姓做了不少好事。

这就是“不为五斗米折腰”的典故，五斗米是县令的俸禄。

此次辞官之后，陶渊明过上了“采菊东篱下，悠然见南山”的隐居生活，再没有踏入官场半步。

虽然五次为官，陶渊明却清廉如水，生活都是自给自足，家中也没有积蓄。陶渊明晚年的生活很是窘迫，在酒馆里喝酒都要赊账。后来，他的好朋友颜延之来看他，给了他两万钱，他就都交给酒馆还了账，剩下的存上，留着慢慢喝酒。

陶渊明爱酒、爱写诗，淡泊名利。他为官时间短暂，却爱民如子、清廉刚正，备受好评。

2015 年 1 月 12 日，习近平总书记同中央党校县委书记研修班学员进行座谈时表示，县委书记要做学法尊法守法用法的模范，做决策、开展工作多想一想法律的依据、法定的程序、违法的后果，自觉当依法治国的推动者、守护者。要始终严格要求自己，自觉弘扬和践行社会主义核心价值观，加强道德修养，追求健康情趣，把好权力关、金钱关、美色关，做到清清白白做人、干干净净做事、坦坦荡荡为官，引导全县形成健康向上的社会风尚。

要挟皇帝的姚崇

在2016年初召开的十八届中央纪委第六次全会上，习近平总书记特别强调了家风问题，并且引用“莫用三爷，废职亡家”来告诫领导干部“廉洁修身、廉洁齐家”。

“莫用三爷，废职亡家”，是清朝官场上流传的一句谚语。这里所说的“三爷”，并非指某一个人，而是指三种人：“子为少爷，婿为姑爷，妻兄弟为舅爷”。如果对亲属随意任用、放纵，权力落入他们之手，就不免狐假虎威，一旦出事还要“护犊子”，最终就难免落得个“废职亡家”的结局。早在唐朝时期，有一位“救时宰相”就提出过这样的问题。

唐朝近三百年历史里，可谓波澜壮阔，能人辈出，数政坛风流人物，更是你方唱罢我登场，各领风骚若干年。

大唐乃万邦来贺的天朝上国，明君贤臣济济一堂。最著名的当属四大宰相，“前称房杜，后称姚宋”。这里的姚，就是姚崇，历任武则天、唐睿宗、唐玄宗三朝宰相，生逢乱世，他勇往直前，力挽狂澜，被称为“救时宰相”。

开元元年（713年），唐朝结束了轮流坐庄的权力争斗，唐玄宗李隆基成为毫无争议的唯一统治者。既然江山已经坐稳，那么治理天下就是首要任务了。李隆基历经十年阴谋阳谋、夺权政变，可谓斗争经验极其丰富，但是治国理政，则需贤臣辅佐。他的主要目标群体是重要老臣，他们经验丰富、忠诚可靠，眼下正是用人之际，自然是有经验者优先。于是，姚崇进入玄宗的重点干部考察名单。

当年十月，玄宗到新丰（今陕西临潼东北）检阅军队，密召唐睿宗时期被贬为同州刺史的姚崇。同州距新丰不到三百里，按规定本就应去见驾，此时密诏一下，姚崇是连敷衍推脱的机会都没有了，急忙赶去拜见皇帝。

玄宗见到姚崇后，没有严肃的君臣问答，也没有平易近人的煮酒论英雄，而是邀他一起去打猎。姚崇二十岁之前，舞枪弄棒，爱好习武，尤其喜欢打猎，便欣然前往。纵马驰骋，他技术娴熟，自由流畅，仿佛又找到了年轻时的率性和洒脱。玄宗看在眼里，喜在心头。

君臣之间从打猎心得聊到治国理念，姚崇作为官场老将，不仅对答如流，而且观点犀利、见解独到，让玄宗很是惊喜。此时，玄宗已心中有数，对姚崇说道："卿深得朕心，朕要封你为宰相。"

姚崇曾经两次为相，所以表面并未流露出激动之情，他深知玄宗乃开明贤君，并有励精图治、兴盛大唐的宏图之志。他略作思量，笃定决心，回应道："臣感谢陛下厚爱，但是臣有几个请求，陛下如同意，臣万死以报陛下；陛下如不同意，这个宰相臣万死也不能接受。"

玄宗心里一惊，他从来没见过如此胆大妄为的臣子，转念一想，有才华之人多自傲，不妨听听再说。

“那你就一个个说给朕听吧。”玄宗笑着说。

姚崇本以为玄宗会大怒自己不识抬举，没想到机会来得这么容易，他索性就放开胆子提条件了。

“第一，自武后以来，一直实行严酷刑法，一点点小错就会受到严苛的惩罚，天下黎民生活在战战兢兢之中，陛下能否实行宽厚待民的仁政？”

实行仁政本就是玄宗内心的想法，便不假思索地说：“准了！”

“谢陛下。”姚崇继续说，“第二，边疆已经稳定，陛下能否不要轻易动武，与邻国友好相处，莫贪边疆之功，可好？”

“好！”玄宗明白穷兵黩武就不会有盛世大唐。

“第三，亲贤臣远佞臣。奸佞之人多出在亲信里，他们有机会进献谗言、诬陷忠臣，能否对宠爱的亲信做到不放纵、不偏袒，一旦犯法依法严惩？”

“天子犯法与庶民同罪。”玄宗表示赞同。

“第四，君臣之间以礼相待，不要如前朝那般，把大臣当器物，随意玩弄；把大臣的生命当草芥，随意杀戮。既伤了大臣们的心，也有损皇威，有失国体啊。”

“卿可放心，朕一定对臣子以礼相待，朕是要做明君的。”玄宗严肃地说。

“臣谢陛下。”姚崇继续说，“第五，希望陛下不仅礼贤下士，还能够允许臣子直言进谏，不因忠言逆耳、言语犯上而责罚和诛杀忠臣。”

“朕会虚怀纳谏，卿可放心。”玄宗亲切地说。

“第六，我朝税赋徭役名目繁多，陛下能否精简苛税，减轻徭役，休养生息。提高农民积极性，这样经济才能快速发展，把前些年耽误的时间追回来。”姚崇有些激动，因为上了年纪，不免感叹盛年不再来，岁月不待人。

玄宗深受感染，也动情地说：“大唐失去的太多了，只有加速前行，加倍努力，爱卿，全靠你了。”

“身为臣子，不能为陛下分忧，有何颜面苟活于世?”姚崇信誓旦旦地说。

“爱卿，请继续说。”

“第七，陛下，形象工程，劳民伤财。武后建奉先寺、中宗造圣善寺、睿宗又筑有金仙、玉真二观，耗资巨大、用工数万，能否禁止建造庙宇宫殿，把金银用在民生和发展上?”

“朕早就对此事深恶痛绝，卿定要帮朕杜绝。”玄宗斩钉截铁地说。

“陛下，这第八、九、十条，皆属同一范畴，容臣一起禀明。”姚崇对皇帝越来越有信心，底气十足，声音洪亮。

“好，快快说来。”玄宗已深感和姚崇心灵相通、所见略同了。

“第八，禁绝宦官干政，自古宦官干政都是祸国殃民，没有好下场；第九，不让皇亲国戚直接出任要职官位，委以重任。”

姚崇说到此，停顿下来，暗自观察玄宗的反应。

玄宗微微皱眉，陷入沉思，对于姚崇的停顿没有给予任何反馈。姚崇知道帝王的“家天下”思想下，这其中的阻力有多大。当然，这也取决于玄宗的决心有多大。他静静地等待这位意气风发的新皇帝的态度。

玄宗依旧皱着眉头，身子纹丝不动，口中却清晰地吐出一个字：“准！”

“谢陛下！”姚崇语气凝重，“臣启陛下，西汉外戚王莽，专权叛逆，以致王朝颠覆，然而东汉未吸取教训，再次外戚专政，导致民不聊生，叛乱四起，最终走向了灭亡。我朝外戚专政更为甚之，无须多言，陛下比我更深知其害。望陛下把此写入我朝史册，永远铭记。这就是臣要说的第十条，除此之外，臣再无所求。”姚崇说完，跪拜在地，长伏不起。

玄宗起身，搀扶起姚崇，两人四目相对，眼含热泪。玄宗激动道：“卿说之言，刻骨铭心，朕统统应允。”

姚崇闻言，再次跪拜，郑重道：“这是陛下仁政的开始，也是臣千载难逢的机遇，臣愿为陛下万死不辞！”

第二天，姚崇被正式任命为宰相。此后，他辅佐玄宗，君臣合力开创了著名的“开元盛世”。

姚崇一生视造福天下苍生为己任，是一个脚踏实地的实干家，一个勇往直前的改革家。他位高权重，却不以官高而凌下，不以位尊而专横。多次被贬，却依旧忠心耿耿，敢为天下言，是后人敬仰的楷模。

毛泽东同志曾对姚崇的这十条建议作了很高的评价："大政治家，如此简单明了的十条政治纲领，古今少见。"

这简明的十条建议，虽为救时之用，但今天品来，对领导干部仍有重要的现实意义，如禁止建造庙宇宫殿等劳民伤财的形象工程、面子工程，禁止亲人、外戚参政干政等。

习近平总书记在十八届中央纪委第六次全会上强调："每一位领导干部都要把家风建设摆在重要位置，廉洁修身、廉洁齐家，在管好自己的同时，严格要求配偶、子女和身边工作人员。我在这里跟大家语重心长嘱咐，要操这点心，家里那点事有时不经意可能就溜过去了，要留留神，防微杜渐，不要护犊子。干部子弟也要遵纪守法，不要以为是干部子弟就谁都奈何不了了。触犯了党纪国法都要处理，而且要从严处理，做给老百姓看。"

枕刀而眠的“于青菜”：于成龙

在2015年新年戏曲晚会上，党和国家领导人习近平、李克强、张德江、俞正声、刘云山、王岐山、张高丽等，与首都近千名群众一起观看了《廉吏于成龙》等演出剧目，喜迎新年。

于成龙，为官二十多年，三次被举“卓异”，以卓著的政绩和廉洁刻苦的一生，深得百姓爱戴，被康熙赞为：清官第一，天下第一廉吏。

于成龙求学之路并不平坦，始终没能高中进士，但却做到了两江总督这样的封疆大吏，这是很少见的，也说明了他有超强的工作能力。

于成龙进入官场的时候已经四十五岁，被任命为广西罗城的县令。这个起步并不低，因为很多进士出身的人，都需要经过一番历练，才能成为县太爷。然而，每个县之间的差别还是很大的。罗城县地处偏远，民族成分复杂。清朝初期的时局还很不稳定，盗匪横行、灾祸不断。在于成龙之前的两任县令，一个被盗匪所杀，一个到任之后就逃跑了。所以，他更像是临危受命。

罗城县距离于成龙的老家有五六千里的路程，家人对他要去这个深山之中的险恶之地赴任，很是担心，都劝他不要去了。于成龙却对凶险不以为意，他心系皇恩和百姓，自是无所畏惧。但他又不忍心老母亲和妻子受颠沛流离之苦，到达罗城之后，安全更是个大问题，所以他选择不带家眷，只身前往。

经过一路艰险，于成龙到达罗城县，虽然有心理准备，但眼前的景象还是让他很惊讶。县城破败不堪，战火的痕迹随处可见，城墙尽毁、房屋倒塌。绝大多数百姓为了躲避盗匪的烧杀抢掠，都逃离了县城，躲到了乡下或者外地。

于成龙走一圈下来，看到县城里只剩下六户人家。他把县里的官吏和剩余的百姓都召集起来，没有办公的地方，只能站在广场上开了个会。于成龙首先安抚了一下大家，并表达了肃清盗匪的决心。他把躲藏的百姓都找了回来，还去下面的乡村实地考察。

当时，罗城的两大灾祸，一是盗匪，二是瘟疫。于成龙先后带去的九个随从，死了四个逃了五个，可见境地之恶劣，生存之凶险。为了防止盗匪晚上偷袭，于成龙在破烂的房子里，每晚把刀放在枕头下睡觉。当盗匪来袭时，听到叫喊声的于成龙都会一跃而起，提起刀和官吏们冲杀出去。

于成龙为了抵御盗匪，首先，确立了保甲制度，把各自顾命、一盘散沙的百姓团结起来，形成强有力的军民统一阵营。其次，他采用乱世用重典的刑法，被抓捕盗匪，只要审判清楚身份，向上级请示之后，就地处决。这重重地打击了盗匪的嚣张气焰，百姓们取得了几次胜利，也坚定了守卫家园的信心。

于成龙带领百姓治理县里的脏乱环境，重新建设家园，改善了卫生条件，瘟疫得到了控制。百姓渐渐安居下来，开始耕种劳作，稳定地生活。于成龙和百姓整天在一起，像一家人一样，互相信任、同甘共苦。他也和百姓一样，每天吃的只有青菜，不见荤腥，所以他有了一个绰号，叫“于青菜”。

于成龙把对罗城的治理，一件件按照顺序计划和实施。他向上级请示对县里的劳役进行减免，然后兴建学堂、修建救助站，救济孤寡和流浪的人。

总督卢兴祖知道了于成龙的治理情况，大加赞赏，以政绩“卓异”推荐给了朝廷。“卓异”是官员评定的最高等级，这个评定的奖赏就是升官。于是，康熙六年（1667 年），他被任命为四川合州知州。

这个合州，虽然级别高了，但也是个烂摊子。战乱之后的合州，人口锐减，留在本地的百姓只有区区百人，赋税和劳役分摊下来，百姓繁重不堪。于成龙每次都被分到这样的地方任职，可以理解为他能力强，堪当大任；也是因为他不会迎来送往，不善于和上级搞好关系，基本上每次给上级写信和见面，不是请求为百姓免赋税，就是减徭役。从来没有为自己的前途考虑过。

于成龙上任后，马上跟上级请求采用新的措施。他大张旗鼓地招募百姓开垦荒地，政府借给百姓耕牛和种子。新政策实施一个月后，百姓都聚集回来，当地居民增加到了一千多户。他还经常微服私访，探查民情，对盗贼等危害百姓安全的犯罪分子，绝不姑息。他还善于侦查破案，曾亲自化装成乞丐，到贼人聚集的地方卧底，在掌握了恶势力的详细人员构成和犯罪证据之后，安排官兵，统一抓捕——可谓智勇双全。

康熙十七年（1678 年），于成龙任福建按察使。那时候，朝廷正在严查和海外势力勾结的案子，查处的获罪者株连了几千人，按照当时的律法，都要被统统处死。于成龙经过调查，发现被株连的人之中大多是普通百姓，并不知情。于成龙就给主管这件事的康亲王写信，请求对株连的人逐一甄别，释放无辜的百姓。康亲王很敬重于成龙的为人，知道他办事清廉公正，就批准了他的请求。于成龙救下了几千名百姓的性命。两年后，于成龙被任命为总制两江总督。

康熙十九年（1680 年），于成龙任直隶巡抚。辖区里宣化曾因为洪水冲积的泥沙掩埋了一千八百顷的田地。前任巡抚曾请求朝廷免除田赋，但是没有得到批准，百姓因此增加了沉重的负担。于成龙上任后，又把这件事重新提起来，他详细了解情况，以及百姓因此产生的额外赋税，都据实上报。经过于成龙的不懈努力，朝廷终于批准了他的请求。

青县知县赵履谦搜刮民脂、贪污腐败，于成龙没有包庇部下，直接上奏朝廷请求弹劾赵履谦。最后，赵履谦被撤职严惩。后来，于成龙进京入朝觐见皇帝。康熙询问了很多问题，于成龙一一应答。康熙赞扬他是“清官第一”，对他弹劾赵履谦之事给予了肯定。

于成龙如实说：“赵履谦明知故犯、有错不改，我不得不上奏弹劾他。”

康熙说：“身为一方长官，处理政务要识大体，不要过分追求小节；做人贵在始终如一，你要勤加自勉啊!”

之后，康熙把自己的一匹马奖给了他，还赏赐他国库银一千两，并安排户部官员协助他赈济宣化的灾民。于成龙把皇帝的赏赐全都用在了救灾上，自己依旧是粗茶淡饭，还有他爱吃的青菜。不久，他被提升为江西总督，再次成为封疆大吏。离任直隶的时候，和来的时候一样，他依旧孑然一身、两袖清风。

于成龙到了江西，才算到了富足的江南，但是，他并没有因此改变作风，依旧吃糙米、穿布衣，生活简朴。在他的以身作则和教化下，江南的民风变好了，百姓的幸福感大大增强。

康熙二十三年（1684 年），于成龙在南京任上去世，享年六十八岁。

于成龙多地为官，数次担当一把手，官至封疆大吏。但是，他从来没有携带过家眷。他去世之后，官吏们清点他的遗物，箱子里除了一身丝绸做的棉服，其他只有一些日常用具，再无其他，生活简朴至极。

南京城的百姓听说于成龙去世，市场停业一天，以示哀悼。居民的家里绘制他的画像，哭着祭拜他。

康熙曾经评价他说：“于成龙为江南总督之时，有人跟我说他不再简朴，开始享受生活。等他死了之后，才知道他始终廉洁如水，深受百姓爱戴。也许就是他过于刚直，奸佞之人才为了私利而进献谗言陷害于他。看一看天下的官员，像于成龙这样的人，能有几个啊?”

于成龙一生淡泊名利、清廉公正，宁愿吃青菜，也不敢让自己享受生活，而忘记初衷。康熙赐他谥号为“清端”，这两个字，是他为官的真实写照：清廉、端正。

2022 年 1 月 18 日，习近平在十九届中央纪委第六次全会上的讲话中指出，只要存在腐败问题产生的土壤和条件，腐败现象就不会根除，我们的反腐败斗争也就不可能停歇。领导干部特别是高级干部要带头落实关于加强新时代廉洁文化建设的意见，从思想上固本培元，提高党性觉悟，增强拒腐防变能力。领导干部要增强政治敏锐性和政治鉴别力。

草根逆袭的况钟

清初戏曲作家朱素臣有一部传奇作品，叫作《十五贯》，是根据《醒世恒言》中的《十五贯戏言成巧祸》改编的。20世纪50年代，《十五贯》被改编为昆曲，并成为昆曲的代表性作品。1956年4月17日，毛泽东在中南海怀仁堂观看演出，对其大为赞赏。昆曲《十五贯》在北京演出了46场，其间周恩来连看了两场，盛赞："一出戏救活了一个剧种。"

剧中的主人公就是被称为"包龙图复生"的况钟，况青天的清廉美名，从此家喻户晓。

况钟，明代著名的清官，在历史上是与包拯和海瑞齐名的"三大青天"。况钟幼年丧母，家境贫寒，为了考取功名，光耀门楣，从小刻苦读书、勤奋上进。

然而，正当他踌躇满志，准备到科举场上大展身手的时候，县令俞益找到了他。因为俞县令需要一个精通文理、能干练达的书吏。在全县的优秀青年里优中选优，最后锁定了况钟。但是，对于况钟和家人来说，他们对这个垂青并不感兴趣。原来，明朝的科举制度已经非常成熟和完善，这也是进入官场的正途。科举出身的官员是政坛主流，况钟的家人不希望他做这个不入流的书吏，影响大好前程。

俞县令劝说他们道："从古至今，由书吏成为高官的人数不胜数，汉代的萧何、曹参，都做到了宰相；唐代的孙伏伽成为谏议大夫，张元素成为金紫光禄大夫。所以，做书吏也是大有前途的。"

况钟和家人被俞县令博古通今的口才说服了，从此，二十三岁的况钟成为县政府的礼曹官吏。

况钟的确不负所托，其兢兢业业、认真负责、处事明敏的工作态度，让俞县令对他赞不绝口。俞县令也是个靠谱的上级，并没有把况钟忽悠进来就放任不管，他很爱惜人才，对况钟的前途始终放在心上。

永乐十二年（1414 年），况钟参加工作满九年，按照规矩，任期已满，可以进京参加考试。俞县令和当时的礼部尚书吕震是好朋友，他极力向吕震推荐况钟，说他贤德敬业，是个可造之才。

此时，吕震准备跟随明成祖朱棣北巡，正在选取跟随的礼部属员，他就跟况钟聊了聊。聊完之后对况钟刮目相看、大为器重。经过吕震的推荐，况钟获得了皇帝面试的机会。

明成祖朱棣爱惜人才、广招天下贤能之人，但是，他对书吏出身的人偏见很大。他曾说："若刀笔吏，知利不知义，知刻薄不知大体，用之任风纪，使人轻视朝廷。"

以身份说，况钟偏偏就是朱棣最讨厌的那一类人，所以，他这次面圣的机会，完全是朱棣为了给大力推荐他的吕震面子，也是为了展现他求贤的态度。而至于对况钟本身，朱棣就没有抱希望。但是况钟是一个有真才实学的年轻人，并且智商和情商双高。经过一番提问和应答，朱棣发现这个况钟确实和印象中的书吏大不相同。他完全没有底层办事人员的圆滑和势利，更没有奋力向上攀爬的私欲。他的思想和观念里透着心系社稷和百姓的大局观，语言和行动又不好高骛远，没有脱离现实。朱棣一下子就喜欢上这个识大体、重大局、能办事、接地气的况钟，当场任命他为正六品礼部仪制司主事。

况钟得到皇帝的赏识，整个人生被打开了一扇新的大门。他干劲十足、恪尽职守，对于朝廷册立后妃、皇帝子女婚嫁、藩王朝觐等重大典礼，按照礼制，安排得井井有条、从无遗漏，深受官员们的好评。

一晃又是九年，况钟任期已满，这九年他勤政廉洁、吃苦耐劳、从不抱怨，多次受到朝廷表扬，朱棣对他的夸奖和赏赐就多达三十一次。按照制度，他应该升任员外郎，因为他考核优异，被加升一级，任命为正四品的仪制司郎中。

况钟一如既往地勤恳工作，七年后，他的人生再次拉开新的帷幕，这也是让他名垂千史的开始。

宣德五年（1430 年），明宣宗想选用一批精明强干的知府来弥补出现的空缺。这次要任命的知府，一共有九个，而这九府都是难以治理的地方，官员们大多不愿前往。其中，苏州府号称“天下第一剧繁难治之地”，明宣宗一直为派谁去治理此地感到困惑。吏部尚书蹇义等人推荐了能力超群的况钟，明宣宗对况钟的工作态度和能力很认可，就任命他去天下最富有却又最难治理的苏州作知府。

苏州府的人口和税粮位居全国第一，苏州府税粮征收直接影响到朝廷的财政收入，苏州府的治理直接关系到国家的安定。明宣宗曾对吏部说："苏州府是大郡，公务繁剧，尽快物色廉洁奉公、贤能之人出任知府，贪污暴虐、残害百姓的人，坚决不能任用。"足见苏州府在皇帝心目中的地位。况钟等九人上任之前，皇帝亲自接见了他们，给了他们圣旨，并授予他们可以越级直接跟皇帝联系的权力，他们相当于钦差知府，拥有很大的自主权。

况钟深知这个担子的重量，他去之前，对苏州历任知府的遭遇进行了一番了解，以便于吸取经验、不再重蹈覆辙。况钟有着多年的基层工作经验，下面官吏欺上瞒下的那一套他都门儿清。经过这些年在礼部的工作，他对处理官场的关系，自然有更多的心得。

他明白皇帝派他去苏州的意义，除了他的品行端正和工作能力之外，更是因为他没有那么多复杂的官场关系，做起事来不必畏手畏脚，可以大刀阔斧行事。

况钟一到苏州府，官吏们就打算给他个下马威。他们围住况钟，拿出很多待办事项来让他定夺。况钟假装什么都不懂，茫然地询问他们的意见。这些官吏说了应该如何办理，况钟全都应允。官吏们放心了，因为他们早听说况钟是书吏出身，没有参加过科举，文化水平不高，而且没有在地方做官的经验。经过试探，官吏们认定况钟果然是一个庸官，就放松了警惕，继续干着欺上瞒下、搜刮百姓的勾当。

几天之后，况钟把官吏们召集到一起开会。他一改之前的迷茫状态，双目如炬地斥责道："前几天，有的事急需办理，你们却阻止了我；有的事不应该办，你们却怂恿我办理。你们这些人，欺上瞒下、残害百姓太久了，罪该处死！"

他立即下令把几个罪大恶极的官吏当场打死，众官吏吓得面如死灰。况钟又把这些官吏们贪婪、暴虐等恶习斥责了一番。接下来，况钟经过调查，撤职了一批庸碌无为的冗官，抓捕了一批贪官，押送到京城治罪。从此，官吏们兢兢业业、谨慎工作，都奉公守法办事了。

明宣宗对况钟的重拳出击很是赞赏，苏州的官场风气有了明显的改善。

那时候的制度是军人都有世袭军籍，逃跑了或者阵亡了，就由兄弟或者儿子接替。主管军队军籍清理和补充的御史李立，勾结苏州府同知，在补充军户的时候，欺压百姓。他们把普通农户强行变成军户，不同意的被施以酷刑镇压，很多人因为充军和反抗而死。况钟知道此事，去调查时，百姓们沿街下跪，哭声震天。查清楚之后，况钟向皇帝上书请求，为一百六十人免除了军役，一千二百四十人只本身服役，免除了世袭。

当时苏州府辖区内的各县的田地赋税标准不一，而且田地的赋税非常重。当时苏州的田地占全国的百分之一左右，而所交纳的赋税却占将近全国的百分之十，让百姓苦不堪言。他请求户部减免，被驳回。他就再次申请，说皇帝已经下诏书说减免官田的赋税，如果不实行，上有负皇恩，下失信于民。

反复争取了几次之后，在皇帝的亲自过问下，户部终于同意况钟的减税申请，百姓的压力大大减轻了。他建立了完善的税粮征收制度，多人审核，不得修改，从此，弄虚作假、侵吞税粮的现象大大减少了。

苏州虽然富庶，但是各种名目的苛捐杂税，让百姓背负巨大压力。其中以“备倭船只”、“粮运船只”和“借马”三项贻害最大。

“备倭船只”是因为苏州靠近沿海，为了防止倭寇侵袭，早些年准备了几十条船。这些名义上的战船实际上已经很多年不用，却每年要一笔庞大的修船费用——都被军官中饱私囊。

“粮运船只”就是由苏州府七县抽调一批船只以供粮运，实际抽调不出那么多，剩下的就折成造船费交纳，每年需要十五万石粮食，很不合理。

“借马”是三十年前的遗留问题，原来江北缺少马匹，朝廷下令苏州府借给江北四百匹马，当时约定三年归还。但是过了三十年，不但没有归还，每年如果有马死了，还要苏州府补齐。实在是太无道理。

况钟把这三件事分别上书皇帝，结果前两项被取消，借的马也要了回来，为苏州百姓减轻了巨大的赋税压力。

工部曾经向浙江省征派八百匹布，浙江十一府共承担一百匹，苏州一府却要独自承担七百匹。有失公平，况钟据理力争，为苏州府讨回了公道。

况钟重视法治，苏州府积压的案件很多，且很多案件审理不明，导致了很多冤假错案。他轮流去苏州辖区的七个县审理案件，一年之内，审明了一千五百多件案件，无一人申诉喊冤。

况钟还带领百姓兴修水利、兴办教育、建设赈灾粮仓，让百姓过上了衣食无忧、安居乐业的生活。

况钟曾经三次离开苏州府，都受到了苏州百姓的强烈挽留。第一次，他的继母去世，按照制度，他要回家“丁忧”，守孝三年。三万多人联名向朝廷上书，请求让况钟回苏州继续任职。皇帝批准况钟缩短守孝时间，戴孝继续留任苏州。

第二次，况钟任期九年已满，政绩优异，去京城述职。而苏州府名士张翰等两万多人联名向直隶巡抚上书，恳请转奏朝廷，乞求况钟连任。皇帝被百姓感动，况钟虽然升任为正三品按察使，但是还回苏州任知府。

况钟在苏州府任职十三年后，在任上去世，享年六十岁。苏州官民悲伤痛哭，停业罢市。当况钟的灵柩从运河运回故里时，两岸站满了送行的人，哭声震天。而运载况钟灵柩的船中，只有书籍、生活所用的必需品，其他什么都没有。苏州一府七县，为了纪念况钟，都设立了祠堂，供奉祭祀这位青天父母官。

况钟为官清廉，一日三餐，只有一荤一素，居住的设施更是简朴，没有任何贵重之物。他曾在诗中写道：“清风两袖朝天去，不带江南一寸棉。”

2014 年 6 月 30 日，习近平总书记在中共中央政治局第十六次集体学习时的讲话中强调："营造良好从政环境，要从人抓起，从人做起，也就是要从各级领导干部首先是高级干部做起。领导干部要坚守正道、弘扬正气，坚持以信念、人格、实干立身；要襟怀坦白、光明磊落，对上对下讲真话、实话、心里话，绝不搞弄虚作假、口是心非那一套；要坚持原则、恪守规矩，严格按党纪国法办事，不成为不正当社会关系的编织者，绝不搞看人下菜、翻云覆雨那一套；要严肃纲纪、疾恶如仇，对一切不正之风敢于亮剑，绝不搞逃避责任、明哲保身那一套；要艰苦奋斗、清正廉洁，正确行使权力，在各种诱惑面前经得起考验，'不以一毫私意自蔽，不以一毫私欲自累'。"

从兼济天下到独善其身的白居易

春宵苦短日高起，从此君王不早朝。

——《长恨歌》

2013 年 1 月 22 日，习近平总书记在十八届中央纪委第二次全会上告诫全党："中国历史上因为统治集团严重腐败导致人亡政息的例子比比皆是。"他引用了唐代诗人白居易《长恨歌》中的"春宵苦短日高起，从此君王不早朝"来比喻腐败懒政；引用"渔阳鼙鼓动地来，惊破霓裳羽衣曲"来形容天下大乱，打破歌舞升平的盛世。

白居易是唐代伟大的现实主义诗人，和诗仙李白、诗圣杜甫并称为唐代三大诗人，而他被称为"诗魔"。他的诗歌题材多样、通俗易懂，是一位"接地气"的诗人。

白居易不仅是伟大的诗人，还是廉洁清正、勤政爱民的好官。

白居易出生的时候，国家并不太平，藩镇割据、战乱不断。他父亲和祖父都是官员，对他的学业很关心，把他转移到安全地带，督促他的学习。白居易远离战火，勤奋读书，度过了一个有意义的童年。

白居易天资聪慧、学习刻苦，很快就成为同龄人中的佼佼者。二十四岁就中了进士，踏上官宦之路，起初在中央做一些文字类的工作。

唐宪宗很喜欢白居易的文采，就提拔他为翰林学士。这个职位很重要，相当于皇帝的参谋和心腹，一般宰相都是从这个位置上来的。得到了皇帝的赏识，加上本身就有一番为国家社稷效力的抱负，白居易心系天下、关注时局，经常给皇帝谏言，提出一些治国安邦的良策。

唐宪宗是一个有远见的皇帝，他改革弊政、平定藩镇、励精图治，开创元和中兴。

白居易忧国忧民，对于官场的黑暗和不良风气，经常用诗歌的形式加以抨击。比如，他曾写过一首《卖炭翁》，开头是："满面尘灰烟火色，两鬓苍苍十指黑。卖炭得钱何所营？身上衣裳口中食。"描写了一个以烧木炭谋生的老人的困苦。其中有两句是："翩翩两骑来是谁？黄衣使者白衫儿。手把文书口称敕，回车叱牛牵向北。"揭露了宫中的官吏，对劳动人民的残酷剥削。就这样，一车炭，千余斤，官吏把半匹红纱和一丈绫，朝牛头上一挂，就充当炭的价钱了。

他还曾写过一首《红线毯》，通过宣州为皇帝进贡红线毯之事，对宣州知府等官员讨好巴结皇帝的媚态加以讽刺，也毫不留情地揭露了皇帝贪图享乐，置百姓的辛苦和财力的浪费于不顾。结尾的"宣城太守知不知，一丈毯，用千两丝。地不知寒人要暖，少夺人衣作地皮”，可谓是字字见血、句句见肉。

他的这些讽喻诗，常常让皇帝很难堪，也很不痛快。除此之外，白居易还经常直接对皇帝的奢侈行为加以劝阻，唐宪宗慢慢地对他意见很大。

元和四年（809年），天下大旱，很多地方受灾严重，皇帝下诏减免赋税，并赈济灾民，减轻灾害程度。白居易看到诏书之后，觉得写得不够具体，就跟皇帝建议免除受灾最严重的江淮两地的赋税，并赈济逃荒的饥民。白居易这样做是为了避免下面的官员钻空子，把赈灾的钱粮挪用贪污。宪宗觉得白居易的建议有道理，就应允了。

魏徵的孙子不务正业，把老宅都变卖了。节度使李师道准备出六百万帮魏徵的孙子把宅子赎回来。白居易知道此事，向皇帝建议：“魏徵的宅子，是太宗皇帝用皇宫大殿的木料修建赐给他的。虽然他的后人不能守住祖上的基业，但是陛下您还要把他们当作贤臣的子孙来厚待，由您把宅院赎回后再赐给他，这样天下的贤能之人都会敬重陛下，愿意为陛下效力的。而李师道只是个臣子，怎么能让他夺走陛下的光辉呢！”宪宗对白居易的建议很高兴，就欣然采纳了，官民对皇帝的仁厚之举赞不绝口。

河东节度使王锷被提名为宰相候选人，白居易出面阻止，他对皇帝说：“宰相这个职位，位高权重，是受天下人所敬仰的，非贤能之才和显著功勋的人不可以担任。对王锷的考核结果是他贪污钱财、勒索百姓，被查出后，他称这些财物是为陛下征收来的附加税，然后进献给了陛下。如果任命他为宰相，天下的人一定会说陛下是收了王锷的钱，才把宰相之位给他的。各节度使更会争相效仿，谁还能不如王锷？他们极力搜刮民脂民膏，再来进献给陛下，然后求取官职。这样的行为，请陛下予以杜绝。”

宪宗这一次没有马上采纳他的建议，因为白居易过于耿直的谏言，虽是说王锷之事，但皇帝感觉白居易是在指责他受了王锷进献的财物。后来，白居易和宪宗谈论争辩，心直口快的他竟然对皇帝说：“陛下错了！”宪宗气得脸都白了，忍着并没有发作。

事后，宪宗对李绛说：“白居易这小子，是我一手提拔上来的，竟然这样对我说话，我实在不能忍了，一定要把他贬出京城。”

李绛马上劝慰他道：“陛下，正是因为您能广开言路，群臣才敢对朝政建言献策、讨论得失对错。如果因为白居易直言而降罪于他，这就相当于堵住了群臣之口，以后他们就不敢说话了，陛下的恩德仁政就没法实施了。”

宪宗听了李绛的话，猛然醒悟，就原谅了白居易。

第二年，宰相武元衡和御史中丞裴度遭人暗杀，武元衡当场身死，裴度受了重伤，震动京城。掌权的宦官集团和旧官僚集团却没有快速的反应，依旧在衡量各自的利益得失。白居易义愤填膺，第一个上书皇帝，请求全力缉拿凶手，洗刷耻辱、以正法纪。

当时，白居易的职位是太子左赞善大夫，就是太子的属官。他上书之后，掌权者非但没有褒奖他，反而说他是东宫的官员，不是皇帝的谏官，如此议论朝政是僭越行为。这时候，有官员添油加醋，说白居易的母亲在赏花的时候跌入井中而死，是因为他写关于赏花和井的诗太多才导致的，有伤孝道。所以，本来被贬为江州刺史的白居易，再次被贬为江州司马。官员们痛恨白居易，从他写那些讽喻诗就开始了。

几年之后，白居易被召回长安，任尚书司门员外郎。后又转上柱国、中书舍人。第二年，他被任命为杭州刺史。

白居易到达杭州之后，从阴郁的心情中解脱出来，开始投入到杭州的治理工作之中。那时候，西湖淤塞，他带领百姓清理淤堵，筑高堤坝，修建水闸，增加了蓄水量，解决了杭州和海宁几十万亩农田的灌溉问题。

白居易还写了《钱塘湖石记》，将治理西湖的策略、方法和注意事项，刻在石头上放置在湖边，以供后人借鉴，对后来杭州的治理产生了深远影响。

杭州有六口古井，一直是居民饮用水的主要来源。但是，因为年久失修，不能满足百姓的需求。白居易主持疏浚了这六口井，从而大大改善了居民的饮用水条件。

从杭州离任的时候，白居易把大部分俸银都留在了官库之中，作为公务周转基金，这个基金一直运作到黄巢之乱。

白居易调任苏州刺史后，为了方便水陆交通，带领官民开凿了一条长七里的人工运河，在山塘河河北修建道路，称为“七里山塘”，又称“山塘街”。今天，这里已经成为苏州城市发展的独特资源和文化旅游的特色名片。

白居易官场生涯的前半部分是兼济天下，后半部分则是独善其身，这和皇帝识人用人的观念有很大关系。但无论在哪个阶段，他都廉洁奉公、勤政为民，是一位深受爱戴的好官。

白居易在《策林·辨兴亡之由》中说：“邦之兴，由得人也；邦之亡，由失人也。得其人，失其人，非一朝一夕之故，其所由来者渐矣。”就是说，得人也好，失人也好，都是渐渐形成的，用人上的不正之风长期存在，久而久之，必然会导致严重后果。这个道理，我们要牢记。杭州雷峰塔是怎么倒掉的？鲁迅有个论述，就是因为去捡砖的人太多了，今天你拿一块，明天他拿一块，最后塔就轰然倒掉了。倒下来是顷刻之间的事，但过程是渐进的。有的事，总觉得不是燃眉之急的事，但恰恰是危亡之渐啊！

用日食杀奸臣的丁鸿

禁微则易，救末者难。

——《后汉书·丁鸿传》

2013年6月18日，习近平总书记在党的群众路线教育实践活动工作会议上的讲话中指出："人的身体有了毛病，就要看医生，就要打针吃药，重了还要动手术。人的思想和作风有了毛病，也必须抓紧治。如果讳疾忌医，就可能小病拖成大病，由病在表皮发展到病入膏肓，最终无药可治，正所谓'禁微则易，救末者难'。"

"禁微则易，救末者难"出自《后汉书·丁鸿传》，是丁鸿在给汉和帝的奏疏中的一句话。意思是：抑制不良之事于萌芽阶段很容易，到酿成大祸时就很难挽回局面了。

丁鸿是东汉的名儒，官至宰相。丁鸿出身富贵，他的父亲曾是跟随东汉光武帝刘秀打天下的功臣，被封为陵阳侯。丁鸿从小博闻强记、文采出众，他的老师是当时大名鼎鼎的桓荣，而桓荣也是汉和帝的老师，这样丁鸿就和皇帝成了师兄弟，接受了顶级的教育。

丁鸿尤其擅长辩论，而且能够非常精准地抓到事物的本质和重点。他经常为了求学，不远万里，寻访名师，不断学习深造，学术水平飞速提高。

丁鸿有个弟弟叫丁盛，他十分疼爱这个弟弟。父亲去世后，按照制度，丁鸿应该世袭父亲的爵位，成为一方诸侯。可是，丁鸿却心中惦记弟弟丁盛，想把这个位子让给他。于是，他就给皇帝上书，请求批准。但一直等到父亲的葬礼都办完，也没有收到回复。丁鸿就把孝服挂在墓地旁，偷偷走了。

丁鸿临走给弟弟留了一封信，他在信中写道："弟弟，你知道我一直酷爱读书，小时候就跟随老师学习，没有尽到照顾父母的责任，直到父亲去世，我也没能尽孝。我这样的人，老天爷和列祖列宗都不会保佑我的，所以，我患上了难以治愈的重病，已经上书皇帝说明了我的病情，并自愿把爵位让给你，奏章一直没有回复，时间紧迫，你快承袭爵位吧！我自愿放弃继承权，去外面寻访名医。如果没人能治得了我的病，就让我随便死在哪个路边沟里算了。"

丁鸿一路走到了东海，在这里遇到一个熟人，也是桓荣的学生，他的师兄弟，叫鲍骏，两人关系非常好。而丁鸿放弃爵位出走的事，已经尽人皆知，他只好假装不认识鲍骏，企图蒙混过关。鲍骏却一眼认出了他，并拉住了他责备道："从前，伯夷、吴季扎因为生逢乱世，不愿意继承爵位，这还在情理之中。《春秋》之中所说的大义，就是不能因为家事而耽误国事，现在你因为兄弟之间的情义而断绝父亲辛苦打下的基业，你这是明智之举吗?”

丁鸿被他的话所感动，流下了愧疚的眼泪。马上收拾行囊，回去继承爵位，回到封国，兴办学堂，广授学徒。

鲍骏上书皇帝，称赞丁鸿学识渊博，皇帝也认为丁鸿是一个难得的人才。后来，皇帝就下诏征召贤能之人，丁鸿在被召见之列。皇帝和丁鸿聊了一会儿，非常钦佩，就赐他御衣和绶带，享受博士待遇。相当于皇帝的顾问、智囊团成员。没多久，又任命他为侍中。

建初四年（79 年），丁鸿改封为鲁阳乡侯。皇帝召开了一场盛大的顶级学术论坛，地点在北宫白虎观，称为“白虎观会议”，会议的主题是讨论五经的异同。

当时，国内的一流大儒、名家都被邀请参加了。丁鸿凭借超众的才学，和对事物焦点的精准把握，论述得最为精彩。众学者纷纷称赞他，皇帝也不停地表扬他。大家感叹道：“殿中无双丁孝公。”

从此，丁鸿一路升迁，永元四年，汉和帝任命他为司徒，他就成了东汉的宰相。这个汉和帝就是和他同为桓荣学生的师兄弟，姑且不论皇帝念不念这个情谊，至少他俩受同一个人教育，思想和理念秉承一脉。因此，两人沟通起来，顺畅通达，君臣融洽。

当然，有一件事，让这对君臣师兄弟都很头疼。那就是窦太后临朝执政，把握朝中大权。她的兄弟窦宪和窦笃，专权跋扈、权倾朝野。凡是对他们阿谀奉承的官员都得到了重用，不同流合污的官员都遭到了排挤和打压。国家社稷岌岌可危，丁鸿因此忧虑万分。

丁鸿的前任是袁安，他不畏权贵、刚正不阿，多次直言上书，弹劾窦氏种种不法行为。窦太后对他恨之入骨，但是袁安品行端正，窦太后始终没有找到加害他的借口。袁安与窦氏斗了好多年，直到他去世，也没能扳倒窦太后，可谓是遗憾而终。

丁鸿很敬重袁安，但是也知道硬碰硬的办法行不通，丁鸿给自己定下的方法是智取。至于如何智取，他在等待一个时机。他通过对历法的测算，终于等到了出手的机会。

这一天，出现了日食现象。在那个科学还无法解释日食这种天文现象的情况下，举国上下，人心惶惶。丁鸿立即给汉和帝上书，分析此事。

他在奏章中写道："臣听说太阳为阳精，从来不缺损，是帝王的象征；月亮为阴精，圆缺有一定规则，是臣子的表象。之所以会日食，是因为臣在君上，阴凌驾于阳之上；而月满不亏，是臣子骄横的缘故。从前周朝皇室衰微，皇甫等人专权于外，结党营私，势力强盛，侵压主势，所以也出现了日食。《诗经》上说：'日有食之，亦孔之丑。'《春秋》记载日食三十六次，弑君三十二人。

"凡是高高在上的权力，从来都不可以下放；杀人的利器，不可以交于他人之手。从古至今，亡国的灾祸都是因此而来的。

"现在大将军窦宪，虽想束力身自约，不敢僭越权势，然而天下远近的百姓都害怕他，官员们都背着王室，走进了窦宪的大门，这是上威降低、下权强盛的缘故。

“近来，月亮很圆，过了十五还不亏缺，这是臣下骄横跋扈，违背君王，独断专行的缘故。陛下没有察觉，所以上天再次给您警示，您应该感到畏惧，以防大祸临头。《诗经》上说：‘敬天之怒，无敢戏豫。’如果约束权力，自我反省，防微杜渐，那么灾祸就会消失，害除而福降了。

“坏崖破岩之水，来源于涓涓的泉水；干云蔽日的大树，来源于娇嫩的树苗。禁微则易，救末者难，因为忽略了细微的开始，才会导致最终的大祸。您皇恩浩荡，不忍心怪罪，又不忍处罚，事情过去之后，不能吸取任何教训。

“臣虽然愚钝，但是臣觉得外戚之臣，依托权势、谄媚求荣的人，应该一律杀掉。近来大将军再出，威震州郡，官员们都主动向他交税，派人送钱财。大将军虽说不要，可是却也不归还。他的下属无所畏惧，恶贯满盈，却不受律法约束，所以官员贪婪专横、奸臣当道，百姓们怨声载道、民不聊生。

“臣听说，天不可以不刚，不刚则日月星都不明；王不可以不强，不强则官吏纵横。

“陛下应该趁大变之际，力挽狂澜、匡扶正义，来弥补天意的惩罚。”

汉和帝看到这封上书之后，思考了几日，就召丁鸿商量。然后，任命丁鸿为太尉兼卫尉，派兵把南北宫包围。皇帝收缴了窦宪的大将军印绶，罢了他的一切官职。窦宪兄弟等人看大势已去，选择了自杀。

丁鸿利用机会，给汉和帝讲明白了道理，那就是当错误的思想和行为刚有苗头或征兆时，就加以预防与制止，坚决不让它继续发展。避免了朝野倾覆的危险，挽救了国家社稷。这也是“防微杜渐”这个有着深远意义的成语典故的由来。

2012 年 12 月 4 日，习近平总书记在中央政治局会议上关于改进工作作风、密切联系群众的讲话中强调：“最重要的就是要防微杜渐，不要‘温水煮青蛙’。现在，有些形式主义、官僚主义的东西，有些铺张浪费、豪华奢侈的东西，上上下下都有些表现，我们不能安之若素、司空见惯、见怪不怪。既然作规定，就要朝严一点的标准去努力，就要来真格的。不痛不痒的，四平八稳的，都是空洞口号，就落不到实处，还不如不做。定规矩，就要落实一些已经有明确规范的事情，就要约束一些不合规范的事情，就要规范一些没有规范的事情。规矩是起约束作用的，所以要紧一点。紧一点自然就不舒服了，舒适度就有问题了，就是要不舒服一点、不自在一点，我们不舒服一点、不自在一点，老百姓的舒适度就好一点、满意度就高一点，对我们的感觉就好一点。这也是新形象新气象。”

大胆震关中的年富

公生明，廉生威。

——《官箴》

2014 年 1 月 7 日，习近平总书记在中央政法工作会议上强调，“公生明，廉生威”，要坚守职业良知、执法为民，教育引导广大干警自觉用职业道德约束自己，做到对群众深恶痛绝的事零容忍、对群众急需急盼的事零懈怠，树立惩恶扬善、执法如山的浩然正气。要信仰法治、坚守法治，做知法、懂法、守法、护法的执法者，站稳脚跟，挺直脊梁，只服从事实，只服从法律，铁面无私，秉公执法。要靠制度来保障，在执法办案各个环节都设置隔离墙、通上高压线，谁违反制度就要给予最严厉的处罚，构成犯罪的要依法追究刑事责任。要坚持以公开促公正、以透明保廉洁，增强主动公开、主动接受监督的意识，让暗箱操作没有空间，让司法腐败无处藏身。

年富是明代的名臣，前后经历五任皇帝，在中央和地方多处做官，始终清廉刚正，不忘初心。

年富通过科举，二十岁就踏入了官场，可谓是年少得志，但他却没有年少的张狂，很是老成持重。经过在山东德平县短暂的历练，他被上调到京城工作，在吏科任职，后又到刑科。当时的都御史顾佐等人错判案件，导致十七人冤死。年富上书弹劾顾佐，顾佐等人遭到了明宣宗的严厉斥责和处罚。

英宗继位之后，年富为了军队的事，曾给皇帝上书谏言，建议把永乐年间招降的人，遣返故土，因为朝廷给他们封官加爵，耗费了大量的钱财，他们却不为朝廷出力，还经常萌生叛乱之心。他还对皇帝的亲军部队的兵源补充提出了建议，希望不要只从百姓人家征召，可以从其他驻军部队选调补充，这样可以减轻百姓的征兵压力。

他还发现很多人为了逃避赋税徭役，冒充出家人，他认为应该认真审查，将假冒者清除出去，让其恢复原职业。

由于年富上书都经过认真的调查，并提出良好的改革和对策，因此他上书的建议基本上都被采纳了。

年富升任到陕西左参政后，负责管理钱粮储备，这个工作很繁杂，既要计算每年粮食的用度，还要筹划军费。而百姓却因为旱涝灾害，拖欠赋税钱粮，收入大大小于支出。年富向朝廷上书，请求裁减多余闲散的士兵，淘汰劣等的战马，减少资源的消耗和百姓的负担。皇帝同意了他的请求。

年富还亲自勘察计算军需运送的费用，发现有的官吏贪婪专横、横征暴敛，在其中牟取暴利。年富根据路程长短，制定了费用标准，收支的账务都严谨考核。他把过去的种种弊端全都革除，百姓的负担得到了缓解。中饱私囊的官吏不敢再贪污搜刮，官场风气变好。

年富在陕西任职期间，遇到事情，果断处置、敢于担当，从不向权贵屈服。他胆大心细、执法严格，威名震动关中。

景泰二年（1551 年）的春天，年富出任大同巡抚。由于经历过战火的摧残，大同当时很不稳定：民心涣散，政府部门执法松弛，治安混乱，各种行政弊端问题突出。年富全心全意关心体恤百姓，上书请求免除秋季的赋税，撤除几个州县的税务部门，暂停了对太原的粮食输送。

他还带领百姓建设大同城，抵御鞑靼的侵犯，保护大同城的官民不受袭扰。他心系百姓、严惩贪腐，触犯了权贵集团的利益，他们就搜集罗列年富的“犯罪”证据，准备上书弹劾他。

武清侯石亨等人，让家人冒领官库银两，买米贩卖到边关，牟取暴利，钱款都被他们贪污了。年富上书请求对石亨等人治罪，皇帝批复，对石亨等人的家人治罪，石亨却没有受到处罚。石亨从此记恨年富，不知收敛，更加骄纵。后来，石亨派军队越界到大同，年富向皇帝弹劾石亨专擅之罪，同时被年富上书弹劾的还有山西参政林厚和参将石彪等人。这些人，忌惮年富的名声，又对他恨之入骨。

山西参政林厚上书皇帝，编造罪名，诬陷年富。幸亏朝中重臣于谦全力保护，皇帝才没有相信。

后来，皇帝说：“林厚这是诬陷年富，他这是怨恨报复，年富正在给我管理边防事务，岂能让林厚得逞?”于是，立即把林厚撤职，对年富更加信任了。有了景泰帝和于谦的支持，年富得以实施改革和施展政治抱负。

天顺元年（1457 年），明英宗继位，进行了一系列吏治的改革，其中有一项就是取消巡抚这个职位。年富因此被免职，回家待命。

曾经被年富上书弹劾过的石彪，依仗支持明英宗继位的功劳，趁机报复年富。石彪编造罪名，把年富逮捕投入皇帝直接掌管的监狱。皇帝没有完全听信石彪的一面之词，而是询问礼部尚书李贤，李贤说年富工作能力强，善于革除弊端、推陈出新，为官清正刚直，曾经弹劾过石彪。

皇帝一听就明白了，说："这一定是石彪曾经被年富制约，阻碍了他牟取私利的缘故。"

李贤趁热打铁地说："既然如此，陛下应该早点查清此事，还年富清白。"

皇帝经过一番审查，并没有发现年富有石彪所说的行为，就把他无罪释放，让他回家休养去了。

三年多后，户部尚书一职空缺，皇帝征询李贤意见，李贤推荐了年富。几个忌惮年富的大臣马上出来阻止，皇帝本来还没拿定主意，一看这些人反对，反而让他感觉到年富是合适的人选。

皇帝对李贤说："户部一定要让年富来治理，这些人都很不喜欢年富，这恰恰说明年富的清廉公正，他们才会如此反对。"于是，任命年富为户部尚书。

户部掌管着全国的民政和财政，年富为官认真负责，收入支出，都亲自参加审查。户部官吏忌惮官场的势力，很多时候审核出问题，不敢签字。年富就说：你们不敢签，我来签，有什么事，我一人承担！

官吏们看到年富的果敢和决心，也都被带动起来，不再推诿躲避责任，开始严谨认真地工作。以往沆瀣一气的官吏都不敢再欺上瞒下，财政收支从此账目清晰。户部的政令也得到了推广，那些陈旧的弊端，都得到了革除和改进。

明宪宗即位后，年富对他曾经工作过的地方陕西一直很关注。他发现陕西军事活动频繁，军费管理很混乱。为此，他上书弹劾主管此事的左布政孙毓，推荐右布政杨璇等人管理。

此时的吏部尚书王翱却认为年富这属于越权行为，并予以斥责。

年富解释说："我弹劾不称职的官员，推荐有能力的贤才，都是出于为国家社稷着想，从来没有私心。"

经过这件事，年富有些灰心，请求辞官告老还乡。皇帝弄清楚事情的来龙去脉，知道年富受到了委屈，就亲自安慰挽留年富，并罢了左布政孙毓的官。

不久，年富在任上病逝。年富为官清廉公正、刚直不阿，自始至终从未改变。

2014 年 1 月 14 日，习近平总书记在十八届中央纪委第三次全会上的讲话中指出："在作风问题上，起决定作用的是党性，衡量党性强弱的根本尺子是公私二字。古人说：'一心可以丧邦，一心可以兴邦，只在公私之间尔。'作为党的干部，就是要讲大公无私、公私分明、先公后私、公而忘私，只有一心为公、事事出于公心，才能坦荡做人、谨慎用权，才能光明正大、堂堂正正。作风问题，很多是因公私关系没有摆正产生的。作风问题有的看起来不大，几顿饭，几杯酒，几张卡，但都与公私问题有联系，都与公款、公权有关系。公款姓公，一分一厘都不能乱花；公权为民，一丝一毫都不能私用。领导干部必须时刻清楚这一点，做到公私分明、克己奉公、严格自律。”

完美相国： 陈廷敬

我国历史上清廉反腐的明君贤臣数不胜数，他们敢于担当、勤政爱民、清廉刚直，为我们留下了宝贵的经验，是我们学习的榜样。国家副主席王岐山曾经推荐过一本书，叫《大清相国》，在广大领导干部中引起了强烈的反响。这本书描写的主人公，就是被称为“几近完人”的陈廷敬。

2017 年 9 月 5 日，从县委书记到省部级的一千多名党员领导干部学员，齐聚中央党校礼堂，观看了由作家王跃文同名作品改编的话剧《大清相国》。

陈廷敬，顺治十五年（1658 年）进士，原名陈敬，因为同科考生有重名的，顺治帝就赐给他个“廷”字，改叫陈廷敬。他做过康熙帝的老师，曾任吏、户、刑、工四部尚书，都察院左都御史，文渊阁大学士等职，还是赫赫有名的《康熙字典》的主编。

康熙刚刚登基的时候还年幼，有一次路过户部。陈廷敬在户部任职，主管钱粮方面的工作。康熙好奇户部工作，提了几个问题，陈廷敬跪着一一回答。

康熙忽然问陈廷敬：“你能不能借点国库的钱给我花花？”

陈廷敬坚定地回答："国库有严格的管理制度，就算您是皇帝，国库的钱也不能外借。"

康熙毕竟还是个孩子，听到拒绝，很不开心。在朝堂上，他要听辅佐大臣的摆布，没想到一个小小的户部官员也敢拒绝他。

康熙生气地说："连你也欺负我年幼，等我亲政之后，一定要杀了你！"

一晃六年过去，康熙亲政。有一天，康熙召见陈廷敬，陈廷敬很吃惊，马上想起几年前康熙的话，心头一沉。临面圣之前，他还给家人交代了一下后事，才进宫。

康熙和他见了面，请教了很多问题，始终没有提起这件事。最后，两人聊完，康熙准备送陈廷敬离开的时候，陈廷敬跪下来，主动向皇帝请求辞职。

康熙很吃惊，问他原因，陈廷敬就说出了当年对皇帝的不敬之罪。

康熙听后哈哈大笑，说："你怎么还记得这个事啊，我都忘了。当初是我年幼不懂事，我应该向你道歉。"

从此，君臣两人的嫌隙就解开了，建立了长达几十年的相互信任关系。

陈廷敬清廉正直，他的儿女亲家张汧任湖广巡抚期间，因为贪污被人上书弹劾。张汧派人拿钱来找陈廷敬求救，如果陈廷敬能够为他求情，他可能会免于一死。但陈廷敬严厉训斥了来人，拒绝了他的请求。张汧的贪污金额巨大，影响极坏，搞得地方民不聊生。最后，张汧被处以死刑。陈廷敬因为和张汧的亲家关系，觉得没有尽到约束的责任，于是向皇帝提出了辞职。

一年多之后，康熙身边的近臣高士奇弹劾徐乾学。康熙非常了解这两个人，觉得他们爱惹是生非，实属不靠谱。一生气，就把两人都赶出了京城。想起了靠谱的陈廷敬，就把他召回朝廷，再次任命为左都御史。

陈廷敬曾向皇帝建议，禁止奢靡之风，推荐节俭。因为奢靡必然滋生贪腐，节俭才能清廉。

他给康熙上书：贪腐和清廉这两方面，是做一个合格官员的关键，而奢侈和节俭是取决这两方面的根本。官员要做到清廉，就先要养成节俭的作风。古时候，从衣冠、车马到服饰器用，办理婚丧大事，都有一定的规矩，不能逾越。现在由于奢侈之风盛行，大家互相攀比，节约办事反而受到嘲笑，铺张浪费却备受追捧，这种奢侈的行为已经成了一种风气。因此，为了贪婪逐利，敢于践踏法律的人就越来越多了。

他还跟康熙说：反腐要从小事做起，从源头做起，要防微杜渐。还建议设立反腐制度，因为他觉得腐败问题，靠教化是解决不了的，终究需要完备的惩治腐败的法律制度。

他建议皇帝选择总督等封疆大吏的时候要谨慎，一定要选公正无私、勤政爱民、廉洁奉公的人。只有这样，才是百姓之福，反之，百姓就会因此而遭殃。

他还要求地方赈灾的账目一定要公开，防止官吏在赈济灾民的过程中，中饱私囊、侵害百姓。

他的这些建议，都得到了皇帝的批准，都察院对贪腐行为进行了严厉的整治和处理，官场风气大大改善。

陈廷敬始终以身作则、洁身自好，他担任尚书的时候，曾立下规矩：从我陈廷敬开始，严禁一切请托关系，严禁一切礼品馈赠。他还对家人提出要求：如果发现来访者行为不端、送礼谋私，坚决拒之门外，一概不许放入，否则将对放客人入内的家人予以严惩。

陈廷敬在左都御史任上，大刹奢靡和贪污之风，查处了云南巡抚贪污九十万两军费等一系列贪腐大案。

曾经一起和陈廷敬上京赶考的郑恒，最终没能守住底线，倒在了金钱的面前，最后伏法。临终前，他挥毫写下四个大字“我本高洁”，这也是很多贪官的真实心理写照。这件事，让陈廷敬痛心不已。

当时的朝廷上，明珠和索额图两人权倾朝野、结党营私，两大集团争斗不断。面对两人的拉拢，陈廷敬始终不为所动，他坚持不参与任何党争，不加入任何势力团体。

康熙对两大集团根深蒂固的庞大势力感到很头疼，陈廷敬明白康熙的心意，就暗中搜集他们贪腐专擅、任人唯亲、卖官鬻爵等证据，向康熙作了汇报。他帮助康熙，先从明珠的心腹、盟友、党羽下手，一并铲除之后，明珠就失去了支撑的力量。然后，在御史弹劾明珠的时候，他先帮助康熙扳倒了明珠集团，然后利用两大集团的互相揭发，又摧毁了索额图集团。

陈廷敬任户部尚书的时候，发现银和铜的价格和价值出现了严重问题，并且私铸钱币情况严重。当时规定，一两白银可以兑换一千铜钱，而一千铜钱可以化铜八斤十二两，而一两银子可以买铜七斤，这样下来，奸商就剩余一斤十二两铜。奸商冒着重罪的危险，不停地把铜钱化作铜出售，获得暴利，却拉低了铜的价格。

他建议皇帝重铸铜钱的时候，不要再增加重量，而是减轻重量，这样就杜绝了奸商钻营的机会，私铸钱币的问题就可彻底解决。另外，他还建议减少开采铜的税收，允许民间开采铜矿，这样铜的产量就会大大增加，奸商再无利可图。

康熙采纳了陈廷敬的建议，很好地解决了这个问题。

陈廷敬体恤百姓，对于农民赋税和徭役过重的问题，他都积极跟朝廷反映。遇到旱涝灾害的时候，他会主动建议减免税收和大力赈灾，为减轻百姓负担、缓和社会矛盾而操劳。

陈廷敬重视人才也善于发现人才，经常向皇帝和朝廷推荐贤能之人。很多经过他推荐的人，都受到了重用，并勤政爱民、清正廉洁备受好评。有一次，康熙在乾清门召开九部门全体大会，让大家推举廉洁奉公的官员。康熙问到陈廷敬的时候，他举荐了知县陆陇其和邵嗣尧。他还说虽然这两人的治理水平不一样，但都是廉洁的好官。

康熙听从陈廷敬的推荐，把两人升为御史。之前，有人曾经提醒陈廷敬，说这两人虽然廉洁，但是过于刚直，容易惹祸，而且会得罪很多人，难免以后因怨恨而获罪，到时候就会牵连到陈廷敬。

陈廷敬说：“他们是德才兼备的人，就要让他们为国家多做贡献，即使我因此招来灾祸，被人怨恨，那又算得了什么呢!”

陈廷敬非常注重家风建设，他有个弟弟任知县，届满之后，写信给他，请他在京城帮忙谋个好职位。他感到弟弟开始有了钻营的苗头，就回信告诉弟弟见好就收，不要贪心，还是辞官回家管理好家族的田地，照顾好父母吧!

他的弟弟听了他的话，辞官回家照顾父母，每天写写诗喝喝酒，平安度过了一生。

陈廷敬家族为官者甚多，九人中进士，六人为翰林。可谓“父翰林子翰林父子翰林；兄翰林弟翰林兄弟翰林”，还有父子一同编修《康熙字典》的殊荣。

陈氏家训是三首诗，概括下来就是五个字：“勤、俭、学、善、廉。”而“廉”字，成为陈家后人做人为官者必须遵守的戒律。陈廷敬以身作则，不停地言传身教，是子孙最好的表率和楷模。

康熙评价陈廷敬为“宽大老成，几近完人”。

《大清相国》的作者王跃文评价陈廷敬：清官多酷，陈廷敬是清官，却宅心仁厚；好官多庸，陈廷敬是好官，却精明强干；能官多专，陈廷敬是能官，却从善如流；德官多懦，陈廷敬是德官，却不乏铁腕。

2013 年 4 月 19 日，中共中央政治局就我国历史上的反腐倡廉进行第五次集体学习，习近平总书记在主持学习时强调：“深入推进党风廉政建设和反腐败斗争，需要坚持发扬我们党在反腐倡廉建设长期实践中积累的成功经验，需要积极借鉴世界各国反腐倡廉的有益做法，也需要积极借鉴我国历史上反腐倡廉的宝贵遗产。研究我国反腐倡廉历史，了解我国古代廉政文化，考察我国历史上反腐倡廉的成败得失，可以给人以深刻启迪，有利于我们运用历史智慧推进反腐倡廉建设。”